노후의
재구성

황훈기를 황금기로 바꾸는 새로운 원칙

노후의 재구성

마이크 드락·수잔 윌리엄스·롭 모리슨 지음

김지동 옮김

유노
북스

|

당신의 삶에서 가장 중요한 날은
자신이 세상에 태어난 날
그리고 태어난 이유를 알게 된 날이다.

마크 트웨인

최고의
노후를 위한
지침서

·

어니 J. 젤린스키
세계적인 베스트셀러 작가이자 커리어 코치

"인생은 아이들이 독립해서 나가고, 고양이가 집 밖으로 달아나 버렸을 때 비로소 시작된다"라는 말이 있다. 오늘날 많은 사람에게 이 시기는 은퇴 이후에 해당한다. 사람들은 인생의 매 순간 어떤 도전에 직면하고, 상당수는 그때마다 어떤 지침을 활용한다. 이 책은 그런 지침 중 하나다. 지난 수십 년간 긍정적이든 부정적이든 은퇴와 노후에 관해서는 많은 담론이 있었다. '은퇴'라는 말을 싫어하는 사람도 있고 편안해하는 사람도 있다. 나로서는 은퇴가 일과 생활에서 벗어나는 것을 의미하지 않아서 그다지 개의치 않는다.

이 책의 목적은 은퇴자와 노후를 앞둔 사람들이 평생 간직해 온 열망을 잘 이해하고, 은퇴와 관련된 복잡성과 노후의 불확실성을 최소화하고, 노후의 우선순위에 집중할 수 있도록 돕는 것이다.

나는 은퇴를 주제로 한 책을 세 권 저술했다. 그래서 인생에서의 은퇴 단계, 그리고 이에 잘 대처하는 방법을 조금이나마 알고 있다고 할 수 있다. 그럼에도 나는 이 책에서 많은 것을 배웠다. 여러분도 마음을 연다면 많은 것을 배울 수 있을 것이다.

풀타임 경력을 마치는 것은 굉장한 일이다. 하지만 자신이 무엇을 즐기는지, 하루를 어떻게 보내고자 하는지, 원하는 라이프 스타일을 유지하는 데 비용이 얼마나 들지 잘 알고 있는 경우에 한해서다. 그러므로 은퇴와 노후를 위해서는 일정한 계획이 있어야 한다. 여러분의 노후 계획은 어떤가?

스코트 아담스의 딜버트 만화에는 이런 우화가 있다. 딜버트가 "어느 조사에서 대부분 사람들은 은퇴 계획이 없다고 하더군"이라고 말하자, 직장 동료 월리가 "나는 건강에 해로운 생활 방식으로 살다가 월요일에 사무실 내 자리에서 죽을 거야"라고 대꾸했다. 딜버트가 "끔찍한 일이군"이라고 말하자, 월리는 "당신 말에 따르면 그게 평균보다는 좋은 일이야"라고 빈정댔다.

나는 여러분이 훨씬 괜찮은 노후 계획을 세우기 바란다. 행복하고 천국 같은 노후를 위해서는 계획이 필요하다. 노후 계획은 재정적 측면만이 아니라 모든 면에서 행복해야 한다. 마이크는 노후에 돈이 전부가 아니라고 말한다. 자신에게 무엇이 중요한지, 그리고 자신의 재정 상태가 어떤지 잘 알고, 일, 여가, 건강, 관계의 적절한 조합과 균형을 찾아야 한다고 강조한다. 다른 방식으로 말하자면 은퇴 지옥이 아니라 은퇴 천국에서 살고자 할 때는 우리의 몸과 마음, 영성과 경제적 자원 같은 것들을 다뤄야 한다.

사람마다 행복과 성취감을 느끼는 기준은 모두 다르지만, 행복한 노후를 영위하는 사람들에게는 공통된 특성과 행동 방식이 있다. 마이크는 성공적인 은퇴와 노후를 위해 지켜야 하는 가장 중요한 9가지 원칙을 공개한다. 마이크가 말했듯이 "제대로 관리하지 못하면 은퇴는 지옥이 될 수도 있다".

당신은 삶의 마지막 단계를 천국에서 살 것인가 아니면 지옥에서 살 것인가? 인생의 마지막을 따분하고 불안하게 보내고, 단순히 달력이나 넘기며 삶의 종말을 기다리고 싶지는 않을 것이다. 자기 인식과 적절한 계획을 통해 자신만의 은퇴 천국을 만든다면 노후는 인생 최고의 시기가 될 수 있다. 그것은 당신의 선택이고 결과 또한 당신의 통제 범위 내에 있다. 아침에 일어나고 싶을 때 일어나고, 자고 싶을 때 잠들고, 그리고 그 사이에는 하고 싶은 일을 하며 즐길 수 있다면 당신은 진정한 자유를 얻은 것이다. 한 가지 좋은 소식은 은퇴가 당신에게 새로운 목적의식과 자유를 준다는 것이다. 이 책이 그 가능성을 보여 준다.

더 늦기 전에
답해야 할
인생의 질문

•

나는 대부분의 다른 사람들처럼 은퇴를 쉽게 생각했다. 그러나 쉽지 않았다. 평생을 한 직장에서 일했는데, 36년 동안 근무한 회사에서 쫓겨났다. 퇴사 직후부터 아주 힘들었고 무엇을 해야 할지 고심했다. 해답을 찾고자 손에 잡히는 대로 은퇴와 노후 관련 서적을 읽었지만 대부분 재무 설계 측면에만 초점이 맞춰져 있어서 실망스러웠다. 그 어떤 책도 문제의 핵심에 접근하여 내가 찾고자 하는 대답을 주지 못했다. 문제는 무엇이 나를 행복하게 하는가, 이보다 중요하게는 남은 인생을 어떻게 살아갈 것인가였다.

36년간 열심히 직장 생활 하고 저축하며 최종 목표인 은퇴를 꿈꿔왔지만, 은퇴 이후는 내가 상상했던 것과 전혀 달랐다. 나는 상실감을 느꼈고 아무런 목적의식도 없이 은퇴 지옥으로 내려가고 있었다.

"학생이 준비되면 스승이 나타난다"라는 불교 격언이 있다. 세상일에는 일정한 순서가 있으며, 일이란 일어나야 할 때가 되면 일어난다는 것을 뜻한다. 하지만 변화가 생기려면 학생이 변화에 대한 준비가 되고 받아들이려는 마음가짐이 있어야 한다. 기로에 섰을 때, 나는 준비돼 있지 않았고 가야 할 길을 보여 줄 사람이 필요했다.

남은 인생을 어떻게 살 것인가?

그러던 어느 날 세스 고딘이 기조연설자인 세미나에 참가했다. 참가자에게는 그녀의 책 《What to Do When It's Your Turn(and It's Always Your Turn)》이 주어졌다. 책의 제목은 오랫동안 내가 고심해온 주제였다. 세미나에 다녀온 후 나는 의미를 찾기 시작했다. 세미나는 내가 무엇을 해야 하는지 정확히 알게 된 계기가 됐고, 가장 크게 깨달은 순간이 됐다. 세스 고딘이 추구하며 지속적으로 행복할 수 있는 행동을 나에게도 하도록 격려하는 것처럼 느껴졌다. 그녀는 미래를 통제하고 원하는 삶을 성취하는 것은 자기 자신에게 달려 있다고 말했다. 나는 그렇게 했다. 새로운 자유를 찾았고 원하는 것을 할 수 있는 기회를 얻었다.

세스 고딘의 책을 읽으면서 나는 은퇴 지옥에서 빠져나올 수 있었다. 내가 누구인지, 무엇이 되고 싶은지 이해하고 계획하는 길 위에서게 됐다. 은퇴란 최종 목표가 아니라 새로운 시작이며, 노후는 내 방식으로 남은 삶을 설계하고 살아 갈 수 있는 기회임을 깨달았다.

"당신 차례라면 무엇을 할 것인가?"

나는 이 질문을 깊이 생각하면서 흥분되고 전율했다. 이 질문은 내가 아주 어렸을 적에 받았던 질문인 '일생을 어떻게 보내고 싶은가?'와 본질적으로 같았다. 그때 나는 질문에 대답하지 못했다. 대학을 졸업한 후에도 여전히 무엇을 하고 싶은지 잘 몰랐다. 나는 내가 무엇을 잘하는지도 전혀 몰랐다. 단지 처음 입사 기회가 주어진 회사에 들어갔고, 36년 동안 그곳에서 일했다. 그리고 나에게 질문에 대답할 수 있는 두 번째 기회가 주어졌다. 이번에는 괜찮은 대답을 하고 싶었다.

대부분의 사람들은 일과 일상에 지쳐서 은퇴하고 싶다고 쉽게 이야기한다. 상당수 사람들은 영원한 휴가를 갈망한다. 왜냐하면 많은 매체가 영원한 휴식이 우리를 행복하게 할 것이라는 확신을 갖게끔 설득해 왔기 때문이다. 하지만 진정으로 생각해 보자. 정확하게 당신은 어떤 노후를 보내고 싶은가?

분명한 것은 자신이 원하지 않는 일을 하면서 은퇴 이후를 즐길 수는 없다는 것이다. 맹목적으로 기존의 방식을 따르면서 멋진 노후를 즐기겠다는 생각은 무모하다. 다른 사람의 은퇴 생활을 따라 하는 것은 은퇴 지옥으로 가는 확실한 티켓이다. 은퇴 천국으로 가려면 먼저 은퇴가 '무언가의 끝'이라는 사고방식을 버려야 한다. 어떻게 해야 노후를 행복하게 살 수 있는지 깊이 탐색하고 계획하고 설계해야 한다.

'나는 남은 인생 동안 무엇을 하고 싶은가?'

나는 이 질문에 대답하기까지 많은 자기 성찰이 필요했다. 마침내 나는 문을 열고 나왔다. 나에게 주어진 기회를 낭비하지 않을 것이며 다른 사람과 같은 기존의 방식으로 은퇴하지 않겠다고 결심했다.

가장 오래 생존하는 세대에게
필요한 노후 대책

은퇴 지옥을 벗어나 노후를 맞이하는 시기에 지상의 작은 천국을 찾으려는 나의 탐색은 궁극적으로 나의 첫 번째 책인 《Victory Lap Retirement》를 공동 집필하게끔 했다. '이모작 은퇴(Victory Lap)'는 모든 일을 멈춘다는 전통적 은퇴 개념에 대항하며, 은퇴 자체가 최종 목표라는 생각을 거부한다. 이모작 은퇴는 은퇴에 관한 새롭고 매력적인 관점이다. 이모작 은퇴는 인생에서 가장 길고 가장 충만한 노후 단계를 보다 건강하고 활동적이며 열심히 살아가는 방법이다. 우리는 그 어느 시대보다 더 오래 생존하는 세대다. 따라서 은퇴 이후 20년, 30년 동안 경제적 지속 가능성뿐만 아니라 활기차고 자극을 받는 삶이 되도록 새로운 방법을 찾아야 한다.

당신은 이모작 인생을 만들기 위해 노력해야 한다. 이모작 은퇴는 타인이 제시하는 비전이 아니라 자신의 욕구와 가치관을 기반으로 고유한 은퇴 라이프 스타일을 설계하는 것이다. 이것은 삶의 특별한 사명을 발견하는 것이고, 사업과 가족, 다른 사람을 우선시하느라 뒷전으로 미뤄 둔 자기 자신을 재발견하는 것으로부터 시작된다.

나는 첫 책을 출간 후 은퇴 관련 연구, 은퇴자들과의 대화, 자기 성찰에 많은 시간을 보냈다. 이런 활동을 통해 왜 많은 사람이 은퇴 전환에 어려움을 겪는지, 그리고 어떻게 하면 노후의 여정을 보다 쉽게 통과할 수 있는지에 대한 새로운 통찰과 신념을 발전시킬 수 있었다.

이상하게 들릴 수도 있지만, 나는 우리가 어떤 거대한 계획의 일부이자 어떤 사명을 위해 창조됐다고 생각한다. 이것을 신의 계획, 우주, 생명력, 당신이 믿는 어떤 큰 힘이라고 부를 수도 있다. 그리고 우리 각자에게 성취해야 할 특별한 사명과 함께 고유한 기술과 능력이 주어졌다고 확신한다. 그 특별한 목적을 알아내고 그 일을 시작하기 전까지는 스스로 온전함을 느끼지 못하리라고 생각한다.

나는 생애에 걸쳐 우리를 안내하는 일종의 GPS 역할인 '내재적 욕구'를 확인함으로써 자신의 고유한 사명을 발견할 수 있다고 생각한다. 개인의 가치는 세월의 흐름에 따라 발전하고 진화하면서 바뀌기도 한다. 하지만 고유한 사명은 항상 같은 곳에 존재한다. 그것은 계속 충족돼야 하지만 결코 만족될 수는 없는 어떤 배고픔, 갈구와 같다. 이런 갈구는 사람에 따라 강할 수도 있고 약할 수도 있다. 하지만 어느 정도까지는 우리 모두가 가진 내재적 욕구다.

우리 모두는 생래적으로 성취와 업적, 기여, 관계, 자율성 같은 '의미성'에 대한 욕구를 갖고 있다. 그리고 자기 자신과 다른 사람들로부터 가치를 느끼고 싶은 타고난 욕구가 있다. 이런 욕구는 사명의 완성을 통해서 충족시키는 방법을 찾지 못하면 결코 사라지지 않으며 충족할 수 있는 방법을 찾을 때까지 계속 당신을 갈증 나게 할 것이다.

상당수 은퇴자들은 은퇴의 허니문 기간이 지나면 이런 허기, 즉 일종의 공허함을 느끼게 된다. 일이 내면의 욕구를 충족시키는 자양분의 원천이었기 때문에 물질적 욕구가 충족되더라도 무언가 상실감을 느끼고 길을 잃게 된다. 그들은 내면의 욕구를 채울 다른 방법을 찾을 때까지는 진정으로 행복해지지 못한다.

갈구가 강하지 않은 사람들은 불안함을 무시하고 그냥 지나치며 벌어지는 일에 만족할 수도 있다. 또 어떤 사람들은 불안함을 떨치기 위해 과식, 과음하거나 TV 앞에서 우두커니 앉아 있기도 한다. 하지만 그런 식으로 갈증을 해소할 수 없다.

노후 자금이 여유로우면 문제가 해결될 거라고 생각할 수도 있지만, 그렇지 않다. 재산이 많아도 노후를 비참하게 사는 사람들이 많다. 그들은 충족되지 못한다고 느끼기 때문에 불행하다. 이런 감정은 타고난 욕구를 충족시키고 사명을 완수할 방법을 찾을 때까지 지속된다. 내 말을 믿지 못한다면 파이어(FIRE, Financial Independence & Retire Early) 커뮤니티에서 무슨 일이 일어나고 있는지 보자.

최근 많은 사람이 재정적 자립과 조기 퇴직을 목표로 하는 파이어족이 되려고 한다. 그렇지만 내가 아는 대부분의 파이어족은 여전히 어느 정도 일을 하고 있다. 어떤 이유에서인지 그중 상당수는 자신이 여전히 일하는 것을 부인하기도 한다. 역설적으로 여기서의 교훈은 재정적으로 독립하고 자유를 되찾았을 때도 여전히 하루를 잘 보내기 위해서 흥미와 보람을 찾아야 하며 자신이 즐기는 일을 하는 것이 최선의 방법이라는 것이다. 파이어는 여전히 괜찮은 개념이며 나도 자녀들에게 가르치는 것 중 하나다. FIRE의 RE(Retire Early) 부분만 다시 정의하면 된다.

롤링스톤스가 계속해서 순회공연하는 이유가 무엇이라고 생각하는가? 그들은 소비에 필요한 것보다 훨씬 많은 재산을 갖고 있다. 하지만 그들은 공연을 하며 고마움을 느끼고, 자신들이 사람들을 즐겁게 하는 것을 보면서 내면의 욕구를 충족시킨다. 이것이 믹 재거로 하여금 단지 살아 있다는 기분만이 아니라 70대의 삶을 풍요롭게 하는 동력이 된다. 나는 롤링스톤스가 더 이상 콘서트 투어를 할 수 없는 때를 보고 싶지 않다.

왜 자신이 즐겁고 좋아하는 일로부터 은퇴하려고 하는가? 나는 그러고 싶지 않다. 명심하라. 이모작 은퇴에서의 일은 전일제 근무와 같은 의미가 아니라도 된다. 핵심은 단순히 시간을 보내거나 수입을 보충하는 것이 아니다. 당신이 활력적으로 몰입할 수 있도록 진정 의미 있는 무언가를 찾는 것이다. 이모작 은퇴에서는 삶의 목적을 추구하기 위해 선택한 일에서 대가를 받을 수도 있고 그렇지 않을 수도 있다. 당신이 의무적으로 해야 하는 일이 아니라, 당신이 원해서 하는 무언가이기 때문이다.

성공적인 은퇴는 여생을 앉아서 쉬는 삶이 아니다. 그것은 자신의 미션을 완성하고 자신이 제공할 수 있는 것을 통해서 의미와 연결성을 찾는 것이다. 목적이 있는 활동, 자신에게 의미 있는 활동을 통해서 성취감을 찾는 것이다.

더 오래 자신 있고 행복하게 사는 방법

나는 항상 내가 해야 할 특별한 무언가가 있다고 느끼며 살았지만, 직장 생활 내내 실현하지 못했다. 돌이켜보면 나는 항상 다른 사람들을 돕는 일에서 의미와 성취감을 찾았다. 그런데 실직했을 때, 나는 에너지 발산 수단을 상실해 버렸다는 것을 깨달았다. 나는 은퇴 지옥에서 벗어나고자 고군분투했고, 그 과정에서 나도 모르는 사이에 내가 직접 배우고 경험한 것을 다른 사람들에게 나눠 주게끔 준비돼 있음을 깨달았다.

나의 은퇴 전환은 시행착오가 많았고 고통스러웠다. 하지만 당신도 반드시 그런 과정을 거쳐야 하는 것은 아니다. 나를 예행연습으로 생각해도 좋다. 나는 노후에 어떤 일이 일어나고 있는지 알아내는 데 많은 시간을 보냈다. 그래서 이 과정에서 내가 배운 것을 여러분과 공유함으로써 학습 곡선을 단축하고 은퇴와 노후의 여정을 훨씬 덜 위험하게, 덜 고통스럽게 만드는 데 도움을 줄 수 있다. 나의 미션은 나의 개인적인 이야기, 내가 저질렀던 실수, 그 과정에서 배운 교훈을 여러분과 공유하여 다가올 일에 대한 스트레스와 두려움, 걱정 없이 은퇴 전환을 할 수 있도록 돕는 것이다. 이 책에는 내가 은퇴와 노후에 대해 배운 모든 것, 그리고 우리가 더 오래 더 건강하고 더 행복한 삶을 살 수 있는 방법이 포함돼 있다. 이 책은 가능성, 목적의 추구, 은퇴 생활의 즐거움을 다룬다.

나는 기존의 은퇴와 노후를 대하는 방식이 오늘날에는 더 이상 통하지 않기 때문에 이 책을 써야 한다고 생각했다. 성취와 성공, 실패가 전혀 없는 노후를 살아간다는 것은 잘못된 일이다. 우리는 사회에서 살아남은 후 '완전 은퇴'를 하기 위해 세상에 태어난 것이 아니다. 주요한 경력을 뒤에 남겨 두고 은퇴한 다음에도 우리는 여전히 중요한 사람이다. 변화를 만들고 기여하고 세상을 더 나은 곳으로 만드는 데 도움이 될 수 있다. 나를 믿어 보라. 세상은 지금 당신의 도움을 필요로 한다.

나에게 강요된 은퇴는 나에게 맞는 삶을 시작하라는 경종이었다. 짧은, 그렇지만 짧다고만 할 수 없는 은퇴 지옥을 통과한 후 나는 그 어느 때보다 더 건강하고 행복하며 감사해하고 있다. 나는 가족과 친구들과 다시 연결됐고, 스스로에게 자부심을 느낀다. 나는 더 이상 경쟁하거나 비교하거나 다른 사람들이 나를 어떻게 생각하는지 걱정하지 않는다. 나는 더 이상 그런 것에 관심 없다. 나는 완전히 은퇴 천국에 도착했다.

이 책 전반에 걸쳐 나의 이야기를 여러분과 공유하고자 한다. 이 책을 통해 여러분은 노후에 원하는 것을 얻는 데 초석이 되는 진리를 배우고, 자신의 욕구와 관심과 목표에 연계된 완벽한 은퇴 천국으로 갈 수 있을 것이다.

이 책은 우리 같은 사람을 위한 책이다.

우리는 인생의 세 번째 단계가 기회로 가득 차 있다고 믿는다.

우리는 나이가 들어도 세상에 기여하고 변화를 만들어 낼 수 있다고 믿는다.

우리는 평범함에 안주하기보다는 열정과 목적을 갖고 남은 생을 살아가고자 한다.

이 책은 이런 일들이 일어나도록 당신이 알아야 할 모든 것을 제공한다.

이제 실행은 당신에게 달려 있다!

• 일러두기

원서에 쓰인 'Victory Lap'은 스포츠 경기를 마친 후 승리를 기념하여 트랙을 한 바퀴 더 도는 것을 뜻한다. 우리말로 마땅한 번역을 찾기 어려웠다. 영문을 그대로 사용하는 것도 하나의 대안일 것이다. 하지만 여기서는—뉘앙스가 약간 다르지만—흔히 쓰이는 용어인 '이모작 은퇴'를 사용한다. (옮긴이)

자신을
한정 짓는 삶에서
확장하는 삶으로

•

당신이 성공적인 노후를 위한 원칙과 실천을 공식적으로 시작하기 전에 이 가이드를 전체적으로 읽을 것을 권장한다. 이 책은 당신에게 무엇을 향해 일할 것인지에 대한 큰 그림을 제시한다.

유감스럽지만 사람마다 자신의 사명, 가치, 은퇴의 여정이 다르기 때문에 일률적으로 대답할 수는 없다. 하지만 연구를 통해서 은퇴자는 기본적으로 크게 '안정 지향 은퇴자'와 '성장 지향 은퇴자' 두 범주로 분류할 수 있다는 것을 알게 됐다.

안정 지향 은퇴자들은 안전하고 평범한 은퇴를 원한다. 대부분은 평온함을 즐기고자 하며 불편함을 감수하지 않으려고 한다. 전통적인 완전 은퇴에 만족하는 사람들이다. 상당수는 평온한 은퇴 생활을 유지하는 데 필요한 재원을 마련했고, 일부는 운 좋게 큰 자산을 축적했다. 그들은 더 이상 일하고자 하지 않으며 자신의 안전지대에서 벗어나는 어떤 일도 하고 싶어 하지 않는다. 이런 유형의 사람들은 현재에 만족하기 때문에 이 책을 읽는 데 시간을 쓰지 않을 것이다.

이 범주에 속한 사람들의 행복 수준은 정체돼 있으며, 일반적으로 예측 가능한 방식으로 생활하는 것에 만족하고 편안해한다. 그들은 확실한 삶을 선택했고, 결과적으로 새로운 것에 도전하거나 시도하는 데는 무관심하다. 그들의 삶은 결코 변하지 않으며 더 이상 어떤 목표도 없다. 은퇴가 그들의 가장 큰 목표였다.

나의 어머니는 안정 지향 은퇴자였다. 그녀는 단순한 삶을 살았다. 가족을 돕고 고양이를 돌보고 친구들과 어울리며 하루 종일을 보내는 생활에 만족했다. 이것이 그녀를 행복하게 했다. 어머니는 밖으로 나가서 마라톤이나 세계 여행을 할 필요성을 느끼지 않았다. 간단한 일에 만족했고 가족과 함께 시간을 보냈다. 어머니는 나에게 행복을 위해서 많은 것이 필요하지 않다는 것을 보여 줬다. 아주 기본적인 것, 즉 주거와 음식, 안정 수준의 재정만 갖춰지면 불평할 것이 거의 없다.

그런 삶이 잘못된 것은 아니다. 다만 나 같은 성장 지향 은퇴자들과 맞지 않을 뿐이다. 안정 지향 은퇴자들과 달리 우리는 삶의 페달을 멈추고 안주하지 않는다. 왜냐하면 우리는 계속해서 새로운 목표를 설정하고, 보다 행복한 노후를 실현하고자 하기 때문이다. 성장 지향 은퇴자는 '결코 만족하고 안주하지 말라'는 강한 내면의 목소리를 갖고 있다. 우리는 도전하고 모험하고 학습과 경험을 계속하는 '은퇴 반항아'들이다. 아주 긴 버킷 리스트를 만들고, 가능한 오랫동안 그 목록을 하나씩 지워 나가고자 하는 은퇴자들이다. 그리고 목표를 달성할 때 행복한 타격감 그리고 성취와 만족을 느낀다. 하지만 이런 느낌은 오래가지 않기 때문에 계속해서 새로운 목표를 세우고 행복한 타격감을 얻기 위해 노력해야 한다.

당신이 행복하고 의미 있고 성취감을 느끼는 일을 하고 있다면 어느 범주에 속하는지는 중요하지 않다. 이 책의 가장 큰 목표는 당신이 노후에 진정 원하는 것이 무엇인지를 끄집어내도록 돕는 것이다. 당신만이 자신의 은퇴 천국을 결정할 수 있기 때문이다. 중요한 것은 단지 이 책을 읽는 것이 아니다. 자신만의 이모작 은퇴를 설계하기 위해 이 책에 담긴 아이디어와 자기 성찰적 질문과 대면하고 씨름하는 것이다.

아직 인생이 끝나지 않았다

이 책은 4개 장으로 구성된다. 1장은 은퇴 전환 과정의 윤곽을 자세히 보여 주고, 은퇴 전환의 여러 단계에서 여러분이 어떤 경험을 하게 되는지를 묘사한다. 2장은 성공적인 은퇴와 노후를 위한 9가지 원칙을 소개한다. 3장은 삶의 목적을 탐색하기 위해 자신의 과거로부터 핵심 가치를 찾아 낼 수 있는 단서를 다룬다. 즉 자신이 언제 행복한지의 문제를 다룬다. 또한 당신이 찬란하고 활기찬 이모작 은퇴를 통해 가치 목적을 추구하고자 할 때 의미 있는 일을 찾을 수 있도록 아이디어를 소개한다. 4장은 은퇴 라이프 스타일 설계의 개념과 은퇴 원칙에 따른 가치 기반 목표의 수립이 왜 중요한지 소개한다.

각 장의 마지막에는 창조적 돌파구를 만드는 데 도움이 되는 간단하지만 강력한 질문을 제시한다. 이 질문들이 당신을 불편하게 할 수도 있다. 하지만 멋진 노후를 즐기고 싶다면 반드시 대답해야 할 중요한 질문이다. 진술하게 답변한다면 자신의 내면으로 깊이 들어갈 수 있을 것이다. 그리고 아이디어를 실천에 옮길 수 있다. 이 책은 경제적으로 여유로운 사람과 그렇지 않은 사람에 모두에게 유용하도록 쓰였기 때문에 모든 내용이 당신에게 딱 들어맞지는 않을 수 있다. 그렇지만 괜찮다. 자신에게 적합한 부분만 취하고 나머지는 무시하면 된다.

이 책을 읽고 나면 당신은 노후와 당신에게 주어진 가능성을 보다 긍정적으로 바라보게 될 것이다. 새로운 라이프 스타일을 설계하면서 자기 앞에 놓여 있는 가능성을 인식하고 스스로에게 동기 부여하면서 태도가 개선되는 것을 발견할 것이다. 미래에 대한 비전은 당신을 들뜨게 하고, 이것은 계획한 일에 더 큰 에너지와 믿음을 줄 것이다.

은퇴는 그저 견뎌야 하는 인생의 한 단계가 아니다. 또한 노후는 자기가 한 노력의 대가가 돼야 한다. 당신이 그럭저럭 살아가는 것을 원하지 않는다. 당신이 '무엇이 가능한가'에 대한 생각의 한계를 뛰어넘어 아침마다 침대에서 뛰쳐나오고 싶게 만드는 새로운 목적을 찾길 기대한다. 우리는 당신이 경제적으로 스트레스 없이 살고, 건강하고, 가족과 친구와 좋은 시간을 보내고, 가능한 한 멋진 추억을 많이 만들길 바란다. 그것이 당신에게 남아 있는 전부다.

은퇴를 결승선으로 보지 말고 남은 인생의 출발점으로 생각하라. 마침내 당신이 하고 싶은 일과 의미 있는 일을 할 수 있는 때다. 노후가 전통적인 은퇴에서는 '끝'이지만, 이모작 은퇴에서는 '새로운 시작'이다. 바로 지금이 당신이 항상 꿈꾸던 삶을 살 수 있는 기회다. 이 단계에서는 그동안 당신이 짊어졌던 경제적 의무를 어느 정도 벗어났으므로, 하고 싶지만 지금까지 할 수 없었던 일을 할 기회가 있다. 그러므로 자신을 한정 짓지 마라.

이 책의 원고를 마무리하는 동안 코로나19 팬데믹이 발생했다. 나는 고혈압으로 인한 이명을 경험했고, 코로나 바이러스에 대한 불안이 증가했다. 상실감과 함께 위험에 노출돼 있다는 느낌이 믿을 수 없을 정도로 커졌다. 갑자기 36년을 재직했던 은행에서 쫓겨났을 때도 비슷한 느낌이었다는 것이 생각났다. 하지만 이번에는 갑작스러운 은퇴로 인한 충격이 아니었다. 모든 개인의 삶을 변화시킨 정신적 외상을 가져다줄 정도의 세계적 사건이었다. 우리 모두는 미지의 영역에 있었고, 말 그대로 자신의 삶과 미래에 일어날 일을 두려워했다. 은퇴와 코로나19의 충격은 그 느낌이 유사했다.

나는 팬데믹 기간에 사람들이 어떻게 느꼈는지, 이런 감정이 은퇴자들의 경험과 어떤 점에서 유사한지 성찰할 필요를 느꼈다. 이 책에서 이런 관찰과 해석을 찾을 수 있다. 여러분도 나와 같은 눈을 뜨는 경험을 하길 바란다.

코로나19 기간, 자가 격리는 은퇴 연령에 가까워진 많은 사람에게 노후가 어떤 느낌일지 미리 엿볼 수 있게 해 줬다. 즉 갑작스러운 퇴직, 사회적 연결의 상실, 훨씬 낮은 소득으로 생계를 꾸려야 하는 노력 등이다. 많은 사람이 이런 경험을 하며 불행을 느꼈다. 팬데믹을 돌아보고, 당신이 그 기간을 어떻게 지냈는지 생각해 보라. 당신이 노후를 직면하기 전에 눈을 뜨게 해 준 이 경험은 그 어떤 재정 계획보다 더 낫다.

삶의 다른 단계를 미리 계획해 두지 않은 경우 코로나19 봉쇄에 얼마나 잘 대처했는가는 노후를 성공적으로 보낼 수 있는지 여부를 보여 주는 좋은 지표가 된다. 팬데믹 기간 당신의 경험이 어떠했든 간에 이 책은 당신이 은퇴 이후의 삶을 준비하는 데 도움이 되고자 한다.

제1장

나는 인생관을 바꾸기로 했다
노후를 대하는 새로운 태도

제2장

9가지만 관리하면 노후가 관리된다

최고의 노후를 위한 원칙

제3장
인생의 새로운 목적을 찾는 법
자신 있는 노후를 위한 행동

제4장
당신의 삶을 재구성하라
황금기 노후를 위한 제언

녹스는 것보다
닳는 것이 낫다.

제1장

나는
인생관을
바꾸기로
했다

• 노후를 대하는 새로운 태도 •

은퇴라는
거대한 계곡

우리를 죽음에 이르게 하는 것은 스트레스가 아니라, 스트레스에 대한 우리의 반응이다.

-한스 셀리에

제목을 '거대한 은퇴 계곡'이 아니라 '거대한 팬데믹 계곡'으로 바꿀 수도 있다. 왜냐하면 두 가지 경험이 동일하기 때문이다. 우리 모두는 갑자기 삶이 뒤집혀 버린 코로나19의 충격으로 큰 고통을 받았다. 코로나19 봉쇄 초기에는 기상 알람을 설정하지 않아도 되고, 끔찍한 통근 시간을 겪을 필요도 없고, 퇴근 이후에도 녹초가 되도록 하는 빡빡한 업무도 없어서 기분이 좋았을 수 있다. 처음에는 아주 자유로웠지만 얼마 지나지 않아 현실은 침몰했고, 우리 대부분이 팬데믹 지옥에 빠졌다.

우리는 은퇴하면서 직장과 사회생활, 정체성과 사회적 유대감을 상실하고 이를 안타까워하게 된다. 코로나19 팬데믹 기간 동안 상당수 중년은 '정상적인' 삶, 경제적 안정, 사회적 연결, 심지어 일자리의 상실까지 겪었다. 팬데믹 기간 일과 일상생활, 일상성과 목적을 상실했을 때 당신은 무엇을 했는가? 그럼에도 아침에 침대에서 일어나 일상을 계속한 이유는 무엇인가?

은퇴가 가까워지면 은퇴 전환 문제로 인해 스트레스 수준이 현저하게 증가한다. 아직 자녀들을 부양해야 하고, 높은 학자금 대출을 갚아야 하고, 급여 수준이 괜찮은 다른 직업을 찾을 수 없기 때문에 스트레스를 받는다. 연로한 부모님을 부양해야 하기 때문에 스트레스를 받는다. 실직할 가능성과 함께 다른 직장을 찾지 못할 가능성 때문에 스트레스를 받는다. 노후 자금이 부족해서 스트레스를 받는다. 어떤 사람들은 이 모든 이유로 스트레스를 받는다.

일하지 않는 행복은 잠시뿐이다

더 이상 일을 하지 않으면 삶의 스트레스를 줄일 수 있다는 생각에 전통적으로 떠올리는 완전 은퇴의 경로를 따라 퇴직하는 사람들도 있다. 그들은 은퇴를 한 번 통과하면 끝나는 인생의 결승선으로 여긴다. 은퇴 이후에는 긴장을 풀고 오래오래 행복하게 살 수 있다고 믿는다. 더는 일할 필요가 없으므로 삶이 갑자기 멋져지고 모든 문제가 사라질 것으로 기대한다.

진실은 기대와 다르다. 골프를 치고, 쇼핑몰을 돌아다니고, TV 재방송을 시청하며 시간을 보내는 은퇴 생활은 오히려 스트레스를 더 높인다. 목적의 상실, 구조의 상실, 일상의 상실, 직장 친구의 상실, 성취감의 상실, 정기적 월급의 상실, 정체성의 상실로 스트레스를 받게 된다. 게다가 이런 스트레스로 인한 건강 악화로 말미암아 더 큰 스트레스를 받을 수도 있다. 얼마나 안타까운 일인가?

은퇴 단계는 엄청난 변화로 가득 차 있다. 그로 인해 불안과 공포에 휩싸이는 일이 흔하다. 사람들 대다수는 이전에 이렇게 높은 수준의 정신적 스트레스에 노출된 적이 없다. 그래서 빠르게 회복하여 원상으로 돌아오는 데 필요한 회복탄력성을 개발하지 못했다. 비관적인 상태이고, 미래에 대한 희망을 상실했을 때는 회복탄력성을 갖기 어렵다. 이런 어려움을 견디기 위해 몇몇 은퇴자는 초저녁부터 술을 마시는데, 다시 자신의 잘못을 알고서 더욱 절망감을 키운다.

완전 은퇴는 당신이 생각과 다르게 흥미롭고 편안한 여정이 아닐 수 있다. 오히려 은퇴는 실망스럽고 불안하다. 롤러코스터를 탄 것처럼 복통을 느끼게 할 수도 있다. 은퇴가 이런 기분일 거라고 예상하지 못했을 것이다. 하지만 갑작스럽고 중대한 삶의 변화를 맞닥뜨렸을 때, 사람들은 종종 예측 가능한 반응을 보인다.

첫 단계는 천천히 상승 곡선을 그리며 시작한다. 갑작스러운 은퇴 지옥으로 떨어지기 전까지는 편안하고 상황이 좋아 보인다. 은퇴 지옥 단계에서는 끝나지 않을 것 같은 수많은 우여곡절을 경험한다. 그리고 여정이 거의 끝난 것 같을 때, 갑자기 또 다른 상승 곡선을 만난다. 이 단계에서는 다행히도 상황이 안정되고 은퇴 지옥을 벗어나 다시 긴 상승 곡선이 시작된다.

　모든 사람에게 은퇴 여정이 같은 강도로 진행되지는 않는다. 이 점을 인식하는 것이 중요하다. 롤러코스터를 아주 좋아하는 사람들도 있지만, 당신의 미래로 다가온다면 통제할 수 없는 스트레스로 가득 찬 위험을 감수해야 한다. 보다 무서운 여정을 경험하는 사람은 나처럼 직장에서 해고되는 사람, 특히 자신의 일을 즐기고 자신과 일을 동일시하고 일을 손에서 놓지 못하는 사람들이다. 언제 은퇴할지 스스로 선택하지 못하는 경우라면 은퇴 지옥을 통과하는 여정은 더 무섭고 길어질 것이다. 그렇지만 과연 누가 미리 알 수 있겠는가?

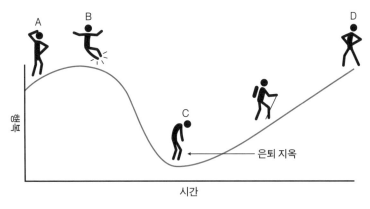

거대한 은퇴 계곡

그림은 완전 은퇴가 끝이 아니라는 것을 알고 실망하는 사람의 전형적인 여정을 보여 준다. 당신은 이런 은퇴 여정을 헤쳐 나갈 수 있고 또 헤쳐 나갈 것이다. 하지만 그 여정은 아주 힘들 수 있다.

전통적인 은퇴 전환 과정에서 경험하는 일을 잘 이해하면 은퇴 여정을 훨씬 수월하게 통과할 수 있다. 어떤 일이 다가올지 알면 이에 대비할 수 있고, 겪게 되는 일에 놀라지 않을 수 있다. 이를 염두에 두고 은퇴 여정을 주요 3단계로 나눠 본다.

당신의 노후는
상상과 다르다

영원한 휴일은 지옥에 대한 그럴듯한 정의다.

-조지 버나드 쇼

생계를 위해 오랜 기간 일을 해 온 사람들은 지쳐 있다. 그래서 더이상 일하지 않아도 되고, 긴 출퇴근 시간 때문에 일찍 일어나지 않아도 되고, 업무 지시를 받지 않아도 되고, 따라야 할 규정과 규칙적 일상도 없으며, 원할 때 원하는 것을 자유롭게 할 수 있는 은퇴와 여가 생활은 아주 매력적으로 보인다. 그렇다. 앞으로 당신은 편하게 잘 수 있다. 꿈에 그리던 곳을 여행할 수도 있다. 원하는 만큼 골프를 칠 수도 있고 많은 시간을 손주와 보낼 수도 있다.

1단계: 허니문
일하지 않아도 된다는 행복 상태

은퇴의 허니문 단계에 있는 사람들은 의무적으로 해야 했던 일들을 목록에서 없애고, 전에는 시간이 없어서 못했던 집수리나 정원 가꾸기 또는 페인트칠 같은 일들을 시작한다. 이것은 성취감을 주고 새처럼 하늘을 나는 듯한 기분을 준다. 이런 행복감은 일반적으로 은퇴 후 새로운 현실에 침몰되기 전까지 최대 1년 정도 지속된다.

일단 목록에 있는 모든 일을 마치고 나면, 성장 지향 은퇴자들은 다른 할 일을 찾아야 한다는 것을 깨닫는다. 이때부터 문제가 시작된다. 보다 큰 다른 계획이나 목적도 없이, 그들은 거대한 은퇴 계곡의 가장 낮은 지점인 은퇴 지옥으로 미끄러져 내려간다. 여가 생활로 잠시나마 활력을 되찾을 수 있지만, 어느 순간 파티가 끝났다는 느낌을 받는다. 성장 지향 은퇴자들은 약간 초조해지고, 좀 더 흥미롭고 도전적인 일을 찾거나 일을 통해 얻을 수 있었던 만족감과 성취감이 사라져 무기력함과 공허함의 상태에 빠지게 된다.

일부 안정 지향 은퇴자는 성장 지향 은퇴자보다 허니문 단계를 행복하게 지낼 수 있다. 그들이 만족하는 데는 많은 것이 필요하지 않다. 적절한 의식주만 갖추면 된다. 다시 일할 필요가 없다는 데 행복해하고 어떤 것도 크게 신경 쓰거나 걱정하지 않는다. 사실 한 번도 일을 좋아한 적이 없을 것이다. 도전적인 일을 피하고 자유롭게 잠을 자고 여가를 즐긴다. 매일매일이 휴일이기 때문에 오늘이 무슨 요일인지 상관없다. 단순한 삶이 바로 그들이 원하는 것이고, 그렇게 사는 게 좋다고 생각한다. 내가 여기서 말하고자 하는 바는 이들과는 다른 유형의 사람을 위한 다른 방식의 삶이다. 내가 감히 누구를 심판할 수 있겠는가?

2단계: 은퇴 지옥
일하지 못한다는 불행 상태

은퇴 후 더없이 행복하고 자유로운 허니문 기간을 즐길 수도 있다. 하지만 한편으로 준비되지 않은 은퇴는 종종 엄청난 상실감과 좌절감을 느끼게 하는 '급성 은퇴 쇼크'를 가져오기도 한다. 파티가 끝난 것이다. 이런 은퇴 쇼크의 최악이 은퇴 지옥이다. 자신에게 기쁨을 주던 취미와 활동에도 관심이 사라지고 '정말 이게 전부인가' 하는 의구심이 생기기 시작한다. 그토록 오랫동안 꿈꾸고 잠시나마 즐겼던 여가 생활이 갑자기 공허하고 무의미해진다.

은퇴 충격을 제대로 관리할 방법을 찾지 못하면 결국 우울증으로 이어진다. 우울증은 매우 심각한 일이다. 우울증은 에너지, 활력, 그리고 자부심을 빼앗아 간다. 일반적으로 끝없이 슬픈 기분을 동반하고, 집중이 어렵고, 영감을 받거나 관심이 생기는 것을 어렵게 하고, 그저 움직이고 있을 뿐이라고 느끼게 한다.

은퇴 지옥의 거대한 계곡에서 급성 은퇴 쇼크를 겪을 때는 막힌 변기를 뚫는 것 같은 쉬운 일조차도 힘들 만큼 큰 문제처럼 느끼고, 수면 장애와 섭식 장애를 겪기도 한다. 시카고에서 열린 은퇴 세미나에서, 최근 남편을 잃은 한 여성은 거대한 은퇴 계곡이 슬픔의 5단계와 유사하다고 말했다. 그녀의 말이 맞다. 은퇴 시에 생활 방식과 자기 정체성의 상실을 경험하는 것은 드물지 않기 때문이다.

대부분의 사람들은 특히 자신의 배우자가 아직 일을 하고 있는 경우라면 당신이 겪고 있는 일을 공감하지 못한다. 더 이상 일하러 갈 필요가 없어서 불행하다는 당신의 말을 이해하지도 못한다. 그래서 급성 은퇴 충격에 대해서 도움을 주기가 어렵다. 당신은 그들을 이해시키려는 노력을 포기하고, 대신 현재의 고통을 완화할 방법을 찾기도 한다. 과음과 과식, 쇼핑 중독, 또는 다소의 은둔생활이 일반적인 탈출구다. 그러나 이런 생활이 장기간 지속되면 상황이 훨씬 악화되고 건강이 위험해진다.

통제 불능 상태가 되기 전에 싹을 잘라 내야 한다. 당신이 현재 겪고 있는 것을 이미 겪고 이해하는 사람과 대화해 보는 것이 가장 좋다. 은퇴 코칭 서비스가 도움이 될 수 있다. 하지만 당신이 귀 기울이고 조치를 취할 준비가 된 경우에만 그렇다. 이 책은 당신이 올바른 마음 자세를 갖도록 돕고, 은퇴 충격이라는 어려운 단계를 통과할 수 있도록 코칭하고자 한다.

3단계: 은퇴 지옥에서 탈출
새로운 일을 찾는 회복 상태

기분이 가라앉아 있고 활력이 없을 때는 문제를 해결하기 어렵다.

피곤하고 좌절감을 느낄 때는 모든 것이 어렵고 번거롭게 느껴진다. 자신이 처한 혼란에서 벗어날 방법을 찾고 부정적 생각에서 벗어나고 싶어 하지만, 이럴 때는 상황 개선이 거의 불가능하다.

그렇다면 어떻게 새로운 계기를 만들 것인가? 스스로 매일 할 수 있는 작은 첫 걸음을 내딛어라. 운동을 시작하고, 잘 먹고, TV 시청을 줄이고, 꾸준히 번거로운 일들, 예를 들어 처리해야 할 잡일이나 뜯지 않은 우편물 더미를 처리하라. 이런 소소한 일들을 목록으로 만들어서 실행하고 지워 나가는 것으로 시작하라. 그럼 기분이 좋아진다. 산책, 잔디 깎기, 집수리… 전부 중요하다. 하루가 끝날 때 당신이 성취한 것을 보면 자존감이 높아지고 마침내 진전을 만들어 내기 시작했다는 자신감을 얻을 수 있다.

처음에는 이렇게 시작하지만, 은퇴 지옥에서 탈출하려면 장기적으로 더 큰 노력이 필요하다. 자기 삶에서 몇 가지를 되돌려 놓을 필요가 있다. 은퇴로 잃어버린 직장 친구를 대체할 적절한 인간관계를 찾아야 하고 새로운 정체성과 새로운 목적을 찾아야 한다. 목적의식이 있다면 은퇴 후에도 아침에 일찍 기상해야 하는 좋은 이유가 된다. 목적의식이 없다면 당신은 늙고 쇠약해질 것이다. 다른 사람에게 도움을 주고 기여할 수 있는 새로운 방법을 찾으면, 더 좋은 기분으로 더 오래 살게 된다. 살아가야 할 어떤 이유가 있다면 스트레스가 사라진다. 복잡할 것은 없다.

내가 가장
불쌍해질 때

그 누구도 뚱뚱하거나 게으르거나 바보가 되겠다는 계획을 세우지는 않는다. 계획이 없으면 그렇게 되는 것이다.

-래리 윈젯

일 자체가 자신의 삶이었던 사람들은 커리어에서 빠져나오는 것을 아주 어려워한다. 그들은 오로지 일에만 헌신해 왔는데, 그 대가가 약간의 재산과 명예를 제외하면 결국은 배우자와 가족, 그리고 소수의 진짜 친구와 약간 어색한 관계뿐이라는 것을 깨닫고 크게 낙담한다. 이런 식으로 일이 풀리면 안 된다.

나처럼 퇴직이 예상보다 빨리 왔거나 순조롭지 않은 경우에 분노를 느끼는 것이 당연하다. 충성스러운 회사원이었던 당신이 그렇게 오랜 세월 동안 희생과 헌신을 했음에도 회사와 직장 동료라는 공동체로부터 추방되어 쓰레기 매립장으로 버려지는 취급을 당하는 것은 부당하다. 공동체가 없으면 정체성, 목적, 안정을 잃는다. 그러나 항상 그렇듯이 모든 일에는 긍정적인 면이 있다. 실직은 당신이 더 나은 어떤 기회를 발견할 계기가 될 수도 있다.

다음은 내가 주변에서 목격한 최근 은퇴한 사람들에 대한 이야기다. 그들은 현재의 생활 방식에 만족할 수도 있다. 하지만 내 생각에 그들은 이미 은퇴 지옥에 들어서 있거나, 아니라면 가까운 시일 내에 은퇴 지옥에 빠지게 될 것이다.

1) 주택 관리사형

남편과 그의 아내는 같이 은퇴했다. 아내는 집안에서 이런저런 일을 하며 시간을 보내고, 남편은 마당에 나와서 정원 관리, 자동차 세차, 건물 외벽과 창문 청소 등을 하며 시간을 보낸다. 어느 날 나는 그가 잔디깎이와 제설기를 거듭 세척하는 걸 지켜보면서 그의 상태가 좋지 않다는 걸 알 수 있었다. 이런 사람들은 더 청소하고 수리할 것이 없는 겨울에 정신적으로 무너질 수 있다. 그들은 스트레스를 받고 결국 수렁으로 빠지기도 한다.

그 부부는 친구가 별로 없다. 그는 지난 봄, 노후 준비 서적을 읽고 은퇴 연금 계좌에 여유 자금을 추가 불입하기 위해 주택의 규모를 줄이고 작은 마을로 이사를 가기로 했다고 말했다. 하지만 내가 보기에 두 사람은 나들이도 거의 하지 않기 때문에 노후 자금이 더 필요한 것 같지 않다. 현재 그 부부가 어떻게 지내는지는 잘 모른다. 다만 부부가 이전에도 친구가 많지 않았고, 새로운 마을에서 새로운 친구를 사귈 것 같지도 않아서 걱정된다.

2) 정원사형

집 앞을 지나면서 인사는 하는 사이지만, 그녀가 어떤 사람인지 잘 모른다. 그녀는 앞마당에서 잡초를 뽑는 데 대부분의 시간을 보낸다는 점을 제외하고는 주택 관리사형과 다소 비슷하다. 나는 그것이 그녀의 사회생활 방법이라고 본다. 그녀가 독신인지는 확실하지 않지만, 다른 사람과 함께 있는 것을 본 적은 없다. 다시 말하지만 나는 정원사형이나 주택 관리사형 사람들이 겨울에는 무엇을 하는지 항상 궁금하다.

3) 캠핑 매니아형

캠핑 매니아는 우리 집 맞은편에 살고 있으며 기혼이다. 그는 회계사였다. 은퇴하면서 그는 아내와 함께 겨울철마다 플로리다에서 휴양하기 위해 레저용 차량을 구입했다. 레저용 차량을 구입한 이후로 그는 새로운 삶의 방식을 찾은 것처럼 보였다. 여름철에 그는 TV 시청으로, 아내는 집안일로 대부분의 시간을 보낸다. 그들은 마치 다른 집에서 따로 사는 것 같다. 그가 레저용 차량에서 잔다고 해도 놀랍지 않을 것 같다. 은퇴는 확실히 어떤 사람들에게는 이상한 일을 할 수 있게 한다. 그 부부에게 앞으로 어떤 일이 일어날지 지켜보는 것도 흥미로울 것이다.

은퇴 전환에
어려움을 겪는 사람들

나는 주택 관리사형, 정원사형, 캠핑 매니아형 사람들이 걱정된다. 그런데 그런 은퇴자들은 아주 많다. 그들은 직업인으로서 일할 때의 생활 패턴이 깨지고, 일상의 상실로 어려움을 겪으며, 자유 시간을 어떻게 활용해야 하는지 찾으려고 애쓴다. 함께 은퇴한 부부는 같이 있는 시간이 늘어난 것에 어떻게 적응해야 할지 몰라서 서로에게 커다란 스트레스를 받기도 한다.

겨울이 오면 주택 관리사형, 정원사형 사람들은 목적의 결핍을 느끼기 시작하며 아주 예민해진다. 그들은 더 이상 창문을 닦을 수도 없고 잡초를 뽑지도 못해서 불안하고, 답답하고, 지루하고, 화나고, 혼란스러워한다. 대부분의 시간을 안개 속에서 떠도는 것처럼 느끼지만, 빠져나갈 방법을 찾지 못한다. 그들은 이제 은퇴 생활에 약간의 변화가 필요하다는 것을 느끼기 시작한다. 그때가 두려움과 좌절에 침몰하는 때다. 그들은 노후 자금이 충분하지 않을까 봐 두려워하고, 건강을 잃을까 봐 두려워한다. 그리고 배우자와 자녀가 더 이상 자신을 사랑하지 않을까 봐 두려워한다. 또한 할 일이 없어서 좌절한다.

노인에 대한 부정적인 고정 관념도 그들을 괴롭힌다. 은퇴자들은 편안하고 안전하게 셔플보드게임 같은 활동을 하며 지내야 할 것 같다. 하지만 그들은 아직 그렇게 살 생각이 없다. 그런 것은 노인을 위한 것이고, 자신은 아직 노인이 아니라고 생각하기 때문이다. 그들에게는 여전히 성취하고자 하는 바가 있다. 하지만 불행하게도 그들은 어떤 계획도 없고 무엇을 해야 할지도 모르기 때문에 우울증이 지속된다.

운이 좋은 사람들은 지루함과 좌절의 시간을 보낸 후 빠르게 은퇴 지옥에서 벗어나기도 한다. 그들은 스스로 해결책을 찾을 때까지 선택지를 물색하고 탐구하는 데 시간을 쓴다. 그렇지만 다른 사람들은 은퇴 지옥에 빠진 상태를 지속한다. 상실감에 사로잡혀 계속 과거에 머물러 있으면서 자신을 불쌍하게 여길 것이다. 그들은 상황을 있는 그대로 받아들이고 여생을 현실에 안주하기로 할 수도 있다. 무엇을 하고 싶은지, 어디로 가고 싶은지 모르기 때문에 아무것도 하지 않고 평생 스스로 안쓰럽게 여기기만 한다.

일반적으로 남자들은 은퇴 전환에 더 큰 어려움을 겪는다. 그들은 적극적으로 자신의 미래를 직시하고 해결하려고 하기보다 TV나 보며 현실을 부정하고 은퇴 지옥에서 세월을 낭비한다. 은퇴 지옥에 갇혀 있는 사람은 이런 의문으로 머리가 복잡하다.

'나는 누구인가?'

'아내는 왜 항상 나에게 화를 내는 걸까?'

'왜 아이들은 나와 함께 시간을 보내는 걸 좋아하지 않을까?'

'남은 인생 동안 무엇을 해야 할까?'

'내 친구들은 다 어디로 갔나?'

'왜 이런 기분이 들까?'

'결국 이것이 내 인생의 전부인가?'

'나는 무엇을 위해서 여기까지 왔는가?'

　　거대한 은퇴 계곡의 바닥에 갇힌 사람들은 다시 시작하는 데 어려움을 겪고 퇴보하고 고립된다. 친구들에게 둘러싸여 있어도 외로움을 느낀다. 그들은 친숙한 과거의 삶에서 벗어나지 않기 위해 고군분투한다. 원한과 불안, 우울 등 부정적인 감정의 짐을 지고 있다. 그들은 실패, 패배했다고 느끼고, 바닥을 치고 있으며, 노후가 기대와는 다르다는 것으로 의기소침해진다.

절망의 바닥에서
희망을 올려 보다

당신은 당신이 가장 많은 시간을 함께 보내는 다섯 사람의 평균이다.

-짐 론

36년 동안 근무했던 은행에서 쫓겨났을 때, 나는 통상적인 은퇴 단계를 거치지 못하고 곧바로 은퇴 지옥으로 떨어졌다. 좋지 않았다. 나는 갑작스러운 은퇴로 충격을 받았고, 직장 생활의 마지막 단계에서 받은 대우는 나쁜 기억으로 남았다. 일주일 동안 이상한 침묵이 나를 둘러쌌다. 아내는 여전히 일을 했고, 나는 일없이 집에 혼자 남겨졌다. 업무용 이메일을 쓸 일이 사라졌기 때문에 하루 종일 내 존재를 알릴 어떤 메시지도 주고받을 수 없었다. 더는 아무도 나를 필요로 하지 않았고 전화기는 울리지 않았다.

　오랫동안 나는 길을 잃었고 아무것도 할 기력이 없었다. 낚시와 자전거 등 즐겨했던 것들에도 관심이 사라졌다. 투자 자문가인 아내가 우리의 재정 상태가 괜찮다고 말했는데도 나는 매일 밤 침대에 누워서 노후 자금이 충분한지 걱정했다. 그런 생각과 고민은 나에게 아무런 의미가 없었다. 아니, 없어졌다. 그 시점에 내 인생의 많은 것은 더 이상 나에게 의미가 없었다.

　나는 자신을 돌보지 않았다. 운동도 안 했고 평소보다 과음했다. 매일 샤워를 하는 것도 귀찮았다. 갈 곳도 없는데 굳이 샤워할 필요가 있을까? 나는 치유될 때까지 그냥 혼자 있고 싶었다. 현명한 아내조차도 내가 왜 그렇게 느끼는지 이해하지 못했다. 나는 혼자라고 느꼈고 아무것도 하고 싶지 않았다. 아들 대니가 세스 고든의 책 몇 권을 소개해 주기 전까지.

　그 책들은 나에게 정말 커다란 반향을 일으켰다. 그리고 시간이 지남에 따라 세스 고든은 가상의 코치가 되어 내가 살고 싶은 삶을 스스로 만들어 가도록 추동했다. 그녀의 블로그는 매일매일 나에게 영감과 에너지를 줬다. 나를 가로막는 두려움을 극복하는 데도 도움이 됐다. 나는 직접 그의 기조 강연을 들으러 토론토로 가서 더 큰 에너지를 얻었다. 그는 나에게 나만의 예술 작품을 만들라는 동기를 부여했고, 여기서 이모작 은퇴(Victory Lap Retirement)에 대한 아이디어가 나왔다. 뒤에서 이 개념을 자세히 설명하겠다.

　그동안 쌓인 은퇴 스트레스 때문에 나는 잠도 제대로 이루지 못했고 매일 아침 4시 30분쯤 일어나는 습관이 생겼다. 나는 세스 고든의 강연을 듣고 집에 와서 글을 쓰기 시작했다. 첫 잔의 커피를 마시기 훨씬 전, 이른 아침에 글을 쓰면 자신의 의식이 아직 잠들어 있고 평소와 달리 방해가 되지 않는다는 장점이 있었다. 그때 영혼을 정화하는 무방비 상태의 진실이 드러났고 이후에는 항상 기분이 좋아졌다. 나는 이른 새벽에 글을 쓰면서 남은 인생 동안 내가 무엇을 하고 싶은지 마침내 깨닫게 됐다.

고독이
가르쳐 준 것들

한편 세스 고든을 만나고 첫 책을 집필하기 한참 전에 나의 오랜 친구는 나 자신이 누구고, 나에게 무엇이 진정으로 중요한지를 깨닫는 계기를 마련해 줬다. 아직 은퇴의 충격에서 벗어나지 못하던 어느 날, 오랜 낚시 친구인 조에게서 함께 대서양으로 연어 낚시 여행을 가자는 전화를 받았다. 조는 연례행사로 낚시꾼들과 함께 조지리버에 가는데 정규 멤버 중 한 명이 참가할 수 없게 됐다고 했다. 나는 평소 낚시를 좋아해서 함께 가고 싶었지만, 당시에는 아무것도 할 수가 없었다.

나는 거절하려고 했는데 아내가 낚시 여행이 고민에 빠져 있는 나에게 도움이 될 것이라고 생각했다. 아내는 조가 항상 최고의 명소를 방문하니까 엄청난 경험이 될 것이라고 나를 독려했다. 나는 캐나다 노바스코샤주의 미라마치강 같은 유명한 낚시 캠프를 떠올렸다. 거기에는 온수 욕조, 고급 와인, 로스트비프 식당이 있었다. 결국 나는 낚시 여행을 가기로 했다. 솔직히 썩 내키지 않은 상태여서 숙소가 어디인지조차 확인하지 않았다.

조지리버까지는 이틀이 걸렸다. 수상 비행기에서 내릴 때를 결코 잊지 못한다. 나는 반바지를 입고 있었다. 토론토를 떠날 때는 기온이 26도가 넘었는데, 거기는 아주 추웠다. 가이드 중 한 명에게 숙소가 어디냐고 물었더니 "지금 보이는 저기입니다"라고 대답했다.

거기에는 내가 꿈꾸던 것은 아무것도 없었다. 온수 욕조도, 로스트비프 식당도 없었다. 밤에는 통나무 사이로 들어오는 차가운 북극 공기 때문에 도저히 잠을 이룰 수 없었다. 나는 어린아이처럼 훌쩍거렸고 흑파리는 나를 물어 댔다. 모든 것이 엉망진창이었다. 어쨌든 첫날밤을 지내보고자 악을 썼다. 아내에게 전화를 걸어 데려가 달라고 하고 싶었지만, 거기에는 전화도 이메일도 없었다.

처음에는 지옥 같았다. 너무 춥고 외롭고 TV도 볼 수 없었다. 그런데 사흘째부터는 조금 나아졌다. 잠자는 것과 낚시 외에 아무런 할 일 없이 홀로 있는 상태가 나에게 깊이 생각할 기회를 줬다. 고립은 나에게 더 깊은 내면으로 들어갈 수 있는 기회였다. 아직 인생의 갈 길이 멀다는 것을 깨달았고, 직장에 다닐 때는 꿈에서만 그리던 일을 할 수 있는 자유가 생겼다. 이 지구별에 있는 나에게 주어진 시간이 끝나기 전에 내가 성취하고 싶은 일이 아직 많았다.

조지리버 낚시 여행은 사물에 대한 나의 관점을 바꿨다. 나는 자신감을 되찾았고, 내 삶이 훨씬 더 나아질 것을 깨달았다. 내가 거절하려던 여행이 나를 변화시켰고, 나는 그 이후로 매년 그곳에 간다. 나를 걱정해 주는 친구가 있다는 것은 정말 좋은 일이다.

은퇴 여정에서 무슨 일을 겪을지 미리 알면 처음부터 2단계 은퇴 지옥과 3단계 길고 힘든 은퇴 지옥 탈출을 모두 피하고 자신의 노후를 설계하고 만들어 갈 수 있다. 한편 이미 거대한 은퇴 계곡을 경험하고 있거나 은퇴 지옥에 갇혀 있다면 왜 이런 일이 일어나고 있으며, 여기에서 무엇을 할 수 있는지에 대한 관점을 가질 수 있다.

현재 자신의 삶이 어느 단계에 있든 이 책의 나머지 부분은 은퇴 이후 건강하고 활기차며 충만한 삶을 설계하고 만들어 가는 것을 돕는 데 초점을 맞춘다. 이제부터 은퇴 지옥을 피하거나 탈출해서 은퇴 천국에 가기 위해 어떻게 해야 하는지 보여 주고자 한다. 거짓말하고 싶지는 않다. 쉽지 않을 것이다. 그리고 대단한 것이 아닐 수 있다. 하지만 내 말을 믿어 보라. 그 대가는 충분히 노력할 만한 가치가 있다.

잠시 쉬었다가
다시 일어나라

모든 끝은 또한 시작이다. 다만 그 당시에는 그것을 알지 못했을 뿐
이다.

-미치 앨봄

직장 생활하는 동안 받은 스트레스로 인해 많은 사람이 은퇴 시점
에 육체적으로나 정신적으로 지쳐 있다. 만약 당신이 이 범주에 포
함된다면 우선 스트레스 수준을 줄이고 회복해야 한다.

지치고 우울하거나 스트레스를 받을 때는 남은 인생에 무엇을 하
고 싶은지를 명확하게 생각하기 어렵다. 새로운 목적을 발견하거나
미래를 계획하지 못한다. 그래서 건강과 자신감부터 회복해야 한다.

그 전까지는 성공적으로 은퇴하고 노후를 준비하는 데 필요한 일을 해낼 수 있는 가능성이 높지 않다. 의욕도 갖기 어렵다. 이런 생각이 들면 자신에게 너무 큰 기대를 걸거나 처음부터 너무 많은 목표를 설정하는 것을 피해야 한다. 마침내 스스로 회복됐다고 느끼고 은퇴 지옥에서 벗어나는 등반을 시작할 때가 됐다고 결심하기 전까지는 자기 성찰과 미래를 위한 계획을 시작하지 못하는 변명거리만 찾기 때문이다. 지친 상태에서는 운동도 하지 않고, 건강에 좋은 음식도 찾지 않게 된다. 다정한 보살핌이 필요하다.

당장은 목적 없는 지옥 같은 삶에서 활기차고 성취감 넘치는 이모작 인생으로 삶을 변화시킬 힘과 동기를 찾을 때까지 인내심을 갖고 자기 자신에게 너그러워져야 한다. 자신의 몸과 마음을 잘 돌볼 때 더 큰 에너지와 회복탄력성이 생긴다. 그래야 정신적으로도 강해져서 자기 앞에 놓인 도전에 맞설 수 있다. 그러므로 신체적으로, 정신적으로 건강해지는 데 집중하라. 그 후에 자신이 항상 좋아하고, 하고 싶었던 일을 시작하라. 그리고 처음 얼마간은 즐겁지 않더라도 놀라지 마라.

당신이 갑작스러운 변화에 적응하는 데 도움이 되는 몇 가지 입증된 전략이 있다. 평소에 알고 있던 모든 것이 뒤집혀 버릴 때는 정신적으로 긍정적 상태를 유지하기 어렵다. 다음 방법들은 내가 갑자기 은퇴했을 때 겪은 충격을 회복하는 데 도움이 됐고, 다시 일어설 수 있는 내적 힘을 줬다.

몸도 마음도
한곳에 집중하라

어떤 사람들에게는 전통적 방식의 명상 수련에 문제가 없지만, 나에게는 고요한 방에서 조용하게 혼자 앉아 특정 자세를 취하고 향과 양초 같은 도구를 사용하는 명상이 맞지 않았다. 낚시, 달리기, 샤워, 자전거, 수영, 이른 아침 잔디에 물 주기 같은 다양한 능동적 명상이 나에게 알맞았다.

이런 육체 활동을 하는 동안 나는 일상의 소음에서 벗어나 생각할 수 있는 곳이면 어디에서나 집중하고, 고요함을 유지하고, 정신을 맑게 할 수 있었다. 그 시간에 나는 가장 창의적인 아이디어와 솔루션을 생각해 냈다. 어떤 유형을 선택하든 명상은 이점이 있다.

첫째, 순간에 집중하고 머무를 수 있도록 도와준다.
둘째, 새로운 정보와 아이디어에 열려 있게 된다.
셋째, 긴장과 스트레스를 풀어 준다.
넷째, 자신과 상황에 대한 긍정적 태도를 개발하고 유지할 수 있도록 한다.

코로나19 팬데믹은 과도하게 신경을 자극했다. 매일 보도되는 감염자 수와 사망자의 기하급수적인 증가는 지켜보는 사람들에게 심각한 스트레스와 불안을 야기했다. 어떤 사람들은 마음의 안정을 위해 술로 눈을 돌렸지만, 현명한 사람들은 혼돈의 한복판에서 잠시 쉬었다가 다시 일어설 수 있게 해 주는 명상과 요가 같은 다양한 형태의 마음챙김에 주목했다. 이런 다양한 형태의 마음챙김이 극단적인 글로벌 위기 상황에서 효용이 있었던 것처럼 노후 계획의 문제를 해결하기 위해 침착하고 긍정적인 마음가짐을 갖는 데도 도움이 될 수 있다.

몸도 마음도
땀을 흘려라

산책은 여러 면에서 치유적이다. 산책은 좋은 운동일 뿐만 아니라 비정형적인 명상과 마음챙김 수련을 위한 좋은 기회로도 기능한다. 산책은 생각하고 사색하고 자연에 머물며 신선한 공기를 마시고 순간순간의 모든 것을 즐길 수 있는 육체적, 정신적 활동이다.

이렇게 산책을 하다 보면 종종 그날 이른 아침이나 그 전날 일기에 썼던 것들에 집중할 수 있다. 그리고 조용히 시간을 보내는 것만으로도 당신이 직면한 문제의 해결책을 모색하는 데 도움이 된다. 해 보면 알게 될 것이다. 홀로 생각하고 질문하고 대답할 수 있는 특별한 시간이다.

산책을 최소 30분은 해야 효과적이다. 또한 외부로부터 개입이나 방해를 받지 않도록 휴대 전화나 다른 전자 기기를 치워 둬라. 휴대 전화를 사용해야 한다면 무음으로 설정하라.

규칙적으로 활발하게 걸으면 다음과 같은 이점이 있다.

첫째, 고혈압, 고콜레스테롤, 당뇨병 및 특정 유형의 암에 대한 위험을 낮춘다.

둘째, 당신의 기동성을 향상 및 유지하게 한다.

셋째, 활력을 높이고 기분을 좋게 한다.

넷째, 보다 나은 생각을 하고, 마음을 맑아지고, 스트레스가 낮아지고, 체중을 감량하는 데 도움이 된다.

활력적 걷기 프로그램 또는 보다 격렬한 운동을 시작하기 전, 의사를 찾아가서 완벽하게 건강 검진을 받도록 하라. 그리고 약간의 땀을 흘릴 준비를 하라. 모든 운동 프로그램의 목표는 건강을 회복하고 유지하는 것이다.

자신을 살피고, 보람 있는 은퇴를 계획하고, 성취하는 노후를 보내고자 착수할 때는 문자 그대로, 그리고 비유적으로 '땀 흘릴 준비'를 해야 한다. 운동은 건강을 유지하고 활력을 끌어올리는 요소다. 그리고 자신만의 작은 은퇴 천국을 설계하고 달성하기 위한 영혼의 탐색은 정신적으로 땀을 흘리게 한다. 이모작 은퇴를 설계하고 실행하는 것은 쉬운 일이 아니지만 그럴 만한 가치가 있다.

당신의 성장은
계속돼야 한다

당신의 삶은 항상 당신에게 말하고 있다. 그것은 근본적인 영적 질문이다. 당신은 그 질문들을 듣고 있는가?

-오프라 윈프리

나에게는 책상 상단 서랍에 넣어 두고 자주 사용하는 두 개의 핵심 노트가 있다. 일기와 일지다. 일기는 탐구를 위한 것으로 내 생각을 깊게 한다. 일지는 계획을 위한 것으로 한 주, 한 해의 목표와 일정이 포함되고, 매일의 활동과 진행 상황을 추적하는 데도 사용된다. 힘든 일을 헤쳐 나가기 위해 일기와 일지를 기록하는 것이 도움이 된다. 먼저 일기의 중요한 역할을 살펴보자.

나를 알아 가는
가장 쉬운 방법, 일기

일기는 자신에 의한, 자신에 대한 책이다. 당신은 언제 마지막으로 내면으로 깊이 들어가 자신과 연결됐나? 아마도 대부분의 사람들에게는 아주 오래전일 것이다. 일상생활에 바쁘고 스트레스를 받을 때는 자신과 연결하기가 어렵다. 늦은 저녁이나 이른 아침에 조용한 곳에서 일기를 쓰면 자신을 방해하는 소음과 산만한 요소들로부터 벗어나 자기 내면으로 깊이 들어가 진정한 자아와 다시 연결되고 내면의 목소리를 들을 수 있다.

여러분은 자신의 모습이나 느낌이 창피할 수도 있고 실직과 은퇴 후 인생을 백지 상태에서 다시 시작하는 것이 얼마나 두려운지 다른 사람들에게 말하기 쑥스러울 수도 있다. 그리고 자신이 원하는 파트타임 일자리에 지원하느라 신경이 날카로울 수도 있다.

일기는 마음을 편안하게 머무르도록 하고, 노후에 할 수 있는 일에 대해서 재미있는 공상을 할 수 있는 사적 공간이다. 일기를 쓰는 동안 자신의 새로운 관심사와 열망, 방향을 발견할 수 있다. 오랫동안 잃어버렸던 꿈과 열정을 다시 살리거나 시도하고 싶은 새로운 무언가를 발견할 수도 있다. 이렇듯 일기 쓰기는 마음이 열리고, 숨기거나 피했던 것을 스스로에게 드러낼 수 있게 해 줘서 치유에 도움이 된다.

내면의 목소리는 머리보다 당신을 더 잘 알고 있다. 어려운 질문에 대한 생각과 대답은 합리적인 두뇌에서 걸러지거나 검열되지 않는 진정한 자기 자신에게서 나오기 때문이다. 정기적으로 일기를 쓰는 성찰을 통해서 당신이 찾고 있는 대부분의 대답이 이미 자기 안에 있음을 발견하게 될 것이다. 일기를 쓰면서 은퇴 후 행복하기 위해 무엇을 해야 하는지 자문해 보라. 당신은 아마도 자기 안에 있는 무언가로 인해 놀랄 것이다. 내 경우는 무언가에 대해 쓰기 시작했을 때 갑자기 경로를 이탈하여 내가 생각하지도 않았던 어딘가로 빠져 들어가곤 했다.

당신 내면의 목소리는 이미 당신의 진정한 사명이 무엇인지 알고 있으며, 이를 행동으로 옮기길 원한다. 그리고 당신이 그것을 행동에 옮기기까지 계속 메시지와 단서를 보낼 것이다. 내면의 목소리, 즉 직관과 직감에 귀를 기울여라. 당신에게 무엇을 말하고 있는가? 인내심을 갖고 경청하면 가야 할 방향을 알려 줄 것이다. 내면의 목소리가 밖으로 나오도록 용기를 북돋우고자 한다면 이 책의 각 장에 나오는 질문을 스스로에게 하라. 같은 질문을 계속하면 시간이 지남에 따라 자신의 해답이 나올 것이다.

이럴 때 일기는 자신의 아이디어를 가장 먼저 테스트할 수 있는 곳이다. 더 많이 쓸수록 자신이 무엇을 해야 하는지 더 많이 알게 된다. 이런 '고요한 시간'은 자신의 한계를 두려워하고 너무 많은 생각과 걱정을 하는 마음 상태에서 벗어날 수 있게 한다.

일기는 컴퓨터를 사용하지 않고 손으로 쓰는 것이 가장 좋다. 자신의 생각을 종이에 글로 적거나 긁적거리면 많은 생각과 감정이 촉발된다. 더 깊게 생각하고 꿈꾸기 시작할 것이며, 바로 그때부터 마법이 시작된다.

일기를 쓰면서 내면의 목소리를 듣는 것에는 이점들이 있다.

첫째, 갑작스러운 은퇴로 인한 충격을 회복하는 데 도움이 된다.

둘째, 영혼을 갉아먹는 원망을 버리는 데 도움이 된다.

셋째, 당신이 무엇을 해야 하는지 이해하고, 당신에게 가능한 일이 무엇인지 잘 알게 해 준다.

넷째, 당신이 무엇을 좋아하고 무엇을 좋아하지 않으며 행복을 위해 무엇을 해야 하는지를 상기시켜 준다.

다섯째, 당신이 자신의 가치관과 신념에 어긋나는 행동을 경계하도록 한다. 내면의 목소리는 GPS처럼 작동하여 당신이 경로를 벗어나면 경로를 수정할 필요가 있다는 것을 알려 준다.

여섯째, 은퇴에 대한 도전적이고 고무적인 목표를 설정하고 실행하는 데 도움이 된다.

일곱째, 계획한 일을 할 수 있다는 자신감을 준다. 무엇이 가능한지 꿈꾸기 시작할 때, 자신과 자신의 노후 계획을 신뢰하기 시작할 때, 자신의 소명으로 느끼며 열정을 갖고 있는 것을 하기 시작할 때 내면의 목소리가 커진다는 것을 발견할 것이다.

이제부터 내면의 목소리에 다가가기 위해서 일기를 쓰는 습관을 들여라. 일기는 보다 쉽게 자신의 진정한 사명을 발견하고 미래에 대한 구체적인 계획이 밖으로 표출되어 끓어오르게 할 것이다.

꿈을 이루는
가장 쉬운 방법, 일지

일기가 당신의 꿈과 두려움, 내면의 감정을 기록하는 곳이라면, 일지는 꿈을 이루기 위한 단계를 밟고 뿌리 깊게 자리 잡은 걱정을 극복하고 행복하고 건강하고 성취감 넘치는 은퇴 천국으로 나아가는데 도움이 되는 실용적인 도구다.

체중 감량, 운동, 식단, 행복 수준, 시간 활용, 활동, 태도 등 조치가 필요하다고 생각하는 모든 것, 그리고 삶을 개선하기 위해 바꾸고 싶은 것들을 모니터링하기 위해 기록하라. 하루 일과가 끝나면 시간을 어떻게 보냈는지 인식하고, 당신의 새로운 우선순위를 어떤 수준까지 처리했는지 알 수 있도록 일지에 기록하라.

일지를 기록하면 다음과 같은 결과를 얻을 수 있다.

첫째, 자신의 하루가 생산적이었는지 아닌지 알려 준다.
둘째, 목표를 향한 경로를 유지하고 있는지 알려 준다.
셋째, 어떻게 일들을 개선할 수 있는지에 대한 아이디어를 준다.
넷째, 오늘 하루 최선을 다했는지, 건강 유지와 행복 증진을 위한 할 일을 하고 있는지에 대해 대답하는 양심으로써 기능한다.

일지를 다시 들여다보면 달성한 성과를 확인할 수 있다. 이것은 어려움을 겪고 있을 때, 자신에 대한 의심이 생길 때 큰 도움이 된다. 일지 쓰기가 언뜻 보기에 상당히 피상적일 수 있다. 그렇지만 나를 믿어 보라. 일단 정기적으로 기록하기 시작하면 목표를 계속해서 추적하고, 은퇴 지옥에서 주도적으로 벗어나기 위한 자신감을 높이는 데 중요한 도구라는 것을 알게 된다.

원망감으로
삶을 망치지 않기

원한을 품는 것은 자신이 독약을 마시고 상대방이 죽기를 바라는 것
과 같다.

-넬슨 만델라

나는 넬슨 만델라의 말을 아주 진정성 있다고 생각하고 좋아한다.
원한을 품는 것은 자기중심적이고 스트레스를 많이 받고 비생산적
이며 시간을 낭비하는 일이다. 더 나쁜 점은 신체에 악영향을 주어
고혈압과 심장병을 유발할 수 있다는 것이다. 왜 자신의 마음속에서
부당하다는 생각을 지속적으로 되새김질하여 스스로를 체벌하고 있
는가? 그건 아무런 소용이 없다.

은퇴 천국을 향하는 중요한 한 걸음은 오랫동안 자신의 머릿속에 쌓인 나쁜 생각들을 마음과 영혼에서 제거하는 것이다. 누군가가 부정적인 생각들을 제거하는 두뇌 해독제를 개발한다면 아주 쉽겠지만, 그때까지는 일기 쓰기, 능동적 명상, 그리고 유해한 생각과 느낌을 정화하는 데 도움이 되는 다른 좋은 습관에 의존해야 한다.

일기를 쓰는 동안에는 은퇴에 대한 희망과 꿈뿐만 아니라 직장에서의 나쁜 기억, 후회, 두려움에 대해서도 기록하게 된다. 당신은 이런 기억들을 파고들어 밖으로 *끄집어내야* 한다. 그렇게 함으로써 그 기억들을 재검토하고 궁극적으로는 놓아 버릴 수 있어야 한다. 당신에게 일어났던 나쁜 기억들을 처리하고 극복하는 방법을 배울 때까지 그런 생각은 계속 반복되면서 당신을 약간 미쳐 버리게 할 수도 있다. 지금 그것들을 대면해야 다음의 좋은 일로 넘어갈 수 있다.

더 좋은 날들이
내 앞에 있다

예를 들어 당신이 나처럼 직장에서 퇴출됐다면 이미 일어난 일을 받아들이고 그것이 당신의 잘못이 아니라는 것을 이해해야 한다. 기업의 의사 결정은 비즈니스 전략, 비용 절감, 그리고 당신의 통제 범위 밖에 있는 또 다른 요인에 의해 결정된다. 반드시 당신의 능력이 부족해서 퇴출당한 것이 아닐 수 있다. 그러므로 실직이 당신 혹은 당신의 능력 때문이라고 곱씹을 필요가 없다. 그건 단지 비즈니스일

뿐이다. 그러므로 있는 그대로의 사실을 받아들이면 된다.

더 이상 개인적 문제로 받아들일 필요가 없다. 부정적인 생각을 버리지 않고는 건강한 상태로 계속 나아갈 수 없다. 그렇게 하는 데 도움이 되도록 오랫동안 다닌 회사나 상사에게 작별 편지를 쓰고 직장 생활 마무리를 위해 필요하거나 하고 싶은 말을 모두 해 보라. 기록한 후에는 며칠 동안 치워 뒀다가 다시 읽어 보라. 그 편지를 읽으면 웃음이 터져 나올 것이다. 당신이 얼마나 바보였는지 깨닫고 그런 일들로부터 벗어날 수 있을 것이다.

나는 은행에서 퇴출된 방식이 마음에 들지 않았다. 나는 강제로 쫓겨났고, 다들 알다시피 결단코 즐겁지 않았다. 하지만 한 가지 점에서는 행복했다. 어쨌든 나는 출구를 찾고 있었기 때문이다. 회사는 퇴직금에 보너스를 더해 주며 퇴직 일자를 앞당겼다.

정말 나를 괴롭힌 것은 회사가 무엇을 했느냐가 아니라 어떻게 했느냐였다. 어느 날 상사가 나를 찾아와서 매출 계획을 점검하자며 회의실로 불렀다. 회의실에는 아들 또래의 여성이 책상에 파일을 놓고 홀로 앉아 있었다. 그렇게 면담이 시작됐다. 이런 갑작스럽고 음모적인 퇴직은 입맛이 썼다. 그 과정에서 나는 아무런 존중을 받지 못한다고 느꼈기 때문이다. 오랜 세월 회사를 위해 성실하게 일했는데, 이건 너무나 잘못됐다고 느꼈다. 존중과 정직은 나에게 큰 가치였기 때문에 회사의 방식이 오랫동안 나를 괴롭혔다.

회사가 나를 강제로 내쫓았건만, 퇴직 조건의 하나는 누구에게도 내가 퇴출당했다는 사실을 말하지 말아야 한다는 것이었다. 은행은 내가 스스로 은퇴하여 나가는 척해 주기를 원했다. 그래서 회사에서 하던 관례대로 은퇴 축하 파티를 하고 카드를 줬다. 나는 파티를 좋아한다. 그렇지만 은퇴 파티에 가는 것은 마치 내 장례식에 참석하는 것처럼 기분이 이상했다. 파티에 가기 싫다는 생각이 여러 번 들었다. 엎친 데 덮친 격으로 나와 같은 시기에 퇴직하는 사람들이 있었다. 회사는 손쉽게 모두의 은퇴 파티를 한 번에 묶어서 하기로 결정했다.

결국 나는 은퇴 파티에 갔다. 파티를 마치고 나설 때가 기억난다. 나는 좋아하는 사람들과는 악수하고, 다른 사람들은 피해서 남들보다 먼저 자리를 떴다. 내 은퇴 파티라도 진심이 아닐 때는 즐거운 시간을 보내기 어려웠다.

나는 이 문제를 곰곰히 생각해 봤다. 회사의 은퇴 파티는 모두 잘못됐다. 결혼과 생일 같은 다른 축하 행사를 생각해 보면, 모두 미래에 관한 것이다. 초점이 당신이 무엇을 했는지가 아니라 무엇을 할 계획인지에 있다. 그런데 은퇴 파티는 마치 배가 지나간 항적이나 장례식처럼 보인다. 차이는 주빈이 관 속에 들어가 있지 않다는 것뿐이다.

좀 더 즐거운 마음으로 회사를 떠날 수 있었더라면 좋았을 것 같다. 그렇지만 아쉽다고만 생각할 필요는 없다. 차츰 알게 되겠지만 내 삶은 이전보다 훨씬 더 좋아지려는 참이었다. 그런 점에서 은퇴로 인한 충격은 마음의 상태이며, 그 마음을 제거하는 가장 쉬운 방법은 전통적 의미의 은퇴를 하지 않기로 결정하는 것이라는 걸 기억해야 한다. 주요 경력을 떠나는 것이 진정한 기회라고 생각하면 스트레스가 사라진다. 오랜 시간이 지난 후 마침내 새로운 목적을 찾고 자신을 창조할 수 있는 자유가 다시 생겼다. 당신의 목표는 일을 뒤로 하고 잃어버린 것을 대신할 무언가를 찾는 것이어야 한다. 나를 믿고, 저 밖에 있으니 찾으러 가기만 하면 된다.

후회와 죄책감에 매달리지 않기

자신을 받아들이고, 자신을 사랑하고, 앞으로 계속 나아가라. 날고 싶다면 자신을 짓누르고 있는 것을 떨쳐 버려야 한다.

-로이 T. 베넷

죄책감은 원망처럼 작동한다. 죄책감은 동전의 양면으로 정신과 신체의 행복에 동일하게 영향을 미친다. 그러므로 스스로 처리하지 않으면 죄책감이 당신을 잡아먹고 옭아맨다. 죄책감의 형태는 여러 가지다. 예를 들어 항상 일에 묶여 있지 않았다면 더 나은 아빠가 될 수 있었고 집안일을 더 많이 도울 수 있었을 것이라는 죄책감, 일로 바빠 친구들과 연락하지 못했다는 죄책감, 자신의 삶을 위해 더 많은 것을 하지 못하고 꿈꾸던 은퇴를 즐기지 못한다는 죄책감 등이다. 이런 감정이 당신의 삶을 망치기 전에 놓아 버려야 한다. 아직 너무 늦지 않았다. 아직 문제를 해결할 충분한 시간이 있다.

당신은 감정에서 자유로워질 수 있다

아시다시피 코로나19 팬데믹에도 몇 가지 긍정적인 점이 있었다. 나에게 그중 하나는 팬데믹으로 인해 마침내 동생에게 전화를 할 수 있었다는 것이다. 여러 이유로 나와 동생의 관계는 수년에 걸쳐 나빠졌고, 어머니가 돌아가신 이후 서로 다시는 대화할 일이 없을 것이라고 생각했다. 우리 형제의 관계는 그렇게 나빴다. 내 동생은 문제를 해결하려고 노력했다. 동생은 화해를 시도했지만, 나는 과거의 일을 놓아 버릴 수 없었다. 나는 동생이 용서받을 자격이 없다고 생각했고, 용서할 수 없었다. 곪아 터진 원한과 해결되지 않은 감정으로 인해 몇 년 동안 내게는 많은 스트레스와 불안이 생겼다.

그러던 어느 날 나는 동생이 팬데믹에 어떻게 지내고 있으며 코로나 바이러스로부터 안전한지 궁금했다. 서로 말하지 않고 지내는 것은 바보 같은 짓이고, 동생에게 무슨 일이 생기면 크게 후회할 것만 같았다.

나는 동생에게 전화를 걸었다. 동생을 용서하기로 결심했다. 동생이 용서받을 자격이 있다고 느껴서가 아니라, 내가 그럴 자격이 있다고 생각했기 때문이다. 나는 슬픔과 분노와 원망에서 벗어나고 싶어서 동생을 용서했다. 그래야 한다는 걸 마음속으로 알고 있었지만 쉽지는 않았다. 내가 일을 바로잡기 위해 노력했음을 스스로 아는 것만으로도 커다란 후회와 죄책감으로부터 해방될 수 있었다.

누군가에게 분노, 원망 또는 다른 힘든 감정을 품고 있는가? 오랫동안 그들과 대화하는 것을 피했는가? 그럼 이제 무엇을 해야 하는지 당신은 알고 있다. 너무 늦기 전에 문제를 해결해야 한다. 그렇게 하지 않으면 앞으로 닥칠 엄청난 후회를 피할 수 없다. 원망의 마음에서 벗어나는 것은 쉽지 않다. 그것은 금연을 시도하는 것과 같다. 당신의 몸과 마음은 높은 수준의 스트레스를 경험하고, 계속 그 상태로는 힘들다는 사실을 알게 될 것이다. 자신을 의심하고 가치가 있는지 의구심을 갖게 된다. 내가 한 것처럼 전화를 걸어 그들을 용서하라. 당신은 그럴 자격이 있다. 나를 믿어 보라. 그렇게 하고 나면 기분이 훨씬 좋아질 것이다.

원칙이 있는 삶이 인생을 바꾼다

원칙이란 삶에서 원하는 것을 얻는 행동의 초석으로 작동하는 근본적인 진리다. 원칙은 자신의 목표를 성취하기 위해 유사한 상황에서 반복적으로 적용된다.

-레이 달리오

은퇴와 노후 대비는 단지 재산이 많다고 해결되는 것이 아니다. 노후의 행복은 라이프 스타일과 태도와 훨씬 관련이 있다. 노후를 위한 재정 계획을 세운다고 해도, 은퇴 단계에는 충만감을 느끼는 것을 방해하는 수많은 도전과 장애물이 있다. 부정적인 태도를 갖는 것, 배움을 멈추는 것, 신체 활동을 하지 않는 것, 가족 및 친구들과의 관계가 끈끈하지 못한 것, 목적의식을 갖지 않는 것, 건강한 식사를 하지 않는 것 등이 여기에 포함되며, 이런 문제를 해결하지 못한다면 커다란 대가를 치르게 된다.

한 가지 좋은 소식은 생각보다 우리 자신이 은퇴 후의 미래에 훨씬 더 많은 영향을 미칠 수 있다는 것이다. 한 연구에서 생활 방식에 따라 수명이 최대 80%까지 영향을 받는 것으로 나타났다. 나는 수년간 성공적으로 은퇴한 자들의 태도와 생활 방식에 어떤 공통점이 있는가를 연구했다. 그들에게서 배운 것들을 기초로 하고, 다른 연구와 개인적 관찰, 그리고 나의 은퇴 경험을 통해서 은퇴 천국을 성취하는 데 기초적이자 필수적인 9가지 핵심 원칙을 발견했다. 이 원칙들을 준수함으로써 노화와 쇠퇴를 늦추고 활기차고 행복한 노후를 즐길 수 있게 된다.

아는 것을 넘어
행동하는 사람 되기

9가지 은퇴 원칙의 장점은 노후를 위해 재정적 준비를 얼마나 했는지와 상관없이 모든 사람에게 효과적일 수 있다는 점이다. 이 원칙들을 지키면 미래를 위해 좋은 결정을 내릴 수 있고, 최고의 행복한 노후를 살 수 있는 힘을 얻을 것이다. 그리고 이 원칙들은 생활 방식, 습관, 목표, 그리고 선택에 영향을 미친다. 이런 원칙이 제대로 갖춰져야 은퇴 후 중요한 일을 제대로 하는 데 집중할 수 있다.

앞으로 9가지 원칙을 각 장별로 살펴보면 원칙들이 서로 연결되어 상호 보완하고 있음을 알게 될 것이다. 이것은 당신이 한 분야에서 잘한다면 다른 원칙들도 잘 해낼 수 있다는 긍정적인 뜻이다.

원칙을 이해하고 이런 원칙들이 서로 어떻게 작용하는지 이해한 다음에는 어떻게 자신의 삶과 원칙을 최대한 통합할 것인가에 대하여 계획을 세울 필요가 있다. 예를 들어서 아홉 번째 법칙은 삶의 목적을 찾는 것인데, 이것은 소규모 사업을 시작하거나 공공의 이익을 위한 자원봉사를 통해 달성할 수 있다.

이 과정은 모든 사람에게 동일하다. 하지만 각자의 목표와 이를 달성하기 위한 경로는 사람들마다 개별적이다. 9가지 은퇴 원칙을 기본으로 은퇴 라이프 스타일을 설계하면 목표를 행동으로 옮기고 자신에게 적합한 계획, 즉 자신이 원하는 은퇴 천국을 계획하고 실행할 수 있다. 이 모든 것을 염두에 두고 시작해 보자.

Key Point

- 은퇴는 불가피하게 중요한 변화를 가져온다. 노후를 어떻게 준비하고 대응하느냐에 따라 행복 여부가 결정된다.
- 완전 은퇴는 건강에 좋지 않다. 특히 성장 지향적인 사람에게 완전 은퇴는 자연스럽지 않다.
- 은퇴 후 어떤 일이 닥칠지 이해하고 은퇴 전환을 잘 준비하면 은퇴 지옥을 온전하게 피할 수 있다.
- 많은 경우, 실직은 커다란 이득이 될 수도 있다.
- 자신의 직감에 귀를 기울여라. 직감은 당신보다 똑똑할 수 있다.
- 아무리 좋은 변화도 두렵다.
- 아직 당신이 꿈꾸던 삶을 살 수 있다는 것을 알아차리고 희망을 가져라. 희망은 밖에서 당신을 기다리고 있다. 손을 뻗어 잡아라.
- 용서는 쉬운 선택이다. 그렇지만 항상 쉬운 것은 아니다. 특히나 자신이 옳다고 느낄 때는 더더욱 그렇다.
- 이모작 은퇴를 계획하기 전에 휴식을 취하고 회복하는 것이 중요하다. 육체적·정신적으로 지치지 않아야 보다 잘 생각하고 계획할 수 있다.

Key Question

- 무엇이든 할 수 있는 자유가 생긴다면 무엇을 하고 싶은가?
- 언제 은퇴하고 싶은가? 그 이유는 무엇인가?
- 당신은 일을 하면서 무엇이 가장 아쉬웠나?
- 당신의 상실감을 무엇으로 대체할 수 있는가?
- 은퇴 이후에는 삶의 의미를 어떻게 만들어 갈 것인가?
- 은퇴가 어렵고 스트레스가 된다면 왜 은퇴하려고 하는가?
- 미래를 계획하는 것이 아니라 여전히 과거를 회상하고 있는 것은 아닌가?
- 죄책감이 들거나 화나는 일이 있는가? 마음속에 원한을 품고 있는가?
- 버리고 싶은 나쁜 경험이나 감정이 있다면 무엇인가?
- 은퇴를 해서 느긋해졌지만, 그 의미가 무엇인지 걱정되는가?
- 직장 생활의 체계, 동료, 일을 통해 얻은 목표와 성취감이 그리운가? 그것을 무엇으로 대체할 수 있을지 걱정되는가?
- 당신이 앞으로 나아갈 수 있도록 걸림돌을 제거하는 데 어떤 도구를 사용할 것인가?
- 자기 내면의 목소리가 들리는가?
- 행복하고 건강하며 만족스러운 노후 생활의 방해 요인은 무엇인가?
- 당신이 꿈꾸는 노후는 어떤 모습인가?

- 당신은 무엇을 기대하고 있는가?
- 당신은 언제부터 일기를 쓰기 시작할 것인가?

(지금 당장 써라.)

제2장

9가지만 관리하면 노후가 관리된다

· 최고의 노후를 위한 원칙 ·

1. 인간관계
사람을 재산으로 여기기

인생의 마지막 날이라면 당신은 무엇을 원할 것인가? 호두나무 액자에 보관한 학위증을 가슴에 안고 있을 것인가? 멋진 차에 앉아 있게 차고까지 태워 달라고 부탁할 것인가? 재산 상태를 다시 살펴보면 위안이 되는가? 그렇지 않다. 그 시점에 가장 중요한 것은 역시 사람들이다. 인생의 마지막 날에 가장 소중한 것이 관계라면, 지금도 가장 중요한 것이 아닐까?

-맥스 루카도

베스트셀러 《아웃라이어》의 저자 말콤 글래드웰은 마법 같은 이야기를 전한다. 1890년대 후반, 보다 나은 삶을 찾아 미국으로 이주

했던 이탈리아 로제토 마을 출신 사람들에 대한 이야기다. 먼저 이주했던 마을 사람들이 미국에는 엄청난 기회가 있다고 고향으로 소식을 전했고, 점점 많은 사람이 '뉴로제토'라고 이름 붙여진 새로운 도시로 이민을 갔다. 그들은 거기서 고향 마을과 똑같은 것을 보고 느낄 수 있었다. 뉴로제토는 자급자족할 수 있는 작은 세상이었다. 사람들은 이탈리아어를 사용했고 대부분은 농사를 짓거나 지역에 있는 점판암 채석장에서 일했다.

어느 날 호기심 많은 한 의사가 로제토에서는 65세 미만의 심장병 환자가 드물다는 것을 발견했다. 이는 당시 미국의 나머지 지역과 극명하게 대조됐다. 더욱 흥미로운 점은 그들이 오늘날 권장하는 건강 생활 지침을 따르지 않았음에도 미국의 나머지 지역에 비해 심장마비 사망률이 절반 수준이었다는 것이다. 뭔가 이해되지 않는 일이었다.

처음에 연구자들은 뉴로제토 사람들이 이탈리아에서 미국 사람들보다 우월한 생활 방식을 가져온 것이 분명하다고 생각했다. 하지만 그렇지 않았다. 뉴로제토 사람들은 담배를 많이 피우고 와인을 많이 마셨다. 그들은 올리브 오일, 가벼운 샐러드, 생선과 닭고기로 구성된 건강한 지중해식 식단을 따르지 않았다. 대신 고지방 살라미 소시지와 콜레스테롤이 많은 치즈를 먹었고, 동맥경화를 일으키는 돼지기름에 튀긴 소시지와 미트볼을 먹었다. 뉴로제토 사람들은 운동을 별로 좋아하지 않았고, 실제로 많은 사람이 비만으로 고생했다.

다른 이론도 이 마을의 기적적인 건강 유전학을 설명할 수 없었다.

뉴로제토를 떠나 미국의 다른 지역에 사는 로제토 사람들은 뉴로제토에 남은 사람들보다 심장병 발병률이 더 높았다. 모든 가능성을 검토한 후에 연구진은 뉴로제토 사람들이 건강하지 않은 음식을 먹고, 과체중이고, 담배를 피우면서도 더 오래 살 수 있는 비결은 '뉴로제토 마을 그 자체' 때문이라고 결론 내렸다.

로제토 사람들은 남부 이탈리아의 문화를 펜실베이니아의 새로운 고향으로 옮겨 온 덕분에 미국 문화의 압력으로부터 자신들을 보호할 수 있었다. 가족과 지역 사회와의 견고한 관계는 건강의 자양분이었다. 그로 인해 로제토 사람들은 타 지역의 사람들보다 행복하고 스트레스를 덜 받았다.

로제토 사람들은 현관에 나와 앉아서 우연히 지나가는 사람과 이야기를 나누며 시간을 보낸다. 로제토 사람들에게 가족은 모든 것이었으며, 마을의 상당수 가정이 3대가 함께 살았다. 다른 많은 지역 사회의 흔한 관행과 달리 노인들은 요양원에 수용되거나 소외되지 않았고, 가족에 둘러싸여 존엄과 사랑 속에서 늙어 갔다.

마을 사람들은 엄청나게 많은 모임에 참여했다. 각자가 만든 모임들이다. 인근 마을에 더 큰 상점이 있지만, 마을 사람들은 자기 마을의 작은 상점을 이용했다. 새 양복이 필요하면 자동적으로 아버지와 할아버지가 양복을 맞췄던 '토니 양복점'을 찾아갔다.

로제토에서는 누가 부자인지 누가 가난한지 구분하기 어려웠다. 돈 있는 사람들은 자신의 부를 드러내지 않고 다른 사람들과 비슷하게 살았다. 이것은 마을 사람들이 경쟁하거나 누군가를 따라가려는 충동이 없음을 의미한다. 일요일에는 모두가 같은 성당에서 미사에 참석한다. 그들은 강한 기독교적 가치를 갖고 있었고 매우 영적이었다. 로제타 사람들은 삶이 안정적이고 예측 가능했기 때문에 이런저런 걱정에 많은 시간을 쓰지 않았다. 머무를 집이 있고, 일용할 양식이 있으며, 지역의 점판암 채석장에서 항상 일자리를 찾을 수 있었기 때문에 실직에 대한 걱정이 없었다. 그들은 걱정을 신의 손에 맡겼고, 무슨 일이 일어나든 가족과 지역 사회가 어려운 시기에 항상 도와줄 것이라고 생각하고 있어서 편안하게 잠을 잘 수 있었다. 그 덕분에 마을에는 자살, 알코올 중독, 마약 중독이 없었고 범죄율도 제로였다. 이런 실제 사례는 우리에게 스트레스와 불안이 적은 삶의 장점을 보여 준다.

외롭지 않아야
덜 아프고 오래 산다

이것은 말콤 글래드웰이 자신의 책에서 언급하지 않았다. 아마도 그는 우리를 우울하게 만들고 싶지 않았을 것이다. 아쉽게도 오늘날의 로제토 사람들은 타 지역 사람들과 심장 질환 비율이 같다. 오랜 기간에 걸쳐 그들은 더 미국화됐고, 공동체로부터 더 멀어졌고, 훨씬 더 많은 스트레스를 받은 것으로 해석된다.

1세대 로제토 마을 사람들이 사망하자 그다음 세대는 가족과 지역 공동체와의 강한 사회적 유대로 보호받는 옛날 방식에서 벗어났다.

자녀 세대는 자기 집을 소유했고, 가족은 분화되고 교외화가 일어났다. 울타리가 쳐진 마당이 있는 단독 주택이 개발됐다. 부와 물질주의를 추구하는 것이 보편화됐다. 부유한 로제토 사람들은 자신의 은신처에서 나와 부를 과시하고 더 멋진 차를 운전했다. 사람들은 더 이상 마르코니 사교 클럽에 가지 않고 새로운 컨트리클럽에 갔다. 이것은 부유한 이웃을 따라가지 못하는 덜 부유한 사람들에게 스트레스를 야기했다. 이 모든 스트레스가 누적되어 1971년에 로제토에서 첫 번째 45세 미만의 심장 마비 사망자가 발생했다.

로제토 마을 이야기는 현대의 삶과 생활이 우리에게 요구하는 대가를 돌아보게 한다. 또한 장수란 얼마나 건강에 좋은 음식을 먹는가, 얼마나 운동을 하는가, 혹은 얼마나 좋은 유전자를 물려받았는가와 관련된 것만이 아님을 알려 준다. 진실은 우리 주변에서 함께 시간을 보내는 사람들이 우리의 건강과 행복에 지대한 영향을 미친다는 것이다. 재산을 원하는 만큼 축적할 수 있다고 해도 사랑을 주고받는 관계가 없으면 행복하지 않고, 불행할 때는 건강을 유지하기 어렵다.

이야기할 사람이 있고, 자신을 걱정해 주는 사람이 있다는 것은 마법 같은 일이다. 당신에게 필요한 시점에 그들이 '거기'에 있을 것을 아는 것은 회복탄력성을 높이는 데 큰 도움이 된다. 이것이 '인간관계'를 9가지 원칙 중 첫 번째로 삼은 이유다.

오늘날 적지 않은 사람들이 생활과 업무를 처리하느라 너무 바빠서 주변 사람들을 제대로 알지 못한다는 것은 안타까운 현실이다.

세월이 흐르면서 우리는 이웃과 지역 사회, 심지어 가족과의 관계를 잃어버렸다. 이런 고립은 노후에 막대한 비용을 치르게 한다. 섬에는 아무도 없다. 고립된 상태에서는 그 누구도 잘 살아갈 수 없다. 행복하고 만족스러운 노후를 즐기려면 로제토 원주민들이 그랬듯이 자신의 삶을 돌아보고 가족, 친구 및 지역 사회에 더 많은 시간을 투자해야 한다.

우리 모두는 생래적으로 소속감의 욕구를 타고났다. 그런데 오늘날 전통적인 지역 사회 조직, 종교 단체 같은 사회적 연결망이 지속적으로 쇠퇴하고 있기 때문에 우리는 연결돼 있다는 느낌을 서서히 잃어 가고 있다. 신기술로 인해서 우리 대부분은 더 이상 필요한 방식으로 연결되지 않으며, 이것은 곧 노후의 질에 부정적인 영향을 미칠 수 있다.

TV 시청, 소셜 미디어에 몰두하기, 컴퓨터 작업, 스마트폰 컴퓨터 게임 등으로 여가 활동을 점점 더 혼자 하고, 삶은 점점 더 외로워졌다. 페이스북에는 자신의 게시물을 좋아하는 수천 명의 친구가 있을 수 있지만, 이것이 기존의 대면 상호 작용을 대체하기에는 부적절하다.

나는 일련의 연구로 다음의 사실을 알게 됐다.

- 사회적 고립은 조기 사망 위험을 30%까지 증가시키고, 어떤 추정치는 60%까지 증가시킨다고 한다. 이것은 외로움이 비만, 흡연, 운동 또는 영양보다 더 중요한 건강 요인이 될 수 있다는 것

을 의미한다.

- 브리검영대학교 심리학 교수인 줄리안 홀트 룬스타드가 설명한 바와 같이, 외로움과 고립은 하루에 담배 15개피를 피울 때와 건강상 위험이 비슷하다. 특히 비흡연자인 경우에 외로움과 고독은 더 해롭다.
- 외로움은 암과 다른 질병에 대항하는 능력을 감소시켜 심장병을 포함한 모든 유형의 의학적 문제에 취약하게 만든다.
- 외로움은 암과 다른 질병에 대한 대항 능력을 감소시켜 심장병을 포함한 모든 유형의 의학적 문제에 취약하게 만든다.
- 외로움은 치매와 알츠하이머에 걸릴 위험을 증가시킨다. 애석하게도 오늘날 50%의 노인은 자신의 교류 창구가 TV라고 말한다.
- 75세 이상 인구의 51% 이상이 혼자 산다.

나의 삼촌은 황혼 이혼 후에 스스로를 고립시켰고, 교제하는 사람은 아버지 한 분뿐이었다. 아버지가 돌아가셨을 때 나는 삼촌이 적응하는 데 어려움을 겪을 것을 알았다. 결국 삼촌은 몇 년 후에 돌아가셨다. 슬프지만 사실이다. 외로움은 세월이 흐르면서 당신을 죽일 수도 있다.

나이 들어도
새 친구를 사귀어야 한다

친구는 당신의 모든 것을 알고 있는 사람이고, 어쨌든 당신을 제일 좋아하는 사람이다.

-크리스티 메리 워너

직장 생활을 하면서 오로지 직장 동료들하고만 교류하면 은퇴 직후 갑자기 혼자가 되는 것은 놀라운 일이 아니다. 우리는 직장 동료를 친구로 생각하지만 대부분은 그렇지 않다. 이런 관계는 대부분 서로를 붙여 둔 회사라는 접착제가 사라지면 지속되지 않는다. 만약 당신이 관리자라면 더욱 나빠질 수 있다. 은퇴하고 나면 직원들은 예전처럼 당신의 일상생활의 일부가 아니고, 그 직원들도 당신이 더 이상 가치가 없다고 느낄 것이기 때문이다.

그러므로 당신이 저지를 수 있는 큰 실수 중 하나는 직장 밖에서 진정한 우정을 쌓기 위해 노력하지 않는 것이다. 만약 여러분이 직장 친구들, 즉 자신에게 관심을 갖는 친구들과 진정으로 연결돼 있다고 느낀다면 은퇴하기 전에 이런 관계에 투자하고 깊게 교류하기 위한 시간을 가져야 한다.

코로나19 팬데믹은 가족, 친구, 공동체와의 사랑과 관계의 중요성을 강조하는 계기가 됐다. 어려운 시기에 자신을 아껴 주고 함께해 주는 사람들이 있다는 것은 큰 위안이 됐다. 무엇보다도 팬데믹 위기는 우리 모두가 사랑하는 사람들과의 사회적 연결과 신체적 접촉을 얼마나 갈망하는지 알게 했다. 전화와 영상 통화는 서로를 연결해 주지만, 사람들이 가장 그리워하는 것은 직접 교류하는 것이었다. 우리 모두는 실물을 그리워했다. 사람들이 자가 격리를 마치고 제일 먼저 한 일은 가족을 껴안는 것이었다.

팬데믹이 나를 일깨운 한 가지 중요한 사실은 정상적인 상황에서 사람들이 가족, 특히 아이들과 의미 있는 대화에 양질의 시간을 충분히 할애하지 않는다는 것이다. 팬데믹이 닥치기 전에는 모두 자기 할 일을 하느라 너무 바빴다. 자녀들과의 대화는 대부분 피상적이었다. 모두가 다음 할 일을 시작하려고 서두르기 때문이다. 팬데믹은 우리에게 더 깊은 대화를 나누고, 상황을 더 잘 이해하고, 다시 연결할 수 있는 시간을 줬다.

노후에 더
친구가 중요한 이유

인생은 고행이다. 그러나 혼자서 고행을 견디는 것은 아니다. 진정한 친구는 특별하다. 그들은 마지막으로 본 지 아주 오래됐거나 멀리 떨어져 있더라도 필요할 때 항상 당신과 함께 한다. 그들은 새벽 2시에 도움이 필요하다고 전화하는 당신 뒤에 있는 사람이다. 진정한 우정을 소홀히 하는 것은 큰 잘못이다. 가능한 한 가장 가까운 친구와 연락을 유지하도록 노력하라. 나이 들어 가면서 그들은 더욱 중요하다.

대부분의 남성은 친구를 사귀는 데 능숙하지 않으며 종종 여성보다 가까운 친구가 적다. 남자들은 그 대가로 은퇴해서 많은 외로움을 느낀다. 육체적, 정신적 건강 증진을 목적으로 하는 단체인 영국의 모벰버(Movember)가 2016년에 실시한 설문 조사에서 남성 응답자의 절반 이상이 내밀한 사적인 일을 의논할 수 있는 친구가 두 명 이하이고, 55세 이상의 남성 중 19%는 가까운 친구가 전혀 없다고 응답했다.

새로운 친구를 사귀는 방법은 다음과 같다.

- 당신과 관심사가 비슷한 모임에 가입하라. 아니면 당신의 모임을 조직하라. 더 자세한 내용은 여섯 번째 원칙을 참조하라.
- 자원봉사로 가치관이 비슷한 사람들과 연결될 수 있다.
- 운동을 함께하거나 취미 모임에 참여하는 것은 다른 사람들과

소통할 수 있는 좋은 방법 중 하나다.

- 블로그를 만들면 당신과 열정이나 관심사가 비슷한 사람들과 연결될 수 있다.

친구와 자녀의 차이를 이해하는 것도 중요하다. 모든 사람이 자녀와 긴밀한 관계를 유지하는 것이 중요하다고 말한다. 하지만 사실 노후에 가장 큰 즐거움을 줄 사람은 친구들이다. 자식들이 가족을 꾸리기 위해 독립해서 집을 떠나고 나면 당신은 대부분의 시간을 친구들과 함께 보내야 한다. 그들은 당신이 겪는 일을 이해하는 사람들이다. 건강, 지루함, 기동성, 그리고 배우자를 잃은 후 외로움 등의 문제에 도덕적, 정서적으로 도움을 줄 수 있다.

친구는 당신의 행동에 긍정적인 영향을 미친다. 사람은 자신을 돌봐 주는 사람들과 어울릴 때 스스로를 더 잘 돌보는 경향이 있다. 친구들은 당신에게 야외 활동을 더 많이 하도록 격려하고, 더 건강한 습관을 들이거나 적어도 나쁜 습관을 조절하라고 야단친다. 책임져야 할 사람이 없는 외로운 사람들은 과식하고, 운동을 덜 하고, 소파에 앉아 TV 시청으로 대부분의 시간을 보내게 된다.

진정한 친구와 서로 돕는 좋은 관계를 맺는 것은 건강을 유지하는데 아주 중요하다. 그러므로 친구를 잘 선택하라. 재미있는 친구, 열정적이고 약간 미친 듯한 친구를 선택하라. 또한 젊은 사람들과 어울리며 시간을 보내면 젊은 생각을 유지하는 데 도움이 될 뿐만 아니라 몇몇 나이 많은 친구가 세상을 떠나는 시점에도 당신과 함께

할 친구가 남아 있다.

　일을 할 때, 당신은 중요시된다. 당신에게는 목적이 있고 초점이 있으며, 고용주에게 신뢰를 받는다. 자신이 중요한 사람이라는 느낌은 내재적 욕구를 충족하기 때문에 당신을 기분 좋게 만든다. 그러나 은퇴 다음 날부터 당신의 스마트폰은 잠잠해진다. 더 이상 이메일과 문자 메시지가 오지 않고, 어떤 곳에도 소속하지 않는다고 느낀다. 은퇴해서는 강한 유대감, 어떤 식으로든 자신이 중요한 사람이라는 느낌을 받을 새로운 무언가를 찾아야 한다.

　다음은 자신이 중요한 사람이라고 느끼는 몇 가지 방법이다.

- 어떤 식으로든 계속 일하기: 사업이나 컨설팅을 운영하거나, 아르바이트를 하거나, 자원봉사를 할 수 있다.
- 지역 사회 기여: 다시 말하지만, 자원봉사는 자신을 중요시 여기게 하는 좋은 방법이다. 또는 연극, 주민 모임, 멘토링 그룹에 가입하라.
- 가족 및 친구와의 관계 강화: 가장 가까운 관계는 다른 대부분의 사람들보다 당신을 더 많이 지탱시키고 지원한다.
- 자신의 공동체 찾기: 스포츠, 취미, 교육, 문화, 여행 등 같은 생각을 갖고 열정을 공유하는 사람들과 시간을 보내라. 공통 관심사를 통해 서로 연결돼 있다고 느낄 방법은 수없이 많다.

부부의 안녕이
노후의 안녕이다

행복한 결혼 생활에서 중요한 것은 서로 얼마나 잘 맞는가보다 다른 점을 어떻게 극복해 나가는가다.

-레프 톨스토이

배우자가 있다면 그 사람은 아마도 당신 인생에서 가장 가까운 관계일 것이다. 배우자는 당신이 가장 중요하게 여기는 사람이며, 아마도 수십 년 동안 당신과 은퇴의 꿈을 공유한 사람일 것이다. 당신이 이런 경우라면 고령자의 이혼율이 증가하고 있으며 55세에서 64세에 이혼율이 가장 높다는 점에 특별히 주목해야 한다. 이 나이에 이혼하면 감정적으로나 경제적으로 두 사람 모두를 파괴할 수 있다. 따라서 이런 일이 발생하지 않도록 모든 조치를 취해야 한다. 연구 결과에 따르면 일반적으로 은퇴 전환 이후에 부부의 결혼 만족도가 일시적으로 감소한다. 생각해 보면 별로 놀라운 일도 아니다.

두 사람 모두 오랜 희생을 치렀는데, 이런 일이 일어나는 것은 애석하다. 그들은 오랫동안 열심히 일한 결과를 누리는 대신 이혼을 이야기하는 자신을 발견한다. 노후에 배우자와 이 같은 언쟁을 벌이고 있다면 관계를 깨뜨려 버리는 이혼이 아니라 일시적인 일로 생각하고 극복을 위해 노력하거나 더 나은 방법으로 애초부터 피하는 것이 좋다.

부부가 모두 일할 때는 자녀 부양과 일이 다른 무엇보다 우선시됐다. 각자 일을 하고 자녀들을 다양한 활동과 약속에 데려가느라 너무 바빴기 때문에 두 사람은 많은 시간을 서로 독립적으로 지냈다. 그런데 은퇴 이후에는 달라진다. 많은 은퇴자가 혼자 있는 시간이 사라지고 부부간에 늘어난 시간에 적응하는 데 어려움을 겪는다.

은퇴하고 상황이 느려지면 생각할 시간이 더 많아지며, 오래된 부부 관계의 문제가 표면으로 거품을 뿜어낸다. 그들은 이전에 주목하지 못했던 것들을 보기 시작한다. 두 사람을 오랫동안 함께 있게 했던 이유인 자녀가 독립해서 나가고, 가족을 부양해야 하는 재정적 압박도 사라졌다. 당신의 유일한 소중한 사람과 더 많은 시간을 보내며, 그제야 더 이상 공통점이 많지 않다는 것을 깨닫는다. 서로에게, 그리고 서로의 관계 대신에 일과 자녀에게 초점을 맞추던 기간에 두 사람은 멀어진 것이다.

인구 1,200만 명이 거주하는 중국 시안의 뉴스에 따르면 코로나19 위기 동안 봉쇄 조치가 내려졌는데, 봉쇄가 해제되자 이혼 신청이 급증했다. 나는 이 뉴스에 놀라지 않았다. 미국과 캐나다에서도 조사하면 같은 결과가 나올 것으로 예상한다. 은퇴 때문이든 팬데믹 때문이든 상당수 부부는 함께 있는 시간이 늘어나 어려움을 겪고 관계에 중압감을 느낀다.

부부가 서로 다시 연결되고 잘 지낼 수 있도록 새로운 환경을 빨리 조성해야 한다. 노후가 다가오면서 부부간에 얼마나 잘 지내느냐가 당신의 건강과 행복에 가장 큰 영향을 미치기 때문이다.

사이가 멀어지는 부부들의 공통점

1) 의사소통이 잘 안 된다

은퇴 후 자기가 하고 싶은 일만 생각하는 것은 큰 실수 중 하나다. 신규 은퇴 부부 중 상당수는 배우자가 무엇을 좋아하는지 잘 모른다. 이들은 은퇴에 대한 꿈과 계획, 기대치의 차이로 인해 눈앞이 캄캄해지며 결국 관계를 끝낸다.

당신이 하고 싶은 것은 무엇인가?

당신의 배우자는 무엇을 하고 싶어 하는가?

당신은 어디에서 살고 싶은가?

당신의 배우자는 어디에서 살고 싶어 하는가?

당신의 버킷 리스트는 무엇인가?

그리고 부부의 버킷 리스트는 무엇인가?

만약 부부간에 차이가 크다면 원활한 은퇴 전환을 위해 빠른 시일 내에 공감대를 형성할 방법을 찾아야 한다. 자신의 생각과 걱정거리를 이야기하고 파트너가 이야기할 때 성급하게 부정적으로 대답하거나 공격하지 말아야 한다. 열린 마음으로 서로의 생각과 걱정거리를 공유하고 각자에게 중요한 것과 그 이유를 명확히 해야 한다.

2) 배우자가 겪는 일을 이해하지 못한다

배우자는 집 밖에서 일하지 않더라도 당신만큼이나 당신의 은퇴로 인해 어려움을 겪을 수 있다. 배우자는 일상적인 가사와 가족에 대한 끝없는 책임감으로 인해 은퇴했다는 기분조차 들지 못할 수 있다. 오랫동안 배우자는 자신의 욕구가 당신의 경력 욕구에 비해 부차적이었고, 당신이 회사에서 일하는 동안 스스로의 정체성을 찾고 독립적인 생활을 꾸려 왔을 수 있다. 집은 통상 아내의 영역이며 자신의 사생활, 자율성, 친구들과의 시간에 익숙해졌다. 당신이 은퇴하면 아내가 당신을 위해 모든 일상을 바꿀 것이라는 기대는 착각이다. 혹시 당신이 배우자를 지속적으로 비판하고 통제하려고 하면 일은 더욱 꼬일 것이다.

3) 자신이 외롭고 힘들다는 이유로 배우자도 은퇴하게 한다

남성은 일반적으로 여성보다 먼저 은퇴하는데, 배우자가 여전히 즐겁게 일하고 있는 경우에 더 큰 외로움을 느끼기도 한다. 그러나 배우자가 마음의 준비를 할 틈도 없이 은퇴하도록 강요한다면 크게 후회하게 될 것이다. 그렇게 하면 이후에 당신은 오랫동안 불리할 수 있다. '오래'는 아주 긴 시간이다.

당신이 은퇴했다고 해서 당신의 배우자가 저절로 함께 은퇴해야 하는 것은 아니다. 그것은 오로지 서로가 원하는 바에 달려 있다. 어떤 커플은 대부분의 일을 함께하는 것을 좋아하기 때문에 동시 은퇴를 계획한다. 또 다른 사람들은 따로 은퇴하는 것을 선호한다. 즉 한 사람은 계속 일하고 다른 한 사람은 은퇴해도 일에서 많은 의미와 만족을 얻는다면 나쁠 것이 없다. 부부가 서로 공감대를 느끼며, 그것이 무엇이든 같은 계획을 세웠다면 성공적인 은퇴 생활에는 여러 가지 방법이 있다.

4) 서로를 은퇴 생활의 희생양으로 만든다

당신은 활동적으로 무언가를 성취하고 움직일 때 행복해하는 사람인데, 은퇴 후에는 TV 시청으로 하루를 보내는 사람이 되기를 원하지는 않는다. 반대로 배우자는 엄청나게 활동적인 사람인데 반해 당신은 그렇지 않은 사람이라면 배우자를 쫓아서 모든 활동에 함께해야 한다고 생각할 필요는 없다. 은퇴했다고 부부가 모든 것을 함께할 필요는 없으며 그렇게 해서도 안 된다. 서로가 각자 성장할 여지를 줘야 한다. 누구에게나 사적인 시간이 필요하고, 두 사람 모두 서로의 시간을 이해해야 한다.

5) 사라진 직장 동료 대신 배우자에게 모든 일을 의존한다

일반적으로 남성은 은퇴에 적응하는 데 어려움을 겪는다. 실직 후 어떻게 자기 자신을 돌보고 여가 시간을 활용해야 할지 모르기 때문이다. 그들은 직장에서 승진의 사다리를 오르고 가족을 부양하는 데 너무 바빴기 때문에 다른 데 관심을 쏟고 다른 활동을 할 시간이 거의 없었다. 그런 그들에게 동료와 고객 관계가 사라졌을 때 의지할 사람은 아내뿐이다.

앞서 이야기한 바와 같이 남성들은 친구를 사귀고 새로운 소셜 네트워크를 개발하는 데 어려움을 겪는다. 외로움이 늘어남에 따라 남자들은 길을 잃은 강아지처럼 아내를 졸졸 따라다니게 될 수 있다. 아내가 가장 친한 친구이자 각종 행사에서 조정자 역할을 해 주기 때문이다. 신규 은퇴자인 남자는 배우자의 영역과 일상에 갑자기 침입하여 모든 시간을 거기에 머무르려고 한다.

가사는 부부가 모두 은퇴한 경우 공평하게 분담할 필요가 있다. 굳이 '당신은 집안일을 하고, 나는 바깥일을 돌보겠다'는 구태의연한 방식을 벗어나려고 하지 않아도 된다. 그건 더 이상 문제가 되지 않는다. 그런데 최악의 행동은 오전에 골프를 치고 와서 오후에는 스포츠 경기를 보는 데 모든 시간을 보내고는 직장에서 돌아온 아내가 저녁 식사를 차려 주는 걸 기다리는 것이다. 남자들이여, 정신 차려라!

나는 남자들의 행동을 조롱하기도 한다. 그러나 은퇴 전환에 적응하고자 어려운 시간을 보내는 것이 남자들만의 현실은 아니다. 아내들은 그 모든 것을 이해하려고 애쓰며 고군분투한다. 당신은 은퇴 후 얻을 자유와 모험에 대해 오랫동안 꿈꿨을 수 있다. 그러나 은퇴는 엄청난 변화를 초래한다. 그리고 더 이상 삶에 스트레스가 없을 것이라고 생각했던 바로 그때에 예상치 못하게 많은 스트레스를 받을 수 있다. 결과적으로 은퇴는 결혼 생활에 심대한 압박이 될 수 있으며 어떤 부부는 견디지 못하고 이혼하기도 한다.

부부가 어려움을 겪고 있다면 전문적인 상담을 받는 것에 쑥스러워하지 마라. 상담에는 부부 모두 참석하라. 재무 상담가 혹은 은퇴 코치와 두 사람이 가진 희망, 꿈, 목표를 명확히 하여 같은 생각을 하고 서로를 도울 수 있도록 하라. 그렇게 함으로써 시간을 보내는 번거로움, 파트너십의 어려움을 줄일 수 있다.

하지만 결국 당신이 좋아하지도 않고 당신을 좋아하지도 않는 사람과 보내기에는 인생이 너무 짧다. 부부 모두 최선을 다했지만, 여전히 공감대를 이루지 못한다면 이혼이 최선의 해답일 수도 있다. 불행보다는 확실히 나은 선택이다. 만약 당신이 직장 생활이 좋지 않았는데 은퇴 후 20년, 30년을 부부간에 긴장 속에서 산다면 오히려 그것은 지옥에서 사는 것과 같을 수도 있다.

몸과 마음을
고쳐 쓰기

자신의 몸을 돌보라. 몸은 당신이 살아가는 유일한 장소다.

-짐 론

건강이 나쁘면 노후를 즐기기 어렵다. 최대한 오랫동안 하고 싶은 일을 즐기려면 자신을 돌볼 필요가 있다. 다음 사항들을 깊이 생각해 보라.

- 국립은퇴기구가 실시한 2017년 8월 설문 조사에서 따르면 최근에 은퇴한 사람의 3분의 1이 건강 문제로 인해 은퇴 생활을 방해받는다고 응답했다.

- 100명의 건강한 60세 이상 남성 중 36명은 70세 전에 중병에 걸리거나 사망한다. 70세 이후에는 질병이나 사망의 발병률이 기하급수적으로 증가한다.
- 현대 과학이 우리를 보다 오래 살 수 있게 하지만, 건강이나 활력을 일정 지점 이상으로 되돌려 놓을 수 없다는 것을 알아야 한다. 언제나 마라톤이나 등산을 할 수는 없다.

상당수 사람들이 회사에서 승진 사다리를 오르고 자녀를 양육하는 동안 아무 생각 없이, 심지어는 기꺼이 건강을 희생한다. 하루 종일 사무실에서 앉아 있다가 퇴근하면 너무 피곤하다는 이유로 운동을 하지 못하고 그냥 TV 앞에 앉아 있는다. 잦은 야근, 이른 아침 회의, 끝없는 출장, 회식, 탄수화물이 많은 점심과 저녁 식사로 인한 영향이 누적되어 결국에는 대가를 치르게 될 것이다. 비교적 젊은 사람들이 고혈압이 있고, 콜레스테롤 수치가 높고, 스트레스가 많은 하루를 마치고 나서 잠에 들고자 약을 복용하는 것은 드문 일이 아니다.

해마다 당신은 조금씩 체중이 늘고, 조금씩 활력이 감소될 것이다. 이런 생활 패턴을 따르는 사람들은 다양한 종류의 암, 심장병, 알츠하이머병에 걸릴 위험과 조기 사망의 위험이 더 높다. 55세 이상의 평균적인 사람의 건강 궤적을 도표로 나타내면 다음 그림과 같다.

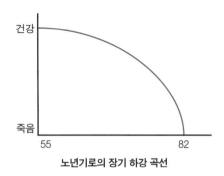

노년기로의 장기 하강 곡선

오랫동안 건강을 유지해야 하는 이유는 수도 없이 많다. 다만 코로나19 위기로 건강의 중요성이 보다 강조됐을 뿐이다. 노인과 심각한 기저 질환이 있는 모든 연령대의 사람들은 코로나19로 인해 심각한 질병에 걸릴 위험이 더 높다는 것이 분명하게 지적됐다.

미국 질병통제예방센터의 〈질병·사망률 주간 보고〉에 게재된 논문에 따르면 코로나19 감염으로 입원한 대부분의 환자에게 기저 질환이 있었다. 2020년 3월간 14개 주에 걸쳐 1,482명의 환자 중 약 90%가 입원했다. 흔한 기저 질환은 고혈압(49.7%), 비만(48.3%), 만성 폐 질환(34.6%), 당뇨병(28.3%), 심혈관 질환(27.8%) 순이었다. 여기서 핵심은 팬데믹 기간 중 병원에서 사망할 위험의 감소다.

시계는 멈출 수 없지만
속도를 늦출 수는 있다

괜찮은 소식 하나는 많은 경우 기존 상태는 긍정적인 생활 방식으로의 변화를 통해 되돌릴 수 있다는 것이다. 평균인의 경로를 따라가야 할 필요는 없다. 정상적 수명보다 더 일찍 죽어야 하는 이유도 없다. 연구에 따르면 전형적으로 은퇴자의 노쇠화는 대부분 잘못된 생활 습관, 몸과 마음을 '사용하지 않아서 잃는' 노화에 의해 발생한다. 은퇴가 꿈을 실현하고 열정을 따라 살아갈 수 있는 두 번째 기회인 것처럼 이모작 은퇴도 건강을 위한 두 번째 기회다. 당신은 비로소 운동과 올바른 식사에 전념할 시간이 생겼다. 그리고 이 책으로 그 어느 때보다 전반적인 건강과 웰빙에 집중할 수 있는 수단과 동기를 갖췄다.

기꺼이 시정한다면 당신은 해마다 조금씩 느려지고, 체중이 증가하고, 쇠약해지는 대신에 보다 건강하고 활력 있고 강해질 수 있다. 아무도 시계를 멈출 수 없지만 늦출 수는 있다. 어느 시점부터 불가피하게 쇠약해지겠지만, 그 단계를 지연하고 80대 이후까지 보다 건강한 상태를 유지할 확률을 높일 수는 있다. 다음은 이 접근법을 채택한 사람들을 위한 그래프다.

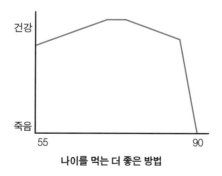

나이를 먹는 더 좋은 방법

이 그래프를 자신의 현실로 만들기 위해는 규칙적인 운동과 올바른 식사, 두 가지만 하면 된다. 이 접근법은 크리스 크롤리와 의학 박사 헨리 로지가 공동 저술한《내년을 더 젊게 사는 연령혁명(Younger Next Year)》에서 심도 깊게 다뤘다. 로지 박사는 저서에서 심장병, 암, 뇌졸중, 고혈압, 당뇨병, 골다공증, 그리고 심지어 알츠하이머병에서 흔히 발견되는 모든 질병의 50% 이상은 생활 습관의 변화를 통해 제거될 수 있으며, 관절염같이 나이가 들면서 생기는 통상적인 쇠퇴의 70%도 생애의 거의 마지막 단계까지 지연할 수 있다고 했다.

이 책이 제시하는 접근 방식을 지지하는 수많은 연구가 있으며, 나는 그 연구 결과를 충실하게 따르고 있다. 1966년에 실시된 '댈러스 침대 생활과 운동 연구'를 예로 들 수 있다. 20대 남성 5명에게 침대에 누워서 3주간 휴식을 취하도록 했다. 그 짧은 기간에 그들에게는 동 연령대의 평균적 남성보다 두 배나 높은 휴식기 심박수, 수축기 혈압, 체지방 증가, 그리고 근력 저하 같은 생리학적 현상이 일어났다. 그 후 그 남성들을 8주간의 운동 프로그램에 투입했다. 이는 침대에만 누워 휴식을 취한 결과가 가져온 신체적 쇠퇴를 극적으로 반전시켰다.

같은 집단은 30년 후 다시 검사를 받았다. 그 기간 동안 참가자들은 체중이 평균 23킬로그램 증가했고, 평균 체지방은 체중의 14%에서 28%로 두 배가 됐다. 체중 증가와 함께 휴식기 심박수와 혈압도 모두 상승했다. 다시 그 집단은 걷기, 조깅, 사이클링으로 구성된 운동 프로그램에 참여했다. 6개월 후 그들은 체중이 감소했고 휴식기 심박수와 혈압이 20대 때만큼은 아니지만 개선됐다. 아무 운동도 하지 않은 것만큼은 아니지만 신체적 기능이 하락했다.

여기서의 요점은 노화로 인한 여러 가지 신체적 변화가 신체를 사용하지 않아서 발생한다는 것이다. 이 연구는 가만히 앉아서 TV만 보는 것에 따른 위험과 신체적 쇠퇴가 얼마나 빨리 시작될 수 있는지를 분명하게 보여 준다. 이 연구는 남성을 대상으로 수행됐지만 여성의 경우도 마찬가지다. 진실은 우리 모두 나이에 관계없이 운동을 통해 신체 능력이 좋아질 수 있고, 운동을 통해 더 천천히 늙고 더 건강하고 활기찬 삶을 살 수 있다는 것이다.

나는 내가 무엇을 해야 하는지 알고 있다. 당신은 어떤가?

무병장수의
열쇠

시계를 되돌릴 수는 없지만 다시 감을 수는 있다.

-보니 프루든

브리검영대학교의 운동과학학과 교수인 래리 터커는 운동하는 사람들이 앉아서 생활하는 사람들보다 훨씬 더 오래 산다고 한다. 운동하는 사람이 신체 활동을 통해 증가하는 수명을 추정하는 방법 중 하나는 텔로미어의 길이를 측정하는 것이다. 텔로미어는 염색체의 끝에 있는 보호막이다. 길다란 텔로미어는 장수와 관련이 있는 반면, 짧은 텔로미어는 암이나 심장병 같은 노화 관련 질환과 관련이 있다.

터커 박사는 미국 성인 5,823명을 대상으로 한 연구에서 매주 활발하게 신체 활동을 하는 남성과 여성이 운동을 하지 않는 사람보다 텔로미어가 훨씬 더 길다는 것을 발견했다. 규칙적으로 운동한 성인은 앉아서 일하는 사람들에 비해 생물학적 노화 진행 속도가 거의 9년이나 늦춰졌다.

아이오와주립대학교의 운동요법학과 조교수이자 심장강화달리기 연구센터의 프로젝트 매니저인 안젤리크 브릴렌신은 달리기가 장수에 도움이 되는 핵심적인 생활 방식이라고 한다. 그녀는 달리는 사람이 달리지 않는 사람보다 평균 3년 더 오래 생존하며 "달리기를 1시간 할 때마다 7시간의 생명 연장 효과가 있다. 다른 연구에서는 달리기 외에도 규칙적으로 운동하는 사람이 그렇지 않은 사람보다 평균적으로 3년에서 4년 정도 더 생존한다"라고 했다. 장수의 열쇠는 자신이 좋아하는 운동을 하고 테니스, 자전거, 걷기같이 늦은 나이에도 계속 할 수 있는 운동을 하는 것이다.

운동은 가장 확실한 투자 수익이자 처방전이다

수영장과 헬스장에서 운동을 하다 보면 나보다 나이가 많은 70대와 80대인데 체력이 좋은 사람들을 많이 볼 수 있다. 그분들과 평균 50대 사람들 간 체력 테스트 결과에 내기를 걸면, 나는 쉽게 많은 돈을 딸 수 있다. 그들은 아주 좋다. 그들은 건강한 삶을 자기 라이프 스타일의 중요한 한 부분으로 삼았고, 앞으로 수년간 이에 따른 투자 수익을 거둘 것이다.

생활화된 운동은 스스로 작성할 수 있는 가장 강력한 의약 처방전이다. 운동을 일상의 일부로 만들면 노후 생활의 모든 영역에 긍정적인 영향을 미친다. 건강상의 이점은 콜레스테롤 및 혈압 감소에서 스트레스 감소, 수면 개선, 낙관주의, 에너지 및 수명 증가 등 육체적인 것에서 정서적인 것에 이르기까지 다양하다. 연구에 따르면 운동은 대부분의 사람들에게 항우울제만큼 효과적이다. 하나 더 말하자면, 건강을 유지하고 올바른 식사를 하면 노후에 가장 크게 드는 건강 관리 비용을 줄일 수 있다.

신체가 개선되면 멘탈도 개선된다. 정신적 변화는 신체적 변화와 동기화되어 발생한다. 거울을 보고 몸의 변화를 느끼기 시작하면 태도도 향상될 것이다. 오랫동안 비만이었던 사람이 체중을 감량하는 경우는 특히 그렇다. 아시다시피 이것은 담배를 끊고, 술을 줄이고, 보다 건강한 식사를 하는 것과 같은 다른 개선으로 이어진다.

기분이 좋을 때는 좋은 일이 생기는 경향이 있다. 운동을 계속하면 50대와 60대보다 70대에 기분이 한결 나아진다. 여기서 그치지 않는다. 건강하고 기분이 좋으면 다른 목표를 달성하는 데 도움이 된다. 예를 들어, 여행을 원하면 방문하고 싶은 이국적인 장소에 갈 수 있으며, 운동을 하지 않는 경우보다 장기간 여행할 수도 있다. 손주들과 더 많은 활동을 즐기고 파트너와의 관계를 개선할 수도 있다.

그리고 계속 일해야 하거나 일하고 싶은 경우, 건강하고 활력이 넘치면 취업에 도움이 된다. 면접관이 당신에게 더 많은 에너지와 자신감을 느낄 것이기 때문이다. 자기 자신에 대해 긍정적이면 다른 사람들도 알아차리게 되며, 그들 중 일부는 당신을 고용할 사람일 수도 있다. 채용된 후에는 당신이 그곳에 있고 싶어 하고, 도움이 되고, 체력이 더 강하고, 정신적으로 최고의 수준에 있어서 수행하는 업무의 질이 상당수 다른 사람들보다 더 좋을 것이므로, 사람들은 당신에게서 좋은 인상을 받을 것이다. 태도가 건강하고 사안을 긍정적으로 받아들이며 기꺼이 성장하고 새로운 것을 배울 것이다.

노후에 잘 먹고
잘 사는 법

배우기를 멈추면 죽기 시작한다.

-알버트 아인슈타인

당신이 먹는 것이 바로 당신이다. 연구에 따르면 체중 감량과 적정 체중 유지는 80%의 영양 섭취와 20%의 운동에 기인한다. 식단은 큰 틀에서 매우 중요하다. 따라서 더 오래 살고 더 행복하게 살고 싶다면 크리스 크롤리가 자주 하는 말처럼 지금 당장 '형편없는 쓰레기 같은 음식'을 그만 먹어야 한다.

나는 영양사가 아니고, 이 책이 건강 서적도 아니므로 무엇이 이상적인 식단인지는 자세히 설명하지 않겠다. 식단을 개선하기 위한 조언과 조리법이 담긴 좋은 책은 많다. 결론은 적절하게 섭취하는 것이다. 과일, 야채, 통곡물, 무지방 유제품을 많이 섭취하라. 소금과 가공 식품을 줄여라. 칼로리 소비를 줄이고 가능한 한 날씬함을 유지하라.

2019년 9월 7일, 나는 지역 신문인 〈토론토스타〉에서 영양이 건강에 미칠 수 있는 총체적 영향에 대한 기사를 읽었다. 〈편식은 어떻게 실명을 유발했는가〉라는 제목의 기사는 7년 동안 편식하다가 시력을 잃은 영국 출신 10대 소년의 이야기를 다뤘다.

그 소년은 매일 동네 피쉬앤칩스 가게에서 프링글스, 흰 빵, 햄 슬라이스 가공육과 소시지만 먹었다. 이렇게 먹으면 보통 살이 찌고 심혈관 질환이 생긴다. 이 경우에는 10대의 신경계에도 영향을 주어 실명에 이르게 했다. 뭔가 잘못되고 있다는 첫 번째 징후는 그 소년이 항상 피곤함을 느끼다가 청력에 문제가 생긴 것이다. 이 모든 것은 잘못된 식단으로 인해서다. 이 사례는 다양한 음식을 섭취하는 것이 얼마나 중요한지 보여 준다.

우아하고 지적으로
나이드는 법

일을 하면서 우리는 끊임없이 새로운 것을 배운다. 그러나 노후에 일정 수준의 일을 계속하지 않게 되면, 두뇌가 정신적으로 예민한 상태를 유지할 수 있도록 새로운 대상을 찾아야 한다. 어떤 사람들은 십자말풀이와 스도쿠를 하지만, 그것으로는 충분하지 않다. 정신적으로 자극을 받고 즐겁게 지낼 수 있는 다른 방법이 많다. 예를 들어, 대학이나 평생 교육원에서 성인 교육 과정을 수강하여 새로운 것을 배우거나, 악기를 연주하거나, 새로운 언어를 배울 수도 있다. 여행을 할 때는 학생처럼 행동하고 사물에 호기심을 가져라. 방문하는 장소에 대한 새로운 정보를 배워라.

정기적으로 새로운 것을 경험하고 학습하여 도전적인 정신을 유지하면 인지 저하를 늦추거나 예방할 수 있고, 두뇌는 계속해서 더 좋아지고 빠르게 성장할 것이다.

시카고 러시대학교 의료센터는 10년 동안 노인 2,765명을 추적 조사했다. 연구를 통해 붉은 고기를 피하고, 더 많은 산책을 하고, 십자말풀이를 하고, 저녁 식사에서 와인 한 잔을 고수하는 등 생활 방식을 바꾸고 알츠하이머 위험이 60% 감소했음을 발견했다.

2020년 '알츠하이머 및 치매: 알츠하이머협회'가 발간하는 저널인 〈알츠하이머와 치매〉에 발표된 또 다른 논문에 따르면 건강한 생활 방식이 알츠하이머 위험이 있는 사람들의 인지 저하를 막을 뿐만 아니라 실제로 18개월 이내에 기억력과 사고력을 향상시키는 것으로 나타났다.

우리는 모두 학습하고 탐험하고 창의적이고자 한다. 연구에 따르면 새로운 것을 배우고 경험할 때 더 행복하다. 또한 학습은 정신을 예민하게 유지하고 기술 변화에 발맞출 수 있도록 한다. 학습은 새로운 열정을 발견하고, 새로운 친구를 사귈 수 있게 하며, 만족감과 성취감을 준다. 정보화 시대에 기술의 도움으로 새로운 것을 배우는 것이 그 어느 때보다 쉬우므로 이런 혜택을 잘 활용할 필요가 있다.

　나는 앞서 보여 준 '노년기로의 장기 하강 곡선' 그림과 유사한 경로를 밟고 있었다. 다행히도 나는 여기서 벗어나기로 했다. 오늘날 사람들 대다수가 장수를 이야기한다. 하지만 나는 삶의 양보다 질이 더 중요하다고 생각한다. 나는 장애 없이 건강한 기간을 연장하는 데 초점을 둔다. 그리고 '나이를 먹는 더 좋은 방법' 그림 같이 쇠약해지는 기간을 줄이고자 한다. 나는 보다 날씬하고 건강한 몸으로 노후를 최대한 오랫동안 즐기고 싶다. 그래서 먹고 마시는 것, 수면 시간, 운동에 대한 나 자신과의 약속을 항상 염두에 둔다. 가능한 한 운동을 생활화하려고 한다. 가능하면 걷고 자전거를 타고 간단한 일을 하려고 한다. 나를 믿어 보라. 이런 모든 것이 결합되면, 언젠가 나는 오래전에 입었던 36사이즈 바지를 다시 입을 수 있을 것이다. 마냥 기다릴 수는 없다.

　계획대로 된다면 내가 70살에도 건강과 행복 면에서 베이비 붐 세대의 평균보다 눈에 띄게 좋은 상태를 유지할 것이다. 이 격차는 시간이 지나며 점점 더 벌어질 것이다. 괜찮은 보상이다. 그리고 나는 학교로 돌아가 새로운 사업에 도움이 되는 마케팅 과정에 등록할 계획이다. 늙은 개는 새로운 기술을 배울 수 없다고 누가 말했던가?

3. 경제적 독립

나에게 맞는
노후 자금 준비하기

인생에서 어떤 일을 하든 금전 문제에 적절히 신경쓰는 시간을 갖지 않으면 불행해질 것이다. 금전 문제를 등한시해 과학과 천재성의 발전이 늦어져 왔다.

-윌리엄 코베트

이모작 은퇴로의 전환을 고심하는 사람들에게 재정적 독립은 필수 요건이다. 이 시기는 기본 생계비(비재량적 지출)가 수동적 수입(비근로 수입)으로 충당돼야 한다. 다른 말로 돈 벌기 위해 일하지 않아도 의식주와 난방·전기·재산세·기타 필수 비용 등 기본 지출에 필요한 연간 소요 비용을 충당할 수 있어야 한다는 것이다.

재정적 독립이란 더 이상 생계를 위해 일하지 않아도 된다는 의미다. 만약 이 시점에 계속 일하기로 했다면, 그것은 반드시 그렇게 해야만 하기 때문이 아니라 재정적 완충, 특정한 목표를 위한 재원 마련, 또는 도전과 몰입을 위해서여야 한다. 노후 재정 계획에 대해서는 세부 사항들을 도와줄 수 있는 괜찮은 책이 많으므로 여기서는 너무 깊이 들어가지 않겠다. 이 책은 라이프 스타일 계획에 초점을 맞췄지만, 고려해야 할 핵심적인 재정 계획 포인트가 있다.

노후 자금을 계산하는 방법

재정적 독립 또는 노후를 위해 어느 정도를 저축해야 하는지 계산해 보고자 하는가? 공인 재무 설계사나 금융 전문가와 재정 계획을 상세하게 세워야 한다. 하지만 이것만으로 충분하지 않다. 왜냐하면 재정 계획은 적절한 라이프 스타일을 설계하지 않고는 실패하기 때문이다. 은퇴 후 무엇을 하고 싶은지, 노후에 어떤 삶을 살고 싶은지, 그리고 얼마나 많은 비용이 들 것인지 등을 잘 알고 대처할 필요가 있다. 이렇게 하기 전에는 자금이 충분한지 확신할 수 없고, 이런 불확실성으로 인해 항상 조금 더 필요하다고 느끼게 된다.

당신은 은퇴 시점에 자금이 어느 정도 필요한지 잘 모른다. 그렇지만 당신만 모르는 게 아니니 낙담할 것은 없다. 연구에 따르면 미국 국민의 80%가 은퇴 기간에 자금이 어느 정도 필요한지, 얼마나 저축해야 하는지 계산해 보지 않았다. 단지 얼마나 많은 돈이 필요할지를 추측할 뿐이고, 상당수 사람들은 잘못 추측한다.

파이어 운동에 동조하는 사람들은 이런 재정적 독립을 심각하게 받아들이고 가능한 한 일찍 성취하려고 한다. 서론에서 언급했듯이 파이어는 재정적 독립과 조기 은퇴를 의미한다. 나도 이 공동체의 일원이지만 FIRE의 RE 부분, 즉 조기 은퇴는 믿지 않는다. 그들은 재무 설계 전문가들이 제시하는 일반적인 경험칙을 사용한다. 공공 연금과 퇴직 연금을 제외한 연간 지출의 25배 수준의 자금을 확보했을 때를 은퇴 가능 시점으로 산정하는 것이다.

당신이 1년에 6만 달러로 편안하게 살 수 있다고 생각해 보자. 예를 들어 공공 연금 수입 연간 1만 5,000달러를 공제하고, 은퇴 자금으로 매년 4만 5,000달러의 수입이 필요하다. 따라서 은퇴 후에도 재정적 독립을 유지하기 위해서는 112만 5,000달러의 은퇴 자금을 확보해야 한다(4만 5,000달러×25년=112만 5,000달러). 일반적인 경험칙은 지속 가능 인출율(SWR, Sustainable Withdrawal Rate) 개념에서 파생됐다. 지속 가능 인출율이란 은퇴 자금의 4%에 매년 물가 상승률만큼을 증액하여 평생 안전하게 인출할 수 있다는 개념이다. 이 것을 계산해 보면 첫 해에 은퇴 자금에서 인출하게 될 4만 5,000달러가 은퇴 자금으로 보유한 112만 5,000달러의 4%다.

파이어 접근법이 나에게는 효과가 있지만, 어떤 사람들에게는 4% 규칙에 요구되는 자금 수준이 부담스러울 수도 있다. 어쨌든 편안하게 잠들 수 있도록 해 주는 적절한 투자 방법을 찾아야 한다. 사람마다 상황이 다르다. 그리고 위험 감수 성향, 투자 성향, 그리고 생각하는 노후의 생활 방식에 따라 필요한 비용도 다르다. 중요한 점은 자신의 은퇴 목표를 명확하게 하고 그 목표를 뒷받침할 재정 계획을 세워야 한다는 것이다.

공격적인 파이어 경로를 선택하든, 전통적인 정년에 가까운 65세 즈음의 은퇴를 선택하든, 당신은 이모작 은퇴에서 어떻게 살고 싶은지, 비용이 얼마나 드는지, 여생에 충분한 수입을 마련할 수 있을지에 대한 정보가 필요하다. 많은 사람이 재정적인 면은 잘 이해하지만 생활비가 얼마나 소요될지는 잘 모르는 경우가 많다. 불확실성을 없애는 가장 좋은 방법은 은퇴 전 1년 동안 자신의 지출을 모니터링하고, 여행이나 값비싼 취미같이 노후에 사용하고 싶은 여분의 비용을 확보해 두는 것이다.

파이어족이든 아니든 간에 자신의 연간 은퇴 지출이 얼마인지 정확히 알고 4%의 인출율 범위 내에 유지될 수 있는지 점검해야 한다. 만약 자신의 재정 계획이 부족하다면 두 가지 선택지가 있다. 노후 비용과 계획의 일부를 줄이거나 파트타임 일로 추가 수입을 창출하는 것이다.

믿을 수 있는
투자 전문가를 찾아라

잘못하는 것의 비용은 아무것도 하지 않는 것의 비용보다 작다.

-세스 고딘

아내는 팬데믹 기간 동안 집에서 일해야만 했고, 나는 투자 자문가인 아내가 고객과 상담하는 것을 지켜 볼 수 있었다. 주식 시장이 급격히 하락하고 있던 초기에 아내에게는 어떻게 해야 하는지 고민하는 고객의 전화가 많지 않았다. 오히려 아내가 고객들에게 먼저 전화해서 고객들에게 괜찮은지, 너무 스트레스를 많이 받지 않는지 확인하곤 했다. 그녀는 오랫동안 그들을 자문했고, 한 명의 고객도 패닉에 빠져서 시장에서 이탈하지 않았다. 현명한 투자자들이 그러하

듯이, 상당수 사람들은 저가 매수할 수 있는 투자처를 적극적으로 찾고 있었다.

팬데믹처럼 주식 시장이 급락하는 경우는 극히 드물다. 힘들게 모은 노후 자금이 눈앞에서 사라지는 것을 보면서 토가 나올 것 같은 기분이 드는 사람도 있었다. 투자 자문가가 없었더라면 최악의 경우 그들은 패닉에 빠져 모든 걸 팔아 치웠을 수도 있었을 것이다. 나는 아내가 일하는 걸 보면서 사람들이 얼마나 취약한지, 그리고 믿을 수 있는 투자 전문가에게 자문을 받는 것이 왜 도움이 되는지 알게 됐다.

시장에서 위험을 감수하는 것이 두려울 수 있지만, 다른 한편으로 위험을 지나치게 회피하는 것도 문제가 될 수 있다. 어떤 사람들은 지나치게 보수적으로 투자해서 수익률을 낮추는 실수를 저지르기도 한다. 투자를 어떻게 하는가에 따라 은퇴 후 매달 현금 흐름이 결정되므로 지나치게 안전하게 운용하는 것은 시간이 지남에 따라 큰 대가를 치를 수 있다.

은퇴는 적절한 계획이 필요한 인생의 중요한 사건이다. 어떻게 해야 축적한 자산을 노후 소득으로 바꿀 수 있는지 산정할 수 있어야 하고, 수입이 지속되도록 해야 한다. 은퇴가 임박한 시점에 재무 상담사든 투자 자문가든 신뢰할 수 있는 조언자와 상담하는 것은 의미 있는 일이다. 특히 시장 붕괴 시 무엇을 해야 하는지 알고, 믿을 수 있는 자문가가 있으면 위안이 된다.

신뢰할 수 있는 자문가는 다음과 같은 중요한 질문에 대답할 수 있도록 당신을 돕는다.

'당신은 재정적으로 은퇴할 준비가 됐는가?'

'자신의 재정 상태를 잘 알고 있는가?'

'은퇴 자산을 어떻게 투자해야 자신의 자금을 더 오랫동안 유지할 수 있는가?'

'어느 시점에 공공 연금을 신청해야 하는가?'

'예상치 못한 의료비 발생 시 어떻게 재원을 마련할 것인가?'

'노후의 생활 비용을 충당하고 자산을 가능한 한 오랫동안 유지하기 위해, 은퇴 계좌에서 자금을 인출하는 가장 좋은 전략은 무엇인가?'

은퇴가 진행됨에 따라 라이프 스타일에 대한 핵심적인 질문을 마주한다.

'집을 팔아야 하는가, 아파트를 임대해야 하는가, 아니면 요양원에 입주해야 하는가?'

'나에게 역모기지 대출(주택 연금)이 의미가 있는가?'

'향후 늘어나는 의료비를 어떻게 조달할 것인가?'

신뢰할 수 있는 자문 그룹을 둔다면, 이런 질문에 직면했을 때 적합한 대답을 찾는 데 큰 도움이 된다. 내가 다른 자문가들로부터 여러 번 들었던 한 가지 걱정스러운 이야기가 있다. 가족의 금융 업무와 투자를 책임졌던 사람(보통 남편)이 병에 걸렸을 때, 배우자(보통 아내)가 무엇이 어디에 있는지, 누구에게 이야기해야 하는지 모르는 경우가 종종 있다는 것이다. 이럴 경우 원본과 비밀번호를 분실하고, 늦기 전에 이것저것을 정리하느라 미친 듯이 난투극을 벌여야 한다. 변호사, 투자 자문가, 은행 담당자를 병실에 오도록 하는 것은 팬데믹 기간에는 아주 어려운 일이었으며, 이는 살아남은 배우자와 도움을 주려고 애쓰는 자녀들에게 엄청난 스트레스다.

만약 당신이 투자나 은퇴 설계를 이해하지 못하며, 학습에 관심이 없다면 이런 내용을 잘 아는 전문가의 도움을 구해야 한다.

하루빨리 돈 문제에서
자유로워져야 하는 이유

팬데믹의 시작과 함께 주식 시장이 붕괴됐을 때 많은 은퇴자와 재정적으로 은퇴가 다가오는 사람들 중 노후 준비가 됐다고 생각했던 이들은 자신의 수명이 재산 수명을 넘어설 것이라며 걱정했다. 비록 시장이 빠르게 반등했지만, 주가 추락은 많은 투자자에게 힘들었던 재정적 교훈이다.

위험을 줄이고 시장 하락을 막기 위해 노후에도 일정 수준의 소득을 계속 창출하는 것이 좋은 방법이라고 이야기하는 것은 이런 이유다. 만약 여러분이 연간 1만 달러의 소득을 만들 수 있다면 이것은 25만 달러의 자산에서 4%를 인출하는 것과 같고, 연간 2만 달러의 소득은 50만 달러의 자산의 4%에 해당한다. 아르바이트를 하는 것은 저축해 둔 자금을 덜 인출해도 된다는 것을 의미한다. 당신은 그 돈을 투자하고, 자신을 위해 일할 수 있고, 더 오래갈 것이다. 미래의 시장 하락과 기대 수명보다 훨씬 더 오래 살게 될 가능성에 대비하기 위해서는 어느 정도 일하는 것은 의미가 있다.

팬데믹은 재정적 자립의 가치를 강조하게끔 했다. 근로 소득이 필요한 일부 사람들은 살아남기 위해 위험한 환경에서 다시 일해야 했다. 경제적 자립을 이룬 행운아들은 건강을 최우선으로 하고, 아닌 것은 아니라고 말할 힘이 있었다.

이모작 은퇴에서의 돈의 의미에 대하여 나는 다른 태도를 갖고 있다. 이런 태도는 나의 행동 방식을 변화시켰다. 이전에는 노후를 위한 재원과 저축에 신경을 많이 썼다. 나는 재테크 책을 많이 읽곤 했다. TV로는 비즈니스 쇼를 시청하고 하루 종일 휴대 전화로 주식 시세를 쫓아다니며 많은 시간을 보냈다.

요즘은 감사하게도 재정 상태를 거의 확인하지 않는다. 한참을 들여다보지 않아 계좌에 얼마가 있는지 잘 모른다. 그 이유는 아내가 투자 자문가이기 때문이다. 내가 원하는 이모작 은퇴 라이프 스타일에 얼마의 비용이 필요한지 확실하게 알고, 이런 라이프 스타일에 필요한 현금 흐름이 충분히 가능하다는 것을 확인한 후 나는 아내에게 투자 포트폴리오 운영을 맡겼다. 이제 나는 돈 걱정 없이 살 수 있다. 이것은 아주 특별한 느낌이다.

기본적인 소비 지출은 공공 연금 수입으로 충당되며, 수년간 쌓아

온 금융 자산을 지속 가능하게 인출할 수 있을 정도의 재정적 자립을 달성했다. 체육관 회원권, 여행, 오락 등 여가 생활비는 다른 돈으로 충당하고 있다. 그 돈은 내가 좋아하고 열정적으로 하고 있는 파트타임 일로 버는 여분이다. 나는 재정이 바닥나지 않을 것이며, 괜찮은 레스토랑에서의 저녁 식사 비용이 얼마나 나올지 걱정하지 않는다. 나는 목표 소비 수준을 유지하며 편안한 삶을 살 수 있다.

4. 정신

경험에
투자하기

20년 후 당신은 자신이 했던 일보다는 하지 않은 일로 인해 더 실망하게 될 것이다. 그러니 정박용 매듭을 풀고 안전한 항구에서 벗어나라. 무역풍에 돛을 맡겨라. 탐험하라. 꿈꾸라. 발견하라.

-마크 트웨인

어릴 때에는 사물에 대한 호기심이 많지만, 나이가 들수록 호기심은 확신으로 바뀌게 된다. 다칠까 봐 두려워서 안전지대를 벗어나 먼 곳으로 모험하는 것을 회피하게 된다. 멋진 노후를 즐기기 위해서는 어린 시절의 즉흥성을 되찾고 매일매일 삶을 즐길 필요가 있다.

새로운 시도를 두려워하지 않았던 어릴 적의 기분이 기억나는가?

단지 재미있다는 이유로 우리가 어떻게 했는지 기억하는가?

노후는 주변의 세상에 다시 한 번 호기심을 가질 수 있는 시간이다. 새로운 가능성을 탐색하고 보다 충만한 절정의 경험을 열망할 때다. 성장은 건강에 매우 중요하다. 그러므로 할 수 있는 한 많은 모험과 최고의 경험으로 자신의 노후를 채워라. 정신적, 육체적으로 현재의 한계를 넘어서 자신을 확장할 수 있는 가치 기반 목표를 정하라. 뒤에서 자세한 실행 방법을 설명하겠다. 이 목표에는 스페인 산티아노 순례길 걷기, 새로운 비즈니스 창업하기, 학교로 돌아가기, 이국적인 곳으로 여행하기 등이 포함될 수 있다. 자신이 가 본 적 없는 세계 어딘가에 대한 책을 읽고 여행 계획을 세워 보라. 여행을 떠나기 전에 그 나라의 언어, 문화와 전통을 공부해 보라. 그 나라에 머무르면서 그곳 사람들이 가장 좋아하는 음식을 맛보라.

세계는 우리 손끝에 있다. 인터넷은 원하는 곳으로의 모험을 아주 쉽게 만들었다. 이런 장점을 잘 이용해야 한다. 새로운 곳을 발견하고 새로운 것을 경험하기에 노후만큼 좋은 시간은 없다. 여행을 원하지 않는다면 새로운 기술, 기타 연주, 골프를 배움으로써 지금 바로 여기서 모험심을 경험할 수도 있다. 손주들의 관심사 중 하나를 시도해 볼 수도 있다. 아니면 간단히 더 많은 운동을 하고 새로운 친구를 사귈 수도 있다. 새로운 환경에 자신을 노출하고 안락한 영역에서 벗어날 수 있는 모든 것을 시도해 보라.

코로나19 위기 동안 여행이 제한되어 먼 곳으로 여행이나 모험을 갈 수 없었다. 하지만 그것이 우리를 막지는 못했다. 자가 격리를 하는 동안 할 수 있는 일이 많았기 때문이다. 적지 않은 사람들이 새로운 것을 배우고 미래의 여행을 위해 조사와 계획을 하려고 컴퓨터를 사용했다. 자가 격리 기간은 미래의 모험을 준비하고 새로운 기술을 배우기에 좋은 시간이었다.

새롭고 도전적인 모험을 찾고 있는가? 다음은 몇 가지 아이디어다.

배움이 있는 모험 여행 / 레저용 차량을 렌트해서 국립 공원에 방문하기 / 프랑스의 자전거 훈련 캠프 참가하기 / 멕시코에서 스쿠버 다이빙 배우기 / 요리 수업 수강하기 / 블로그 시작하기 / 책 쓰기 / 등산하기 / 피클볼 배우기 등

필요하지도 않는 물건을 사는 것보다 모험이 훨씬 더 즐거울 것이다. 실제로 물건보다 경험에 돈을 쓰는 것이 사람에게 더 많은 행복을 준다는 연구 결과가 있다. 또한 새로운 경험은 새로운 기억을 형성하고 자기 정체성의 일부가 될 것이다. 나를 믿어 보라. 모험과 새로운 경험은 필요하지 않은 물건을 굿윌스토어에 기증한 후에도 계속해서 성취감을 가져다주고 좋은 기억을 남길 것이다.

돈이 없다고
푸념하지 마라

노후 목표 중 몇 가지는 재원이 필요하다. 때로는 많은 재원이 필

요할 수 있다. 그러므로 재정 계획을 상세하게 수립하기 전에 라이프 스타일부터 설계하는 것이 중요하다. 앞서 논의했듯이 자신이 원하는 최고 수준의 경험을 할 수 있고, 원하는 라이프 스타일을 지속할 수 있도록 노후에도 충분한 수입이 있어야 한다. 하지만 자신이 하고 싶은 여러 가지 일에 그리 많은 돈이 필요하지 않다는 것을 발견하고 기뻐할 수도 있다.

물론 노후에 자신이 원하는 삶을 살기 위해서는 파트타임 일자리를 구하고, 디자이너 브랜드 의류 혹은 새로운 골프채 세트를 사는 것과 같은 지출을 줄여야 할 수도 있다. 그렇게 하면 당신은 항상 꿈꾸던 쿠바 여행을 갈 수도 있다. 아니면 거실 소파를 비싸게 구매하는 대신 뉴욕으로 여행을 가서 티파니에서 아침을 먹고 최고급 호텔에서 숙박할 수도 있다. 중요한 것은 자신이 무엇을 원하는지 알고 그 목표를 달성하기 위해 필요한 일을 하는 것이다. 우선순위를 정하고 절충과 조정을 통해 자신에게 정말 중요한 일을 하는 것이다. 이것이 이모작 은퇴다.

절정의 경험을 위한 저축은 평생의 풍부한 추억과 흥분으로 바꿀 수 있다. 절정의 경험을 즐기기 위해 전 세계를 돌아다닐 필요는 없다. 아마 자기 집 100마일 안에서도 놀랍고 흥분되는 것들로 가득찬, 아직 가 본 적이 없는 장소가 많을 것이다.

새로운 것을 배우는 데 결코 늦은 때란 없다

두려움을 극복하고 싶다면 집에 앉아서 두려움에 대해 생각하지 말고 나가서 바쁘게 지내라.

-데일 카네기

나는 은퇴 설계 강연을 하면서, 항상 리아와 그녀의 첫 번째 비행기 여행에 대한 이야기를 한다. 리아는 네덜란드에 사는 79세 할머니로 최근까지 비행기를 타 본 적이 없었다. 그녀의 남편은 고소 공포증이 있었다. 이것은 그들 부부에게는 비행기 여행이 불가능하다는 것을 의미했다. 남편이 몇 년 전에 세상을 떠나고 난 뒤 리아는 비행기를 타 보지 않은 것을 인생의 후회거리로 남기고 싶지 않다는 생각을 했다. 그리고 곧 비행기를 타기 위한 계획을 세웠다.

그녀는 손녀를 설득해서 롤러코스터 훈련을 할 수 있도록 동네 놀이공원에 데려가 달라고 했다. 구글에 '리아의 첫 번째 비행(Ria's first plane ride)'을 검색하면 무슨 일이 일어났는지 알 수 있다. 롤러코스터에서 어린아이처럼 웃는 그녀는 항상 나를 미소짓게 한다. 리아는 얼마 지나지 않아 마침내 첫 번째 비행기 여행을 했다. 리아의 사례는 당신 역시 두려워만 하기에 너무 늙은 나이가 아니며, 새로운 것을 배우고 경험하기에 결코 늦지 않았다는 것을 일깨운다.

우리는 은퇴하면서 어느 정도의 돈과 시간을 모두 가질 수 있다. 그러므로 우리는 '서바이벌(생존) 모드'에서 '어드벤처(모험) 모드'로 다시 전환할 수 있다. 79세인 리아처럼 다시 즐기고, 아이처럼 다시 흥분하고, 새로운 시도를 두려워하지 않아야 한다. 가 보지 않은 모든 길, 자기 안에 아직 개발되지 않은 가능성, 그리고 여전히 살아가야 하는 삶을 생각해 보라.

당신이 항상 하고 싶어 했던 것은 무엇인가?

행복에 많은 돈이
필요하지 않다는 교훈

은퇴 지옥에서 벗어나고자 할 때, 나는 모험심을 되찾을 필요가 있었다. 가장 좋은 방법은 아내와 함께 디즈니월드로 여행을 가는 것이라고 생각했다. 디즈니 방문은 나에게 마법과 같았는데, 마치 호

리병에서 요술쟁이 지니를 풀어 주는 것과 같았다. 디즈니 여행은 내 안의 상상력과 창의력을 다시 불러일으켰다. 앞으로 몇 년 동안 시도하고 싶은 것들이 나를 흥분하게 했다. 디즈니 입장료는 충분한 가치가 있었다.

지금 나의 목표는 세계 각지에서 이모작 은퇴를 주제로 강연하는 것이다. 나는 스페인어와 기타를 배우고 싶다. 아들의 결혼식 때 의자에 우두커니 앉아 있는 대신 무대에 나가 춤을 출 수 있도록 사교 춤을 배우고 싶다. 또한 남아프리카에 있는 사파리에 가서 아내와 함께 열기구를 타고 싶다. 호주에 있는 아들에게 방문하고, 상어 다이빙 케이지에 들어가 멋진 백상어를 대면하는 체험을 하고 싶다.

이것들은 빙산의 일각에 불과하다. 사람들은 모험에 많은 돈이 필요하다고 생각하지만 사실은 그렇지 않다. 나는 노후에도 좋아하는 일을 계속하면서 모험에 사용할 돈을 번다. 내가 버는 돈은 최고의 경험을 하는 데 사용한다. 내가 항상 최고의 장소에 머물 수 있을 만큼 자금이 충분한 것은 아니다. 하지만 모험에 필요한 것들을 기꺼이 할 수 있어서 좋다. 당신도 비싼 옷이나 화려한 차를 사지 않으면, 노후에 하고 싶은 것들을 할 여유가 생길 수 있다.

나는 멋진 노후 생활을 즐기기 위해 많은 돈이 필요하지는 않다는 것을 배웠다. 단지 호기심과 모험심을 갖고 필요한 것을 할 수 있는 재주만 갖추면 된다. 나는 세계를 여행했고, 나보다 운이 없는 사람들로부터 중요한 교훈을 배웠다. 행복하기 위해서 많은 돈이 필요한 것은 아니다.

5. 영성

마음의 힘
키우기

행복은 여행하거나 소유하거나 돈을 벌거나 입을 수 없다. 행복이란 매 순간 사랑, 은혜, 감사와 함께하는 영적인 경험이다.

-데니스 웨이틀리

행복하고 건강하고 성취감을 주는 노후로 가는 열쇠 중 하나는 자신의 영적인 면에 다가가는 방법을 배우는 것이다. 영성은 여러 가지 형태로 다가온다. 영적으로 되기 위해 교회, 유대교 회당, 이슬람 모스크 또는 다른 예배 장소를 찾아갈 필요는 없다. 당신은 홀로 고요함 속에서, 명상을 통해서, 요가 수련을 통해서, 또는 자연에서 영적 자양분을 찾을 수 있다.

1) 종교 공동체

신앙을 가진 사람들은 삶의 어려움에 대한 회복탄력성이 크다. 그래서 일반적으로 스트레스를 덜 받고, 평균적으로 더 건강하고 행복하다.

팬데믹은 믿음과 희망을 갖는 것, 타인과 연결되는 것의 중요성을 주목하게 했다. 비록 물리적으로 한자리에 모일 수는 없었지만, 신앙 공동체의 구성원들은 서로 도와주고 치유해 주며 사태에 더 잘 대처했다. 이것은 그들에게 혼자가 아니며 서로 돕고 있다는 느낌을 갖게 했다. 그 결과 그들은 다른 사람들보다 스트레스를 덜 받고 더 회복탄력성이 있었다.

부활절 일요일, 안드레아 보첼리는 밀라노의 두오모 대성당에서 '희망을 위한 음악'이라는 콘서트를 열었다. 코로나19 봉쇄에 따라 청중은 참석하지 않았다. 시각 장애인 보첼리는 도움 없이 성당 밖으로 걸어 나가 마지막 곡으로 〈어메이징 그레이스〉를 불렀다. 그것은 아주 큰 감동을 줬다. 노래는 세계 여러 도시의 인적 없는 거리가 담긴 장면들로 인해 우리를 더욱 가슴 아프게 했지만, 우리가 세상의 모든 사람과 연결돼 있으며, 함께 탈출구를 찾을 수 있다고 느낄 수 있도록 했다.

이렇듯 자신만의 세계에 머무르지 않고 다른 사람들과 연결돼 있으며, 자신보다 훨씬 더 큰 무언가의 일부라는 느낌은 치유와 회복, 위안과 목적, 그리고 희망을 얻게 한다. 이것은 인생의 어느 단계에서나 진실이다. 특히 직장 공동체에서의 일상적인 동료애와 사회적 교류를 더 이상 갖지 못하는 은퇴 시기에 도움이 될 수 있다.

많은 연구가 신앙 공동체에 속한 사람들이 더 오래 산다는 것을 보여 준다. 오하이오주립대학교의 심리학과 교수인 발드윈 웨이의 연구에 따르면, 교회에 다니는 사람들이 신앙 공동체에 속하지 않는 사람들보다 9년 더 오래 산다. 2017년 미국 공공과학 도서관에서 간행되는 온라인 과학 저널 〈PLOS One〉에 발표된 논문에 따르면 정기적인 예배 참석과 신체의 스트레스 반응 감소가 관련성이 있으며, 예배에 참석하는 사람들은 18년의 연구 기간 동안 사망 확률이 55%나 감소했다.

종교 공동체의 구성원이 되면, 수명 연장 외에도 삶의 질을 향상하는 데 도움이 된다. 서로 돕는 공동체의 구성원이 됨으로써 고립과 외로움의 위험을 완화할 수 있기 때문이다. 마음이 맞는 사람들이 모여 자신과 타인을 위해 선행하고, 그 보상으로써 목적을 가지며, 자신보다 큰 무언가와 연결돼 있다고 느끼게 되는 것이다.

2) 명상, 마음챙김, 요가

만약 당신이 종교에 관심이 없다면 이와 동일하게 긍정적 효과를 얻을 다른 방법들이 있다. 기도는 스트레스, 심박 수, 혈압을 감소시키는 심신의 휴식 상태인 이완 반응을 촉발한다. 명상과 요가 수행으로 얻는 이점과 동일하다.

수많은 연구에서 요가와 명상의 많은 이점을 강조한다. 요가는 육체 수련에 가깝지만, 기본적으로 명상적이고 영적이다. 마음을 예민하게 유지하고, 스트레스 수준을 완화하고, 전반적인 행복을 향상하는 데 도움을 준다. 전반적으로 명상과 마음챙김은 정신적인 집중력을 제고한다. 그리고 몸과 마음의 긴장을 풀어주는 이완 작용을 통해 감정적으로 고양되는 느낌을 갖도록 한다. 명상을 하거나 마음챙김이나 요가를 수련할수록 스트레스를 더 잘 다루고, 더 차분하고 편안한 방식으로 자신에게 일어나는 일에 보다 잘 반응하게 된다.

3) 자연과의 소통

우리 대다수는 사무실에서 대부분의 시간을 보내고 퇴근해서는 TV나 컴퓨터 앞에서 나머지 시간을 보낸다. 2001년 미국 환경보호국이 후원한 한 조사에 의하면 평균적으로 미국인들이 87%의 시간을 실내에서 보내고 6%는 밀폐된 차량에서 보내는 것으로 나타났다. 좋은 일이 아니다. 자연 속에서 지내는 시간이 없는 생활 방식에서는 자신의 영성과 조화로워지기가 어렵다.

숲을 산책하거나, 배를 타거나, 오두막집 선착장에 앉아 책을 읽으며 자연 속에서 시간을 보내는 것은 정신을 활기차게 하고, 보다 긍정적으로 삶에 대한 전망을 주며, 건강과 행복을 크게 향상시킨다. 이것은 육체적, 정신적으로 건강해지는 손쉬운 방법이며 혈압과 스트레스 감소뿐만 아니라 정신 건강, 인지 능력, 그리고 수면 패턴이 개선되는 데 인정됐다.

일본 도쿄 소재 의과대학의 칭 리 교수는 사람들이 숲에서 산책하거나 하룻밤을 묵을 때 항암, 면역 강화, 혈압 저하 등의 변화를 보인다는 것을 발견했다. 리 박사의 연구는 사람들이 숲을 산책할 때 피톤치드를 마시게 된다는 것을 발견했다. 피톤치드는 면역 체계를 강화하고 암의 위험성을 낮추는 자연 살해 세포의 수를 증가시킨다. 또 다른 일본 연구진은 2010년 연구에서 이틀 연속 숲을 산책한 사람들은 엔케이 세포가 50%, 세포 활동이 56% 증가됨을 발견했다. 그 세포들의 활동 수준은 산책 후 한 달 동안 평상시보다 23% 더 높았다.

북미 지역에는 수많은 공원과 산책로, 자전거 도로가 있다. 대자연이 우리에게 제공한 공짜 선물을 즐기면서 야외 활동에 더 많은 시간을 보내자. 자연 속을 걷는 것은 훌륭한 치료법이다. 젊음을 되찾는 것은 영양제를 복용하거나 여유롭고 풍요로운 식사를 하거나 영화를 몰아 보는 것보다 스트레스를 해소하고 재충전하는 데 큰 도움이 된다. 그리고 돈 한 푼 들지 않는다.

내 안에 잠든
사명을 깨워라

자신이 진정으로 믿는 바는 항상 일어난다. 그리고 어떤 믿음은 그것
이 실제로 일어나게끔 한다.

-프랭크 로이드 라이트

나는 영성을 수행하고 전망을 찾기 위해 조지강을 종종 간다. 그곳
은 스트레스와 각종 전자 기기에서 벗어날 수 있는 유일한 장소다.
거기에서는 어떤 전자 기기도 작동하지 않아서 할 수 있는 것은 먹
고, 자고, 낚시하고, 생각하는 것뿐이기 때문이다. 그곳에 갈 때마다
나는 나보다 더 큰 무언가와 연결돼 있다는 느낌을 받는다. 그 강은
마음을 열어 준다. 거기서 나는 일과 은퇴, 그리고 우리의 선천적인

욕구의 중요한 연관성에 대한 나의 이론을 창안해 냈다.

어느 날 나는 강가의 바위에 앉아서 연어와 연어의 생애 주기에 대해 생각했다. 연어는 강에서 태어나 일정 기간이 지나면 바다로 이주하여 4년간 모험을 한다. 거기서 연어는 다른 포식자들을 피해 먹이를 얻으려고 애쓴다. 가장 나쁜 존재는 어망을 가진 인간들이다.

놀라운 점은 연어는 자기가 태어난 강으로 회귀하는 능력을 갖고 있다는 것이다. 4년 동안 살아남기 위해 몸부림치고 바다에서 수천 킬로미터를 여행한 후 때로는 같은 장소로 돌아온다. 거기서 연어는 종족 보존을 위해 산란을 한다. 아무도 연어에게 언제 무엇을 해야 하는지 알려 주지 않는다. 그것은 본능적인 욕구다. 그 타고난 욕구에서 벗어날 수 없다.

나는 이런 삶이 우리에게도 똑같이 작용하며, 모두는 잠재된 사명감을 갖고 태어난다고 믿는다. 우리는 학교 교육을 받으며 몇 년을 보낸 후, 노동의 세계(대양)로 내팽개쳐져 30년 이상 살아남기 위해 고군분투한다. 이 투쟁에서 우리는 상당한 대가를 치르게 된다. 직면하는 스트레스가 자연의 세계, 가족, 심지어 자신과의 연결을 끊어지게끔 하기 때문이다. 그러던 어느 순간 우리는 재정적으로 독립하고 자유를 되찾고 노후에 대해 생각하기 시작한다. 이것은 우리의 선천적인 욕구를 다시 자극한다. 연어가 자신이 태어난 강으로 돌아가고 싶은 충동이 일어나는 것과 유사하다.

연어는 태어난 곳으로 회귀하고자 하지만 강을 가로지르는 수력발전 댐이 생겨서 강을 거슬러 올라가는 길이 막히기도 한다. 연어가 댐을 통과하려고 할 때는 많은 스트레스를 받는다. 운 좋은 물고기 중 일부는 어도를 통해 댐을 지나 상류로 가는 방법을 알아낸다. 하지만 일부 다른 물고기는 어도를 찾지 못하고, 결국 자신의 임무를 완수하지 못한다.

무엇이 나와 세상을 연결하는가?

은퇴하고 돌아왔을 때, 많은 사람은 공허한 감정을 채우기 위해 자신의 사명을 완수하고자 한다. 하지만 어떤 사람들은 여전히 자신의 사명이 무엇인지 알지 못하는 장애물(수력 발전 댐)에 직면한다. 내가 할 일이 무엇인가? 무엇이 나를 만족스럽게 만드는가? 나에게 주어진 특별한 재능을 어떻게 사용할 수 있을까?

나는 우리의 미션은 우리가 세상에 기여함으로써 의미와 연결성을 찾는 것이라고 믿는다. 다른 사람들을 돌보고 돕는 것이다. 아마도 이것이 상당수 은퇴자가 자원봉사의 필요성을 느끼는 이유일 것이다. 어떤 형태로든 영성을 실천하는 것은 노후에 추구하는 의미와 연결성을 찾는 데 도움이 된다. 또한 자신의 사명을 발견하는 데 필요한 정신적, 정서적 공간을 열어 준다.

당신의 생각이 자신을 위한 것에서 다른 사람을 위해 봉사하는 것으로 바뀔 때 당신은 보다 위대한 단계로 넘어서게 된다. 스스로의 영적 자아에 접근할 때 사물에 대한 우리의 생각은 변한다. 승부는 더 이상 중요하지 않다. 우리는 더 이상 자기 자신을 증명할 필요가 없다. 물질적인 것은 더 이상 중요하지 않다. 감사하게도 우리의 자아는 마침내 사무실로부터 벗어났다.

공동체의 구성원이 되고, 도움이 필요한 이들을 돕는 방법을 찾을 때 당신은 받는 사람에서 주는 사람으로 바뀐다. 나는 그것이 우리의 사명이라고 믿는다. 자신의 영성을 감싸 안는 것은 사명을 발견하고 성취할 수 있는 방법을 제공한다. 그 결과 우리는 새롭고 더 깊은 수준의 중요한 것을 경험하고 갈증이 사라진다.

6. 공동체
관심사가 같은
사람들과 어울리기

자신의 삶에 의미를 더하는 주변 사람들을 둘러보라. 어제보다 더 멋진 사람이 되라고 격려해 주는 사람, 당신이 그들에게 한 것처럼 당신에게 에너지를 주는 사람. 인생은 혼자 살아가는 것이 아니다. 당신의 부족을 찾아서 자유롭고 충직하게 함께 여행하라.

-알렉스 엘

은퇴 이후 공통적으로 경험하는 부정적인 점 하나는 직장에서 나눈 동료애를 그리워하는 것이다. 외롭지 않고 행복해지려면 대체할 대상을 만드는 것이 중요하다. 다른 사람들과 연결되는 좋은 방법은 당신처럼 생각하고, 같은 대상에 열정을 가진 사람들의 모임에 가입하는 것이다.

종교 공동체와 유사하게, 모임은 수명을 단축하고 노후의 질을 저하하는 외로움, 목적의 부족, 주로 앉아서 지내는 생활 방식을 상쇄하는 상호 네트워크 역할을 한다.

브리검영대학교의 줄리안 홀트 룬스타드가 실시한 대규모 연구는 모임에 소속된 사람들의 건강을 조사했다. 연구에 따르면 사회적 관계를 보다 많이 맺는 사람들의 조기 사망 위험률이 50% 더 낮다.

내가 어울려야 할 사람들

당신이 가입할 수 있는 모임은 아주 다양하다. 당신이 어떤 사람들과 어울리는지는 당신이 무엇을 즐기고 무엇을 찾느냐에 있다. 지역 소식지를 통해서 찾을 수도 있다. 참석할 수 있는 강좌나 세미나가 있는지, 가입할 수 있는 페이스북 그룹이나 온라인 포럼이 있는지, 당신과 비슷한 관심사를 가진 사람들이 어디에서 어울리는지 알아보라.

당신이 춤을 좋아한다면 지역 레크리에이션 센터의 댄스 교실에 등록하라. 투자에 관심이 있다면 투자 클럽에 가입하라. 지역 사회에 기여하고 싶다면 봉사 동아리에 가입하라. 노래를 좋아하면 참여할 수 있는 합창단을 찾으라. 독서를 좋아한다면 대학 강좌를 수강하거나 독서 클럽에 가입하라. 사진, 요리, 테니스 등 여러분이 생각할 수 있는 다른 여러 가지 관심사도 마찬가지다. 자신이 하고 싶은 일을 이미 하는 사람들, 개인적으로 아는 사람들, 당신이 성취하고자 하는 바를 지지하는 사람들과 시간을 보내는 것은 성공을 위한 가장 빠른 방법 중 하나다.

모임에 가입하면 즐거울 것이다. 당신은 목적을 함께하는 사람들의 일원이고, 그들은 당신이 어제보다 더 나아지도록 격려하기 때문이다. 그리고 당신은 굉장한 사람들과 함께하는 멋진 시간을 보낼수도 있다. 부족은 당신의 사회적 네트워크를 확대하는 역할을 하며 개인적인 열정과 관심사를 추구할 수 있는 시간과 공간을 제공한다.

정원사형, 주택 관리사형 같은 사람들은 적합한 모임을 찾으면 아주 큰 도움을 받을 수 있다. 그들은 더 이상 외롭거나 고립감을 느끼지 않을 수 있다. 모임의 일원이 되면 날씨가 추워져 더 이상 마당에서 할 일이 없을 때도 할 수 있는 무언가가 생길 것이다.

이모작 은퇴를 시작한 후 나는 지역 스포츠 센터의 수영 교실 고급반에 가입했다. 우리는 일주일에 세 번 수영을 하고, 매달 첫 번째 주 월요일에는 맥주를 마시며 이런저런 이야기를 나눈다. 내 옆의 추월레인에는 80살이 넘은 '은퇴 반항아'가 있었는데 수영을 아주 잘한다. 나는 그의 곁을 지날 때마다 어떤 일을 스스로 즐기면 얼마나 잘하게 되는지를 생각하며 미소 짓게 된다.

나는 수영 외에도 토스트마스터와 '내년에는 더 젊게'라는 페이스북 그룹에 가입했다. 토스트마스터는 미국에 본사를 둔 비영리 교육 기관으로 대중 연설 및 리더십 증진을 목적으로 전 세계에 클럽을 운영하고 있다.

이 모임들은 다른 분야에서 내가 하고 싶은 일을 이미 하고 있거나 하려는 사람들로 가득 차 있었다. 나는 모임에서 사람들과 어울리는 것을 좋아한다. 나와 비슷한 관심사와 믿음을 가진 사람들과 연결되고, 남은 삶의 질을 향상시키겠다는 공동의 목표를 공유하기 때문이다. 그들에게 둘러싸여 있는 것은 자신을 드러내고 목표를 성취하도록 동기 부여하는 데 도움이 된다. 그들은 나에게 책임의식을 갖도록 하고, 즐겁게 그 일을 하면 무엇이 가능한지 보여 준다.

7. 시간
의미 있는 일에
시간 쓰기

시간은 모두 빌린 것이다. 환불도 없고 보증도 없다. 그런 점에서 당신이 가진 시간 중 걱정해야 할 유일한 것은 낭비해 버린 시간이다.

-세스 고든

노후는 우리에게 마지막 기회다. 무덤에서 인생을 즐길 수는 없기 때문이다. 이 점을 염두에 두고 자신에게 남은 시간을 현명하게 사용해야 한다. 중요하지도 않은 일에 시간을 낭비하지 말자. 노후의 장점은 자신이 원하는 대로 할 수 있는 시간이 1년에 2,000시간이 추가로 생긴다는 것이다. 자신이 해야 하거나, 하고 싶은 일을 못하는 것에 대해서는 어떤 변명의 여지도 없다. 충만한 은퇴의 비결은 미리 계획을 세워서 의미 있는 일을 하는 데 시간을 투자하는 데 있다.

오래 사는 삶 vs.
알찬 삶

이 책의 9가지 원칙을 삶에 적용하면 향후 수십 년 동안의 생존 확률이 높아진다. 하지만 여분의 시간이 짜증으로 가득하다면 늘어난 수명은 오히려 문제가 된다. 아무것도 하지 않고 지루하게 지내며 불평만 하면서 남은 시간을 보내는 것은 너무 아까운 일이다. 우리의 목표는 단지 몇 년 더 사는 것이 아니라 그 몇 년 동안 양질의 삶을 영위하는 것이다.

똑똑한 사람들은 주어진 시간과 9가지 원칙을 자신이 항상 꿈꿔왔던 노후를 만드는 데 사용한다. 그들은 은퇴가 어떤 방향이어야 하는지 알고 있으며 행복과 성취감을 얻는 것에 집중한다. 그들은 노후가 지루함과 후회로 가득 찬 시간이 아니라, 성장과 발전의 시간이 되기를 원한다. 우리는 은퇴 지옥이 아니라 은퇴 천국으로 가야 한다.

팬데믹은 재택근무자들에게 어떻게 일해야 하는지보다는 오히려자유 시간이 더 주어졌을 때 은퇴가 얼마나 지루할 수 있는지 알게해 줬다. 팬데믹 이전에 사람들은 일할 시간이 충분하지 않다고 불평했는데, 그들에게 급속도로 너무 많은 시간이 주어졌다. 그것은 마치 은퇴 지옥과 아주 유사하다.

팬데믹으로 인한 자가 격리와 봉쇄 기간 동안 갑자기 일할 수 없게 된 사람들에게 시간은 더디게 느껴졌고 날짜 감각은 모호해졌다. 오늘이 무슨 요일인지가 문제되지 않았고 매일매일이 다음 날과 비슷했다. 그들은 뉴스로 코로나19 상황을 보고 가족들에게 전화를 걸어 어떻게 지내는지 물어보곤 했다. 시간을 어떻게 사용할지에 대한 계획이 없다면 당신의 노후 생활이 얼마나 지루할 수 있는지를 팬데믹이 보여 줬다.

우리에게는 한정된 시간이 주어지고, 노후 기간도 유한하다는 것을 기억해야 한다. 다음 1시간이란 딱 한 번뿐이고 그 시간은 영원히 사라진다. 따라서 은퇴 후 시간을 어떻게 사용하고, 어디에 투자할지에 대한 선택에는 기회비용이 수반된다. 당신이 넷플릭스를 보거나 소셜 미디어로 보내는 시간은 장기적으로 크게 중요하지 않지만, 새로운 기억거리를 만들거나 새로운 것을 배우는 데 보내는 시간은 영원히 기억된다.

시간 기회비용은 은퇴 후 의사 결정에서 핵심이다. 자신이 포기한 다른 선택의 가치를 알게 된다면 당신의 선택은 보다 현명해질 것이다. 성공적인 은퇴자들은 시간이 돈보다 더 가치 있고, 돈과는 달리 시간은 없어지면 대체할 수 없음을 잘 알고 있다. 그들은 자신이 죽으면 죽는다는 것을 깨닫는다. 오늘은 단 한 번뿐이다. 그것이 시간을 귀중하게 여기고, 모든 시간을 중요하게 생각하는 이유다.

사람들이 노후 자금을 마련하기 위해 직장 생활에 모든 시간을 투자한다. 하지만 일단 은퇴 시점에 도착하고 나서 그 돈과 여가 시간을 어디에 사용할지는 거의 생각하지 않는다는 것은 꽤나 흥미롭다. 우리 모두는 매주 168시간(7일×24시간)을 자유롭게 쓸 수 있다. 상당한 시간은 수면에 사용되지만 하루 중 남은 16시간, 매주 112시간을 어떻게 보낼지는 당신의 통제 범위 내에 있다.

일지를 쓰면서 일주일 동안 평균적으로 어떻게 시간을 보냈는지 추적해 보라. TV 시청, 컴퓨터, 소셜 미디어, 게임, 스마트폰으로 보낸 시간을 포함하여 모든 것을 기록해 보라. 나도 그렇지만 여러분도 그 결과에 깜짝 놀랄 것이다. 요점은 시간을 공허하게 낭비한 것에 죄책감을 느끼라는 것이 아니다. 새로운 패턴을 발견하고 배움으로써 시간을 보다 의미 있고 성취감을 얻는 방식으로 보내기 위한 동기 부여로 사용하라는 것이다.

은퇴 이전과 이후의
우선순위는 달라야 한다

일정에 따라 우선순위를 정하는 것이 아니라 우선순위에 따라 일정을 정하는 것이 중요하다.

-스티븐 코비

'시간 활용 훈련'의 개념은 생활을 즐기고, 사랑하는 다른 사람들과 공유하고, 새롭고 좋은 추억을 만들고, 다른 사람들에게 도움을 주고, 자신의 미션을 완수할 있도록 투자 시간 대비 수익률(ROTI, Return on Time Invested)이 낮은 활동을 줄이라는 것이다. 다음은 투자 시간 대비 높은 수익률을 제공하는 활동들이다.

가족 및 친구들과 함께 시간 보내기 / 새로운 친구 사귀기 / 소셜 네트워킹하기 / 규칙적으로 운동하기 / 건강하게 식사하기 / 흥미 있는 일 하기 / 여행하기 / 야외 활동하기 / 새로운 것 배우기 / 다른 사람 돕기 / 모임에 나가 시간 보내기 / 도전적인 목표 설정하기 / 영성 함양하기 / 감사의 표현하기 / 자신의 예술에 참여하기(제3장에서 보다 자세히 논의한다)

넋 놓고 TV 보기, 인터넷 서핑, SNS로 시간 죽이기, 스스로 통제할 수 없는 일에 대해 걱정하기 같은 수익률이 낮은 활동을 줄이면 중요한 일에 투자할 시간을 더 많이 벌 수 있다.

은퇴 후 삶을 단순화할 수 있는 방법을 찾아보라. 예를 들어 사용하지 않는 물건을 내다 팔면 고수익 활동을 위한 시간을 확보할 수 있을 뿐만 아니라 노후 자금도 보충할 수 있다. 노후에 필요한 자금을 가장 크게 확보하는 방법은 필요 이상으로 큰 집을 줄여서 이사 가는 것이다. 그럼 집안일에 소비했던 시간에서 좀 더 벗어날 수도 있다.

꿈은 죽을 때
싸 들고 가는 것이 아니다

노후에는 시간과 개인의 에너지 및 활동 수준이 중요하게 연관돼 있다. 다시 말하자면, 나이가 들어 가며 어느 시점부터는 모든 것이 느려진다. 남은 시간의 질은 낮아지고, 전에는 너끈히 할 수 있었던 것 중 일부는 더 이상 할 수 없게 된다. 은퇴 원칙을 따르면 노화 과정을 늦출 수 있다. 하지만 노화는 누구에게나 어느 순간 영향을 미치게 된다는 것을 알아야 한다.

"모든 일에는 때가 있다"라는 말처럼 빠를수록 좋다. 모든 일에 목적의식과 절박함이 있어야 한다. 꿈꿔 왔던 자전거 여행을 하고, 친구에게 방문하고, 아직 할 수 있을 때 스쿠버 다이빙을 배워 보라. 그리고 파트타임으로 일할 필요가 있다면 지금 해야 한다. 그래야 자신의 일정에 넣은 재미있는 일들을 할 수 있다.

당신은 나이가 들면서 그동안 해 왔던 장거리 비행을 어느 순간 견디지 못하게 될 수 있다. 노후에는 위축되고, 친구나 가족과 시간을 보내고, 자신이 선택한 모임과 놀면서 집 근처에서 보다 많은 시간을 보내게 되고, 여행 거리는 짧아진다. 결과적으로 당신은 활력 수치가 떨어지고 건강이 나빠지기 시작하면서 돈을 덜 쓰게 된다.

다른 중요한 점을 짚어 보자. 현실적으로 건강 상태는 서서히 약화되기보다 어느 한순간 갑자기 나빠질 수 있다. 가장 큰 잘못은 자금이 바닥날까 두려워서 하고 싶은 일을 뒤로 미루는 것이다. 자금이 충분하다고 확신하는 시점에는 항상 하고 싶었던 일들이 신체적으로 불가능해질 수도 있다. 그러므로 돈에 얽매여 살지 말고 가장 잘 즐길 수 있을 때 소비해서 나중에 후회하지 말자. 물론 신중해야 하고 분수에 맞게 살아야 한다. 하지만 당신이 육체적으로 침대에서 일어날 수 없을 때 통장에 있는 넉넉한 자금은 그다지 도움이 되지 않는다.

나는 어머니가 계신 요양원을 방문하면서 시간에 대한 생각이 바뀌었고, 엄청난 깨달음을 얻었다. 이제 나에게는 매일매일이 선물이다. 일출, 일몰 그리고 그 사이의 모든 시간을 낭비하고 싶지 않다. 절박함을 느끼며 살고 있으며 중요한 일들, 즉 지금 나를 행복하게 해 줄 일들에 집중한다. 내일 무슨 일이 일어날지 누가 알겠는가?

나의 매일매일의 우선순위는 남은 시간을 가족과 우정, 안정된 결혼 생활, 건강, 즐기는 일에 쓰는 것이다. 즐기지 않는 일을 하거나 통제할 수 없는 일에 대해 걱정하거나 TV를 보면서 화내는 데 내 소중한 시간을 낭비하고 싶지 않다. 그리고 필요 없는 물건을 사서 삶을 복잡하게 만들고 불필요한 유지 보수를 하고, 귀중한 시간과 돈을 낭비하는 것은 바보 같다는 걸 경험으로 알게 됐다.

몇 년 전 구입한 온수 욕조가 그 사례다. 당시 나는 온수 욕조를 아주 구입하고 싶었다. 온수 욕조에서 운동 후 근육통을 풀고, 편안함을 느낄 수 있다는 생각이 계속 머릿속에 가득했다. 하지만 그렇게 되지 않았다. 1년에 한 번밖에 사용하지 않았지만, 매주 청소하고, 값비싼 스파 화학 약품을 구입했다. 봄가을에는 수리 기사가 와서 개폐 여부를 점검하는 데 400달러나 들었다. 온수 욕조를 볼 때마다 나는 바보가 된 것 같았고, 속상했다. 다른 사례로, 내가 구입했던 실내 운동 기구에 대해서도 이야기할 수 있다.

생활에 반드시 필요하지 않은 물건은 버리자. 스트레스를 줄이고 친구와 가족을 만나고 여행, 낚시, 그리고 예술 활동 같은 괜찮은 활동에 투자할 수 있는 시간과 돈이 생길 것이다. 물론 애초에 구입하지 않는 것이 더 낫다.

요즘 나는 TV나 SNS에 보내는 시간에 매우 주의한다. 한때 나는 주식 시장 따라잡기, 경제 뉴스 보기, 핸드폰, 이메일 확인에 중독돼 생활과 시간을 낭비했다. 내가 왜 그렇게 강박적으로 시장을 모니터링했는지, 왜 주식 시세 때문에 하루를 망치고 스스로 스트레스를 받게 내버려 뒀는지 모르겠다. 어차피 주식을 팔 생각도 없었는데 말이다. 그건 에너지와 시간의 엄청난 손실이었고, 원하지도 않고 필요하지도 않은 스트레스를 유발했다. 이제 나는 더 이상 그런 일에 시간을 낭비하지 않는다. 귀중한 시간 자원을 괜찮은 보상을 받을 수 있는 일에만 투자하고 있다고 자부심을 갖고 말할 수 있다.

8. 태도

가진 것에 만족하고
모든 일에 감사하기

나이를 먹는 것은 어쩔 수 없는 일이다. 그렇지만 당신이 먼저 나이를
먹을 필요는 없다.

-조지 번스

긍정적인 사람들이 더 오래 산다는 것을 알고 있는가? 2020년 예
일대학교 연구진에 따르면 긍정적 태도는 수명을 7년 반 정도 연장
시킨다. 이 기간은 저혈압, 저콜레스테롤, 적정 체중 유지, 금연, 규
칙적 운동이 가져다줄 수 있는 수명 연장보다 더 길다. 긍정적인 태
도의 장점에 대한 다른 증거로는 2002년 메이요 클리닉의 연구가 있
다. 이 연구는 447명을 30년간 조사해 낙관론자들이 비관론자들보

다 조기 사망 위험이 약 50% 낮다는 것을 발견했다. 아직 충분하지 않다면 또 다른 연구가 있다. 2004년 네덜란드에서 999명을 대상으로 65세 이상의 사람들의 태도와 수명을 조사하여 〈낙관적 태도와 사망률 간의 관계〉 연구를 발표했다. 이에 따르면 긍정적 태도를 가진 사람들은 더 오래 살고, 비관론자들보다 심장병에 걸릴 위험이 77% 낮다.

긍정의 힘이 부정의 힘보다 훨씬 강하다

'왜 긍정적인 사람들이 오래 생존하는가'에 대한 대답은 그들이 지속적으로 노출되는 스트레스를 보다 잘 처리한다고 할 수 있다. 부정적 태도를 가진 사람은 은퇴 궤도에 오를 때 대처에 어려움을 겪는다. 그래서 분노하고 좌절한다. 자신의 미래를 바꾸기 위해 아무것도 할 수 없다고 생각한다. 내일도 오늘과 같을 것이고 오늘은 최악이라고 생각한다. 부정적인 생각으로 인한 스트레스는 염증을 유발하고, 염증은 다른 건강 문제를 야기하고, 염증과 건강 문제가 결합되어 노화를 촉진한다.

반면 긍정적 태도를 가진 사람은 은퇴해도 일상에서 스트레스를 받지 않고 미래에 희망적이다. 스트레스가 적다는 것은 염증이 적고 혈압이 낮다는 것을 의미하며, 이것은 결국 더 오래 산다는 것을 의미한다. 생각해 보면 일리가 있다. 은퇴에 긍정적이고 낙관적이면 스스로에게 도전하도록 동기 부여하고, 어느 정도 위험을 감수하고, 자기 앞에 나타나는 기회에 따라 행동한다.

성공적인 노후는 모든 일에 감사하는 마음을 갖는 데 있다. 이것은 자신에게 좋은 일이 생겼을 때뿐만 아니라 그렇지 않을 때도 감사하는 것이다. 가까운 병원 응급실이나 무료 급식소, 노숙자 보호소를 방문해 보라. 당신의 문제가 그들의 문제와 비교해서 얼마나 작은지 알게 될 것이다. 또한 당신은 자신이 생각하는 것만큼 나쁘지 않다는 것을 깨닫게 될 것이다.

뉴스를 보면 우리 자신의 문제는 세계의 문제들과 비교해 보면 아주 대수롭지 않은 것임을 깨닫게 된다. 예를 들어 당신은 자유가 전혀 없는 나라에서 살고 싶은가? 아님 주거와 생계를 위해 열악한 작업 환경에서 일하도록 강요당하고 싶은가? 주변의 다른 사람들을 주목해 보면 자신보다 훨씬 심각한 문제를 가진 사람들이 많다는 것을 알게 될 것이다.

무엇보다 중요한 것은 자신이 가진 것으로 행복을 느끼는 데 집중하는 것이다. 우리는 아주 많은 것을 소유했지만 어떤 이유에선지 그것에 감사하지 않는다. 어차피 우리가 진정으로 감사해야 하는 대상은 그런 것이 아니기 때문이다. 자신의 가족, 건강, 주거 환경, 그리고 당신이 가진 모든 행운에 감사하라. 매일 자신이 얼마나 축복받은 삶을 사는지 돌아보는 습관을 들이고, 하루를 마치면서 그 축복을 일기로 기록하는 연습을 해 보라. 이 행동이 자신의 앞날을 지켜 내고, 어려운 기간을 지내는 동안 좌초되지 않도록 당신을 도와

줄 것이다.

은퇴자 중에서 일부는 자존심을 내려놓는 데 어려움을 겪는다. 명함이 자신의 가치를 증명하는 유일한 방법이었기 때문이다. 그들은 오랫동안 회사를 위해 일하고 타인을 공격하면서 경쟁과 권력, 그리고 자존심을 강화해 왔다. 이런 마음가짐으로 자신의 정체성이 일을 중심으로 형성됐을 뿐만 아니라, 결과적으로 타인의 희생 위에 자신의 가치가 서 있게 됐다. 이렇게 조건화된 사람들은 자신을 최우선으로 생각하는 건강하지 못한 태도를 보인다. 항상 자신이 가진 것에 만족하지 못하고, 다른 사람들이 가진 것에 질투한다.

이모작 은퇴에서 우리는 이기심이 없고 겸손하며, 자신이 가진 것에 만족함으로써 모든 것을 고칠 수 있다. 이기심이 없다면 스트레스가 사라지고 더 이상 어떤 것을 이겨야 할 필요가 없다고 느낀다.

믿는 대로
이루어진다

우리는 늙었기 때문에 노는 것을 멈추는 것이 아니다. 노는 것을 멈췄기 때문에 늙는다.

-조지 버나드 쇼

긍정적 사고의 힘은 매우 강력하다. 자신의 인생관뿐만 아니라 신체 건강도 향상시킬 수 있다. 일부 연구에 의하면 의사가 처방하는 치료약과 다른 치료법의 60%에서 90%는 플라시보 효과(위약 효과), 그리고 처방전에 대한 환자의 믿음에 달려 있다고 한다.

플라시보 효과의 효능은 2006년 〈내과 연보(Annals of Internal Medicine)〉에 발표된 무릎 관절염 환자 1,007명을 대상으로 한 연구에서 입증됐다. 연구에서 한 집단은 진짜 침술 치료를 받았고 다른 집단은 가짜 침술 치료를 받았다. 연구 결과, 가짜 침술 치료를 받은 집단의 51%도 위약 효과 때문에 관절염 상태가 개선됐다. 실제 침술 치료를 받은 집단은 53%에서 개선 효과가 관찰됐다. 이것은 가짜 침술이 실제 침술과 똑같이 효과가 있다는 것을 증명한다.

연구 결과는 더 있다. 비숍대학교의 에린 M. 샤켈과 라이오넬 G. 스탠딩의 2007년 연구에 의하면 운동한다는 생각만으로도 실제로 운동하는 것과 거의 비슷하게 힘과 체력이 향상된다는 것을 발견했다. 이 연구는 세 집단의 사람들에게서 체력의 증가를 측정했다. 첫 번째 집단은 평소와 마찬가지로 규칙적인 운동을 했다. 두 번째 집단은 일주일에 세 번, 2주 동안 고도로 집중적인 근력 훈련을 받았다. 세 번째 집단은 둘째 집단과 같은 운동을 하는 모습을 상상하게 하는 오디오 CD를 들었다.

연구 결과는 놀라웠다. 만약 여러분이 체육관을 운영하고 있다면 조금 섬뜩할 수도 있다. 항상 하던 대로 한 첫 번째 집단은 체력이 늘지 않았고 특화된 운동을 한 두 번째 집단은 체력이 28%가 증가했다. 그리고 육체적인 운동을 하지 않고 두 번째 집단의 운동을 상상으로 따라 한 세 번째 집단은 두 번째 집단에 근접한 24%의 체력 증가를 경험했다.

땀도 흘리지 않고 어떻게 이런 일이 일어났을까? 플라시보 효과는 매우 강력해서 우리의 뇌와 몸의 작동 방식을 바꾸고, 이것 때문에 실제로 운동하는 것과 거의 동등하게 체력을 향상할 수 있게 했다.

이상하게 보이겠지만 이것은 입증된 연구 결과다.

2007년 2월 《심리학 연구》에 게재된 하버드대학교 심리학자 엘렌 랭어의 논문은 플라시보 효과가 어떻게 사람의 믿음과 기대에 기인하는지를 명확하게 보여 준다. 이 연구는 메이저급 호텔 시설 관리팀 직원들에게 자신이 매일 수행하는 업무가 건강을 유지하는 데 적당한 운동들이라고 알려 줬다. 그들은 다양한 시설을 관리하는 업무 동작이 얼마나 많은 칼로리를 태우는지 교육받았다. 휴게실 포스터에도 이 정보를 붙여서 기억나게 했다. 그들의 업무는 아무런 변화없이 기존에 항상 하던 방식대로 일을 계속했다.

그런데 놀랍게도 4주 후, 그들은 체중이 줄고 혈압이 낮아졌으며 BMI(체질량 지수)가 향상됐다. 자신의 업무가 운동이 된다는 것을 듣지 못한 대조군 집단은 검사 집단이 경험한 개선 효과를 전혀 보지 못했다.

이 연구는 사람이 진실로 믿는 것이 생리적 반응을 바꾼다는 것을 보여 줬다. 검사를 받은 사람들은 단지 업무가 운동이 된다고 믿음을 바꾸는 것만으로 건강과 체중에 긍정적인 영향을 미쳤다.

올바른 믿음의
중요성

성공적인 노후는 수년에 걸쳐 계속된 노화에 대해 어떤 태도를 갖는가에 직접적으로 영향을 받는다. 문제는 대부분의 은퇴자가 노화에 부정적 견해를 갖고 있다는 것이다. 노인들은 연약하고 건망증이 심하고 활력이 없다는 등의 부정적 고정 관념 때문이다.

우리는 플라시보 효과를 바탕으로 노화에 대한 믿음이 실제로 노화에 영향을 미친다는 것을 알고 있다. 다시 말해 부정적 태도를 갖고 노화를 끔찍하게 생각한다면 시작하기도 전에 뒤틀린다. 자신의 마음이 정말 얼마나 강한지, 그리고 노후에 대한 믿음이 자신의 은퇴 결과에 어떻게 영향을 미치는지를 이해할 필요가 있다. 노후는 천국인가 지옥인가? 적어도 어느 정도는 당신 머릿속에 있다.

태도가 부정적인 사람들은 코로나19 위기 동안 자신이 겪는 변화에 대처하는 데 어려움을 겪었으며, 결국 분노하고 좌절했다. 그들은 상황을 개선하기 위해 할 수 있는 것이 아무것도 없다고 믿었다. 그것은 큰 잘못이었다. 소파에 앉아서 바이러스에 대한 뉴스, 세계가 어떻게 붕괴되고 있는지에 대한 수많은 뉴스를 보면서 혼자서 술을 마셔 대는 것은 자신의 부정적 태도를 키웠을 뿐이다.

이런 격리와 실직, 불확실성이라는 어려움 속에서 상황을 어떻게 생각하는가는 당신이 어떻게 느끼는가에 직접적 영향을 미쳤다. 모든 것을 부정적으로 보는 사람들은 기분이 언짢았다. 팬데믹을 무사히 헤쳐 나가는 것은 감사해야 할 일이다. 또한 우리가 가진 것에 대한 감사고, 때로는 우리가 갖지 못한 것에 대한 감사다.

뉴스에서 보건 의료진과 응급 구조원들이 우리를 어떻게 지켜 주는지 보면서, 우리는 세상에 좋은 사람이 아주 많다는 것을 절실하게 알게 됐다. 팬데믹 위기는 식료품점 점원, 마트 직원, 택배 기사,

버스 운전기사, 푸드뱅크 자원봉사자들과 그들이 감수한 위험에 대해 우리를 눈뜨게 했다. 내 문제는 그들이 겪는 것에 비교하면 아주 대수롭지 않다는 것을 알게 했다. 다른 사람들의 도움에 감사하는 시간이 됐다.

또한 팬데믹은 우리가 얼마나 운이 좋은지 깨닫게 해 줬다. 우리는 충분한 음식과 주거, 가족과 친구, 무엇보다도 건강한 몸을 갖고 있다. 감사할 일은 아주 많았다.

현재 어떤 신념이나 태도가 당신을 가로막고 있는가? 다음은 풍요로운 노후를 방해하는 부정적 믿음들이다.

'다치지 않도록 안전하게 지내야 한다.'
'새로운 것을 배우기에는 너무 늙었다.'
'새로운 직업을 찾기에는 너무 늦었다.'
'새로운 사업을 시작할 만큼 영리하지 못하다.'
'체중 감량은 불가능하다.'
'괜찮은 작가가 될 수 없다.'
'무대에 올라 연설을 할 수 없다.'
'사람과 잘 사귀지 못한다.'
'모임에 가입하는 것이 두렵다.'
'신체적, 인지적 쇠퇴는 불가피하다. 쇠퇴를 피하거나 늦추기 위해 내가 할 수 있는 것은 아무것도 없다.'

일기를 꺼내 어떤 생각들이 멋진 은퇴 생활을 즐기는 것을 가로막고 있는지 작성해 보라. 그리고 그 목록을 모두 기재한 후 작은 조각으로 찢어서 쓰레기통에 던져 버려라. 왜냐하면 그것은 모두 진실이 아니기 때문이다. 그 모든 것은 헛소리에 불과하고 당신은 이런 부정적인 믿음을 버려야 한다. 멋진 이모작 은퇴를 즐기기 위해서는 이런 오래된 신념, 변명, 거짓말을 용납하지 말아야 한다.

성공적 은퇴란 올바른 태도와 자신의 일에 확신을 갖는 것이다. 할 수 있다고 믿는다면 당신은 체중을 감량할 수 있고 새로운 직장을 얻거나 멋진 은퇴 생활을 할 수 있다. 시간과 노력을 투자하면 어떤 일을 성공적으로 할 수 있는지 추측해 보라. 그러므로 나의 질문은 이렇다. 뭘 해야 하는지 알면서도, 왜 하지 않는가? 대부분의 경우 대답은 두려움때문이다.

실체 없는 두려움을
다스려라

두려움과 자신에 대한 회의는 항상 잠재력의 가장 큰 적이다.

-브라이언 트레이시

마음은 두려움이 머무르는 곳이다. 여기는 불안함과 새로 발견한 신념 및 목표 사이의 전투가 벌어지는 곳이다. 당신은 자신감이 없을 수도 있다. 인생의 새롭고 흥미로운 단계를 시작할 희망, 오랫동안 꿈꾸고 갈망해 온 것들을 시도할 수 있는 이모작 은퇴로 도약할 용기가 없을 수 있다. 모든 사람이 같은 종류의 은퇴 공포에 시달린다. 하지만 대부분은 이를 인정하는 것도 두려워하고, 당황스러워하고, 부끄러워한다. 그래서 침묵 속에서 고통을 겪는다.

당신만이 그런 것이 아니다. 당신이 경험하는 것은 인간의 기본적인 본성이다. 당신은 다른 사람들과 다르지 않다. 나를 믿어 보라. 나는 수천 명의 은퇴자와 면담했다. 모든 사람이 마음속으로 같은 생각을 하고 있다. 나이가 많다고 거절당할 것 같아서 구직을 두려워한다. 또한 거절당하는 것에 대한 두려움으로 자신이 좋아하고 계속 할 수 있는 직업에 도전하지 못한다. 잘 해내지 못하고 실패할지도 모른다는 생각에 새로운 사업을 시작하는 것을 두려워한다. 당신이 이 사실을 아는 것이 중요하다.

이제는 단지 두렵다는 이유로 노후의 꿈이 서서히 사라지는 것을 보고만 있을 수는 없다. 당신의 머릿속에 살고 있는 내면의 두려움은 여러 가지 이름으로 불린다. 세스 고딘은 "도마뱀의 뇌(위험을 민감하게 감지하는 뇌-옮긴이)"라고 불렀고, 베스트셀러《The War of Art》의 작가인 스티븐 프레스필드는 그것을 "저항"이라고 불렀으며 창의력 함양 전문 작가인 스티븐 채프먼은 "내면의 비평가"라고 불렀다. 뭐라고 부르든 상관없다. 결국 모두 같다. 두려움은 당신을 궤도에서 멈추게 하고 심지어 시작조차 못하게 만들 수 있다.

묘하게도 내면의 두려움에는 좋은 의도도 있다. 모든 변화를 위협으로 보이게 함으로써 당신을 보호하고자 하며 어떤 위험도 감수하지 않음으로써 안전하게 지내기를 바란다. 당신의 가장 취약한 곳을 알고, 당신이 할 수 없다거나 될 수 없다고 생각하는 것에 초점을 맞춰 공격한다. 내면의 두려움은 굉음을 내며 나와서 소리친다.

'너는 시원치 않아! 너는 어리석어! 결국은 실패하고 다칠 수 있으

니 조심해!'

당신을 때리고 패배자처럼 느끼게 하고 안전한 곳에 그냥 있으라고 겁준다. 이런 내면이 변화하지 않는다면 노후는 기대할 것도 없다.

시도하지 않으면
아무것도 바꿀 수 없다

두려움에 대처하는 가장 좋은 방법은 두려움에 직면하는 것이다. 그럼 두려움은 더 이상 자라지 않는다. 이제 두려움을 코너에 몰아넣고, 마주하고, 마지막으로 이렇게 말할 때다.

'나는 항상 너에게 굴복하는 것에 지쳤어. 난 더 이상 네가 말하는 방식대로 살지 않을 거야.'

유의하라. 내면의 두려움이 당신의 계획을 들으면 흔들릴 것이다. 그리고 당신은 지옥에서 풀려나게 된다. 큰 악어의 꼬리를 잡는 것과 같다고 생각하라. 자신에 대한 믿음이 있고 끈기 있게 계속한다면 두려움이 그다지 강력하지 않음을 알게 될 것이다. 두려움이 오랫동안 당신을 통제하고 당신이 위대한 일을 시도하는 것을 방해하도록 내버려 두는 것은 낭비다.

사람들 대부분은 새로운 것을 시도하고 모험하는 대신에 쉬운 길을 택하고 이미 알고 있는 것을 고수한다. 인간은 안전한 것을 선호하도록 조건화됐기 때문이다. 하지만 안전함이란 결국 아무것도 시도하지 못하게 함으로써 진정한 행복을 얻지 못하게 한다. 이것을 이해하는 것이 중요하다. 변화, 불확실성, 실패 가능성, 그리고 '잘하지 못했다'는 것을 남들에게 보여 주는 것이 두려운가? 자신의 안전지대 밖으로의 여행을 두려워하는 것은 인생의 낭비다. 두려움으로 인해 어떤 것을 회피하는 것은 잘못이다.

두려움이 당신을 한정짓고 노후의 희생자로 만들도록 내버려 두지 마라.

지나치게 도전적이라고 생각되는 것들을 피하지 마라.

새롭고 복잡한 것을 배우는 것을 피하지 마라.

평범한 것을 추구하거나 '나는 너무 늙었고 똑똑하지도 않다. 다른 사람들도 그렇다' 같은 핑계 뒤에 숨지 마라.

두려움은 은퇴자들이 배우고 성장하지 못하게 하는 결정적인 장애물이다. 최후의 날에 우리 중 누구도 여기서 살아 나오지 못한다. 우리는 모두 죽을 것이다. 은퇴 시점에 실패나 곤란한 상황에 대한 두려움에 굴복하는 것은 어리석은 일이다. 두려움은 이제 더 이상 중요하지 않다. 그러니 은퇴 생활에서 두려움 때문에 자신을 한정하고 자신의 잠재력을 가로막지 마라. 이제는 자신의 삶을 다시 통제하고, 위험을 감수하고, 무슨 일이 일어나는지 지켜볼 때다. 불편하고 고통스러운 일들을 해야 할 때다. 왜냐하면 이것이 노후를 흥미롭고 살 만한 가치가 있게 만들기 때문이다. 지금이 아니면 언제 하겠는가.

두려움을 이겨 내지 못하면 승리를 경험하지 못한다. 긍정적인 사고의 힘이 당신을 승리에 다가가게 한다. 태도가 어떤 차이를 만들 수 있는지 기억하는가? 태도는 문자 그대로 삶의 방식을 더 낫게 바꿀 수 있다. 세상을 어떻게 보느냐에 따라 당신에게는 언제나 선택의 여지가 있다.

문제 대신에 도전들을 보라.
은퇴 목표에 겁먹는 대신 흥분의 전율을 느껴라.
끝없이 걱정하는 대신 실행하라.

당신의 노후가 긍정적일지 부정적일지는 전적으로 당신에게 달려 있다. 당신의 태도에 크게 달려 있다. 그러니 행복하고 건강하고 성취감을 느끼는 것을 선택하라. 물론 노후에 대한 두려움은 피할 수 없다. 그것은 삶의 큰 변화고 너무나 많은 것이 알려져 있지 않다. 요점은 이런 두려움을 이용하는 것이다. 그것들을 인정하고 직면하며 자신이 원하는 노후를 살 수 있도록 동기를 부여하는 데 두려움을 사용하는 것이다. 두려움에 굴복하는 것은 은퇴 지옥으로 가는 확실한 길이다. 하지만 그것들을 극복해야 이모작 은퇴에서 자신만의 작은 천국을 창조할 수 있다.

긍정을 선택한다면 당신을 은퇴 천국으로 이끌고, 실행한다면 훨씬 더 먼 곳까지 당신을 데려다 줄 것이다. 예를 들어 많은 사람이 노후 자금이 충분치 않다고 걱정하면서 잠을 이루지 못하지만, 사실 사람들 대부분은 노후 자금이 얼마나 필요한지 제대로 파악하지 못하고 있다. 그들은 단지 그 모든 질문을 두려워하기 때문에 피한다. 하지만 현실을 직시하고 경제적 독립을 보장하기 위해 필요한 조치를 취한다면 미지에 대한 두려움을 없애고 걱정없는 노후를 위한 자리가 마련될 것이다.

당신이 노후에 대한 두려움이 없고 하고 싶은 일과 해 보고 싶은 일 때문에 마음이 들뜨지 않을 수도 있다. 아마도 안전지대를 벗어나서 자신을 확장하고 이전과는 완전히 다른 노후를 계획하지 않기 때문이다. 반대로 흥분과 약간의 불안한 마음으로 경주를 하고 있다면 그것은 해야 할 일을 하고 있다는 좋은 신호다. 조금 힘들고 불편함을 느끼는 것은 은퇴 천국을 이루기 위한 전제다. 당신이 직면하는 가장 큰 실패는 꿈의 노후를 만들고자 시도하지 않고, 기회가 있었지만 받아들이기 두려워하고, 결국 후회에 시달리는 것이다.

수십 년의 경험이 현재의 나를 만들었다

자신의 안전지대를 벗어난 후에야 당신은 변화하고, 성장하고, 탈바꿈하기 시작한다.

-로이 T. 베넷

노후 단계의 장점 중 하나는 당신에게 많은 경험이 있다는 것이다. 긍정적 태도를 함양하기 위해 자신의 경험을 활용하라. 자신의 인생에서 성취했던 주요한 일들을 되돌아보라. 당신이 모든 것을 쏟아부었던 그 시절, 예를 들면 당신의 아내가 된 귀여운 소녀에게 함께 춤추자고 손을 내밀었던 때, 직장에서 승진을 위해 노력했던 때, 그리고 승진했을 때를 되돌아보라. 물론 당시에는 두려움, 의구심, 기대,

그리고 전전긍긍함이 섞인 느낌이었을 것이다. 하지만 노력하고 성공했기 때문에 그것들은 당신이 자랑스러워하는 것들 중 하나가 됐다. 당신에게 가장 큰 의미와 행복을 가져다준 것들 말이다. 만약 스스로에게 도전하고 위대한 것을 성취하기로 마음먹었다면 노후에 그때와 같은 기분이 다시 돌아올 것이다.

당신에게는 항상 선택권이 있다. 두려움으로 인해 다른 직업을 찾거나, 새로운 사업을 시작하거나, 해외여행을 하거나, 체육관에 등록하거나, 모임을 찾거나, 새로운 친구를 만나는 것을 주저할 수 있다. 그렇지 않고 20초만 용기를 내서 자신의 인생을 영원히 바꾸기로 결심할 수도 있다. 당신은 능력이 있고 더 많은 것을 누릴 자격이 있는데 왜 평범한 노후에 만족하려고 하는가?

나는 직장 생활을 시작하기 전까지는 두려움이 없었다. 내가 두려움과 싸우는 방법은 누구보다도 열심히 일하고, 적응하려고 노력하는 것이었다. 결혼해서 아이가 생길 때까지 한동안은 효과가 있었다. 하지만 가정을 꾸리며 모든 것이 바뀌었다. 그때부터 두려움이 슬금슬금 들어오기 시작했다. 사람들이 나를 좋아하지 않을 수 있고, 내 능력이 부족할 수 있고, 해고될 수도 있다는 두려움이 생겼다. 실직하면 급여를 받을 수 있는 다른 직업을 갖지 못할 수도 있다는 것이 두려워졌다. 때때로 그 두려움으로 완전히 소진했고 불면의 밤을 이뤘다.

두려움은 나에게 더 나은 성과를 달성하고 안정적 직장 생활을 위해 더 열심히 일하도록 했다. 하지만 그로 인해 가족과의 시간을 향유하지 못했다. 직장 생활에 몰두한 탓에 가족의 사랑을 잃어버리는 것이 아닌가 하는 두려움도 느끼기 시작했다. 두려움이 점점 쌓여 가는 것 같았는데 회사에서 퇴출당하고 나서는 상황이 달라졌다.

두려움 때문에 배운 것, 두려움 덕분에 얻은 것

오늘날 이모작 은퇴에서 나는 더 이상 두려움에 떨지 않는다. 내가 하는 여러 가지 일은 나의 가치와 일치한다. 나는 가족, 친구들과 좋은 시간을 보내는 데 집중하고 있다. 그 시간이 나에게 가장 중요하다는 것을 잘 알기 때문이다. 그리고 나는 청중 앞에서의 강연, 창업 같은 놀라운 일을 시도했고 성공했다. 나는 여기서 멈추고 싶지 않다. 나는 더 이상 두렵지 않다. 왜냐하면 이 나이에 노력해서 잃을 것은 없다고 생각하기 때문이다.

나는 9가지 은퇴 원칙을 따르고 올바른 일을 한다면 오랫동안 건강한 이모작 은퇴를 즐길 수 있다고 확신한다. 나는 앞으로의 10년이 내 인생의 최고가 되리라 기대한다. 왜냐하면 나는 지금 아주 행복하고, 직장 생활을 하면서 시도하지 못했던 많은 도전적인 일을 예약 카드에 기록해 두고 있기 때문이다. 일이 그렇게 풀려 가는 것 같아서 기분이 좋다.

예전에 나는 회사와 회사가 나를 대하는 방식에 자주 분노했다. 하지만 요즘은 내가 하고 있는 일에서 회사 생활로 얻은 혜택을 찾을 수 있어 분노가 감사함으로 바뀌었다. 은행에서 일하면서 나는 가족의 안전을 보장받았으며, 다른 사람들을 코칭하고 사업을 성공적으로 운영하는 방법에 대한 많은 것을 배웠다. 나는 이것들을 이모작 은퇴에서 사용하고 있다.

감사는 나의 새로운 힘이다. 나는 내가 가진 것에 감사하다. 나는 매일 감사함을 느끼며 아침에 일어나고 저녁에 잠자리에 든다. 나에게는 사랑하는 가족과 좋은 친구들이 있다. 거주할 수 있는 괜찮은 집이 있고, 아이들은 잘 지내고 있다. 나는 건강하고, 나에게 목적의식과 금전을 제공해 주는 좋은 직업을 만들어 다양한 일을 하고 있다. 은퇴는 바른 방향으로 가면 아주 좋은 것이다.

아침에 눈뜨고 싶은 이유 만들기

성공이란 자신이 누구든 어디에 있든 몇 살이든 상관없이 당신이 사랑하는 일이 있고, 신뢰하는 사람이 있고, 잘하는 것이 있고, 당신보다 위대한 어떤 것이 있어서, 아침에 침대에서 벌떡 일어날 수 있도록 하는 것이다. 그리고 오늘 다시 그렇게 하고 싶어서 안달나게 만드는 것이다.

-휘트 홉스

성공적인 노후를 위해서는 넉넉한 자금 그 이상이 요구된다. 자금이 넉넉하면 편안한 밤이 되겠지만 매일 아침 잠에서 깨는 것이 신나려면 삶의 목적을 이끄는 의미 있는 활동이 필요하다. 우리 모두는 삶의 영감과 활력인 '왜(목적)'를 필요로 하도록 유전적으로 프로그램화돼 있다. 이런 사실을 무시하면 방향성을 잃고 지루해진다. 게다가 당신은 단지 남은 인생을 견디고 시간을 보내기 위해서 여기까지 온 것이 아니다. 당신은 의미와 열정, 목적을 핵심으로 하는 삶을 스스로 창조해야 한다.

성장 지향적 은퇴자라면 퇴사 이후 남겨진 큰 구멍을 메울 방법을 찾아야 한다. 이것은 직업의 긍정적인 면을 대체해야 한다. 즉 도전적이며 새로운 것을 배우도록 요구하는 것, 자신이 기여하며 가치 있는 공헌자라고 느낄 수 있게 하는 것, 사회적 상호 작용에 관여하는 것, 몰입해서 시간이 쏜살같이 지나가도록 하는 것들이어야 한다.

상당수 사람들은 팬데믹 기간 동안 목적의 상실을 느꼈다. 재택근무를 할 수 없는 사람들에게는 단지 살아남기 위해 노력하는 것 외에는 의미 있는 일이 많지 않았다. 목적의식이 없는 것은 약간의 상실감과 혼란스러움을 겪게 했다. 주어진 자유 시간에 무엇을 해야 할지 몰랐기 때문에 좌절하고 불안해하기 시작했다.

몇몇 사람은 직업을 갖고 일하는 것이 집안을 어슬렁거리거나 개를 데리고 동네를 한 바퀴 돌면서 산책하는 것보다 훨씬 낫다는 것을 깨달았다. 은퇴하면 한동안 이렇게 한가로운 시간을 누리며 살 수 있다. 하지만 목적 없이 너무 오래 살면 빠르게 은퇴 지옥으로 진입한다.

목적을 찾는 과정은 독특한 여행이다. 사람들 대부분이 목적을 하나 이상 갖고 있으며 목적은 다양한 모습과 크기로 나타난다. 노후의 목적은 단지 골프나 이국적인 곳으로의 여행이 아니다. 더 큰 대의를 위해 봉사하고, 보다 나은 모습으로 세상을 떠나는 것에 관한 것이다. 여러분에게 목적은 노인 돌봄, 손주 돌보기, 정원이나 애완동물 돌보기, 병원에서 자원봉사를 하거나 장애인을 위해서 잔디를 깎아 주는 것이 될 수 있다.

만약 일이 당신의 존재 이유 중 하나로 남아 있어도 일에 전적으로 몰입하거나 많은 시간을 투자할 필요는 없다. 일이 당신의 삶에 도전, 사회적 지위를 제공하거나, 노후를 유지하는 자금을 제공해도 말이다. 좋아하고 즐기는 활동에 필요한 자금을 만들기 위해 일하는 것은 좋다.

핵심은 자신의 기분이 좋아지는 것이라면 무엇이든 하라는 것이다. 자신이 여전히 기여할 수 있고, 중요하다고 느끼도록 하는 것은 무엇이든 하라. 성공적인 이모작 은퇴가 이보다 복잡할 필요는 없다. 물론 여러분 중 일부는 나처럼 사업을 시작하거나 책을 쓰기로 결심할 수도 있다. 그것도 괜찮다. 이모작 은퇴에서 의미 있는 작업을 찾는 방법에 대해서는 뒤에서 자세히 살펴보겠다.

세계 최장수 마을
사람들의 인생관

일본 오키나와에는 세계에서 가장 장수하는 사람들이 있는 최장수 마을이 있다. 그들은 노후 때문에 스트레스 받지 않으며 은퇴를 뜻하는 적당한 단어도 없다. 대신 그들은 '살아야 하는 이유'를 의미하는 '이키가이(ikigai)'를 찾고 유지하고자 평생을 고민한다. 모든 사람에게 이키가이가 필요하다. 이키가이가 없다면 고심해 봐야 한다. 지속적인 목적의식이 없다면 다른 사람들보다 오래 살지 못하기 때문이다. 삶의 목적과 방향 감각을 가진 사람들이 또래보다 오래 사는 것으로 나타났다. 2008년 일본의 한 연구는 이키가이를 경험한 사람들이 목적의식이 없는 사람들보다 더 오래 산다는 것을 발견했다.

많은 연구에서 목적의식을 갖는 것이 수면 개선, 뇌졸중과 심장 마비 감소, 치매와 장애 발병 감소, 조기 사망 위험을 포함하는 웰빙 향상과 연관돼 있다고 한다. 14년 동안 6,000명을 대상으로 한 연구에 따르면 목적의식이 있는 사람들은 목적 없이 살고 있다고 응답한 사람들보다 사망할 확률이 15%가 낮다. 또 다른 연구는 목적이 치매 위험에 어떻게 영향을 미치는지 분석했는데, 목적의식이 높은 사람들은 알츠하이머에 걸릴 확률이 2.4배 낮다는 것을 발견했다.

어떤 사람들은 사명을 갖고 태어나서 평생 그것을 놓치지 않지만, 그런 경우는 생각처럼 흔하지 않다. 흔히는 직장 생활을 하면서 자신의 진정한 삶의 목적을 다른 곳으로 돌린다. 자신의 목적의식을 회사의 미션으로 대체하거나, 가족의 요구를 충족시키기 위해 개인을 희생하는 것이다. 은퇴를 하면 이런 의무에서 벗어나게 된다. 어떻게 해야 자기 삶의 목적, 이키가이를 재발견할 수 있을까? 기회는 당신에게 스스로 드러내지 않는다. 당신이 찾으러 나서야 한다.

성장 지향적인 은퇴자들에게 '목적'이란 '의미 있는 일'과 같은 의미다. 나는 100살 혹은 그 이상까지 사는 사람의 이야기를 읽을 때마다 그들의 장수를 설명할 수 있는 공통적인 특징들을 발견하고자 한다. 가장 자주 발견하는 것은 그들이 늦은 나이에도 어떤 식으로든 일이나 자원봉사를 한다는 것이다. 그들은 무엇을 선택하든 간에 자기가 하는 일을 좋아한다. 그것이 정신에 깊은 자양분이 되고 결과적으로 다른 사람들보다 더 오래 산다. 이 사람들이 더 많은 돈을 벌기 위해서 일하는 것이 아님을 이해하는 것이 중요하다. 그들은 자신에게 목적의식을 주고, 가치와 은퇴 목표를 지킬 수 있고, 기분이 좋아지므로 일을 한다. 목적은 우리가 마지막 숨을 거둘 때까지 필요한 것이다. 재산이 많다고 해서 이것이 바뀌지는 않는다.

목적은 곧
살아야 하는 이유다

노력은 수단이 아니라 그 자체가 목적이다.

-톨스토이

오랫동안 일을 하고 가족을 돌보는 것은 나에게 목적과 의미를 줬다. 하지만 아이들이 독립하고 대출금을 모두 상환했을 때 나는 목적의식을 잃었고 대체할 일을 찾아야 했다. 나는 의미 있고 목적 지향적인 삶을 살지 않는다면 곤경에 처할 것을 충분히 알고 있었다. 은퇴 후 20년 넘는 세월을 지루하게 보내고, 쓸모 있다고 느끼는 일 없이 보내야 한다는 생각에 몸서리쳤다. 나는 일이 없으면 초조하다. 어딘가에 기여하고 싶고, 성취하고, 무언가의 일부가 되고 싶은 선천적인 욕구가 있다. 일이 없다면 나는 핵심적인 가치 중 일부를 만족시킬 수 없으며, 노후에 행복하기가 어려웠다.

나의 강한 목적의식은 부모님 덕분이다. 부모님께서는 나에게 행복한 삶에 목적이 얼마나 중요한지 직접 가르쳐 주셨기 때문이다. 다음은 부모님으로부터 배운, 은퇴 생활 중 새로운 목적을 찾는 것에 관한 두 가지 교훈이다.

삶의 새로운 목적을 어디에서 찾을 것인가

아버지는 검소하고 이재에 밝았다. 비록 무일푼으로 캐나다에 이민 왔지만 아버지와 어머니는 편안한 노후를 지낼 수 있는 적절한 둥지알을 만들었다. 어머니는 아버지보다 먼저 은퇴해서 주로 가족을 돌보고 친구들과 어울리며 지냈다. 어머니의 생활 패턴은 아침 10시에 가족 예능 프로그램을 시청하고 나서 친구들과 커피나 점심을 먹으러 나갔다가, 오후에 다시 드라마를 보기 위해 집으로 돌아오는 것이었다. 아버지께서는 은퇴하면서 어머니와 같은 패턴을 따르려고 노력했지만 얼마 지나지 않아 은퇴로 인한 심각한 쇼크에 시달렸다. 쇼크는 1년간 지속됐다.

아버지는 내게 직장인 시절 이야기를 끊임없이 들려줬다. 아버지는 직장 생활을 하면서 갖고 있던 목적과 방향이 그리운 게 분명했다. 아버지의 계속되는 추억담이 어머니와 나를 괴롭히기 시작했다.

어느 날 아침, 아버지가 아침 식탁에서 다시 옛날 이야기를 늘어놓기 시작했을 때, 어머니는 지역 신문의 파트타임 일자리 구인란 몇 군데에 동그라미를 쳐서 아버지께 던지며 말했다.

"자! 그만 징징대고 아르바이트라도 찾아 봐요."

아버지는 아침 식사 후 외출했고, 바로 그날부터 아르바이트를 시작했다. 새로운 직업이 무엇인지 알았을 때 나는 웃음을 멈출 수가 없었다. 아버지는 대기업 회계 부서에서 60여 명의 직원을 관리하는 관리자였다. 그런 아버지가 작은 애완동물 용품 가게에서 사료를 배달하는 아르바이트를 시작했다. 일주일에 이틀씩 밴을 운전해서 가게를 방문하지 못하는 사람들, 주로 노인들에게 애완동물 사료를 배달하는 일이었다.

일자리를 얻자 아버지는 완전히 변신했다. 그 일은 아버지가 잃었던 목적을 줬고, 아버지는 그것을 좋아했다. 아르바이트에 불과했고 이전 경력에 비하면 아주 소소한 역할이지만, 아버지는 외출을 즐기며 자신이 쓸모 있다고 느꼈다. 특히 노인을 돕는 일은 아버지의 기분을 좋게 했다. 이것은 목적이 아주 강력해야 할 필요는 없음을 보여 준다. 일주일에 적어도 이틀 정도는 밖으로 나갈 이유가 생기자 아버지는 은퇴 쇼크에서 회복됐고, 더 이상 TV 연속극을 계속 봐야 할 필요가 없었다.

얼마 되지 않아, 아버지가 훨씬 더 의미 있는 일을 하게 됐다. 가게 주인은 사업 운영 경험이 부족해서 조금 힘들어 했다. 아버지가 사업 경험이 많아서 멘토링할 수 있었다. 가게 주인을 돕고, 누군가에게 필요한 사람이라는 느낌이 아버지의 기분을 더욱 좋게 만들었다.

여기서 중요한 교훈은 아버지가 성장 지향적인 은퇴자였기 때문에 어머니와 함께 둘러앉아 TV를 보는 것으로는 직장을 은퇴하면서 생긴 큰 구멍을 메우지 못했다는 점이다. 과거 경력과 자신을 긴밀하게 동일시하는 아버지는 더 많은 것을 필요로 했고 그 간단한 일로 해결할 수 있었다. 하나 더 있다. 아버지가 자신의 재능과 기술로 어려움을 겪는 사람들을 도왔을 때 이웃에게 도움을 주는 사람만이 느끼는 행복감을 경험했다. 이것은 달리기 주자가 장거리 달리기를 하는 동안 경험하는 러너스 하이와 유사하다. 운동은 옥시토신, 세로토닌, 도파민의 생성을 유발하며, 이것은 순수한 흥분감을 초래한다. 다른 사람들을 돕는 것도 비슷한 방식으로 아버지에게 영향을 끼쳤다. 움직이기 어려운 사람들에게 물건을 배달하거나 고용주가 사업 문제를 해결하는 것을 도울 때마다 그는 '행복의 타격감'을 경험했다.

다른 사람들을 도우면 자신이 여전히 중요한 사람이라는 것을 깨우쳐 기분을 북돋고 행복하게 만든다. 좋은 일을 하면 기분이 좋아지므로, 다른 사람들을 도와주는 데 열심이라고 할 수 있다.

어머니는 안정 지향 은퇴자였고, 주된 역할은 가족을 돌보는 것이었다. 그녀는 가족을 돌보는 것을 좋아했고 다른 사람들과의 관계를 통해 자신의 가치를 발견했다. 그녀는 가족을 위해 헌신했고, 아이들을 키웠으며, 나중에 아버지가 아플 때 돌봐 주셨다.

아버지는 췌장암으로 72세의 나이로 돌아가셨다. 그 후 어머니에게는 활력을 줄 사람도, 함께할 사람도 없었다. 부양자로서의 역할을 잃었을 때 대부분을 잃어버린 것이다. 엄마는 자신이 필요하며 유용한 사람이라고 느낄 필요가 있었다. 그럴 때 다른 사람들보다 더 오래 그리고 더 잘사는 분이었다.

아버지가 돌아가신 다음 날, 어머니의 집 뒷문에 고양이 한 마리가 나타나서 떠나려 하지 않았다. 어머니는 고양이 주인을 찾을 수 없어서, 그 고양이를 집으로 데리고 들어갔다. 발이 하얘서 '부츠'라고 이름을 붙인 고양이는 어머니에게 삶의 의미를 부여했고, 떼려야 뗄 수 없는 존재가 됐다. 고양이는 어머니를 행복하게 했고 새로운 목적을 가져다줬다. 부츠에게는 어머니가 필요했고, 어머니에게는 부츠가 필요했다. 어머니는 항상 아버지가 부츠를 자신에게 보냈고 아버지가 떠난 후 살아야 할 이유를 알려 줬다고 생각하셨다. 나는 어머니의 말이 옳다고 생각한다.

Key Point

1. 인간관계

- 외로움은 조기 사망으로 이어질 수 있는 신체적 결과를 수반하는 정서적 문제다.
- 직장 생활을 통해 맺어진 대부분의 관계는 직장 생활이 끝나면 끝난다.
- 모든 관계에서 빈약한 의사소통은 아주 높은 비용이 수반된다.
- 부부가 행복한 노후를 보내기 위해서는 결혼 생활에 대한 열정뿐 아니라 각자의 삶에 대한 열정도 유지해야 한다.
- 부부 모두가 좋아하는 일을 할 때만 관계가 좋아진다.
- 문제를 문제라고 생각하지 않는다면, 그것은 자신을 속이는 것이다.

2. 건강

- 이모작 은퇴에서 활동적인 상태를 유지하며 더 젊고 건강해질 수도 있고, 수동적으로 전통적 방식의 은퇴를 하고 그냥 늙어 갈 수도 있다.
- 운동과 올바른 식습관은 노화 방지의 핵심이다. 이것이 당신이 찾던 마법의 알약이다.
- 두뇌는 많이 사용할수록 더 많이 사용할 수 있다.

- 돈을 사용할 수 있을 만큼 건강하지 않으면, 재산이 많다고 해도 아무 소용없다.

3. 경제적 독립

- 은퇴 후의 행복은 비용이 많이 들지 않는다.
- 대부분의 사람들은 은퇴 후 이떻게 살고 싶은지 잘 모른다.
- 노후에 비용이 얼마나 들지 정확히 알면 다시는 돈 걱정을 할 필요가 없을 것이다.
- 더 오래 일하면 시장 하락과 노후 자금 부족의 위험을 줄일 수 있다.
- 더 오래 일할수록 당신의 생활 수준이 더 높아진다.
- 돈이 많다고 해서 노후에 행복한 것은 아니다.

4. 정신

- 당신은 스스로 계속 성장하고 발전할 수 있는 기회를 찾아야 한다. 그것이 행복을 만드는 성장과 시험이다.
- 인생은 대담한 모험이 될 수도 있고, 지루한 시간이 될 수도 있다.
- 모험이 위험하다고 생각한다면, 지루한 노후를 보내게 된다. 안전하게 게임하는 것도 일종의 도박이다.
- 안타깝게도 많은 은퇴자가 자신이 인생을 즐기는 법을 잊어 버렸다. 그리고 이 사실을 너무 늦게 깨닫는다.

- 노후에 가장 중요한 것은 물건에 집착하지 않는 것이다.

5. 영성

- 영성을 수련하면 회복 탄력성이 높아지고, 삶을 전망하고, 의미를 가질 수 있다.
- 영성은 일상생활의 부침을 다루는 데 도움을 준다.
- 비슷한 신념과 가치를 공유하는 집단에 속하면 강한 힘이 생긴다.
- 명상은 진정한 자신이 누구인지 깨닫고, 자신이 가진 것에 감사하는 행위다.
- 행복한 은퇴자는 있는 그대로에 대해 믿음과 희망과 감사를 가진다.

6. 공동체

- 인생은 혼자 사는 것이 아니다. 자신의 공동체를 찾아라.
- 자신이 선택한 모임은 당신이 무엇을 할 수 있는지 보여 줄 것이다.
- 존경하고 아끼는 사람들과 함께 임무를 수행하는 것보다 더 좋은 것은 없다.
- 모임에 가입하면 파트너로부터 벗어나 혼자만의 시간을 가질 수 있고, 파트너와는 즐길 수 없는 것을 즐길 수 있다.
- 자신의 신념, 가치관, 목적의식을 공유하는 모임에 가입하면

더 빨리 목표를 성취할 수 있다.

7. 시간

- 매일매일이 중요하다. 남은 시간 동안 당신에게 가장 중요한 것을 우선해야 한다.
- 시간은 싫어하는 일을 하면서 보내기에는 너무나 소중하다. 당신에게 주어진 시간에 하고자 결정한 일은 노후의 질에 큰 영향을 미칠 것이다.
- 최선의 투자는 가족과 인간관계에 더 많은 시간을 투자하는 것이다. 당신에게는 생각만큼 남은 시간이 많지 않다.

8. 태도

- 훌륭한 노후 생활을 즐기도록 하는 것은 당신의 태도에 달려 있다.
- 당신은 은퇴할 때 확신하는 바를 얻을 수 있다. 노후가 형편없을 거라고 믿는다면 그렇게 될 것이다.
- 늙었다고 생각하면 늙는다.
- 실패하는 대부분의 은퇴자는 자신이 무엇이 가능하고 무엇을 성취할 수 있는지에 대한 믿음이 한정돼 있다.
- 두려움과 불안감이 운명을 결정짓게 두는 것은 큰 잘못이다. 두려움은 실패보다 더 많은 꿈을 죽인다.
- 가능성은 당신이 가능하다고 믿을 때만 실현된다. 할 수 있

다고 믿는다면 할 수 있게 된다.

- 낙관주의, 희망, 확신과 더불어 긍정적 태도를 갖는다면 불확실한 시기에 자신을 단련하고 건강과 수명을 향상시킬 것이다.
- 자신의 노후를 바꾸기 위해서는 자신의 신념과 생각하는 방식을 바꿔야 한다.

9. 삶의 목적

- 가장 충실한 노후는 목적이 있는 노후다. 아침에 침대에서 일어나야 하는 좋은 이유는 생존 기간을 연장하고, 삶의 질도 향상시킨다.
- 목적이 없는 삶은 노화를 빨리 진행하고 수명을 단축시킨다.
- 모든 은퇴자는 사명을 갖고 '왜'를 위해서 살아야 할 필요가 있다. 이모작 은퇴는 자신의 목적을 다시 깨닫고, 마침내 그 목적을 성취할 수 있는 시간이 된다.
- 성공적인 이모작 은퇴를 위해서는 충만감과 성취감이 필수적이다.
- 자신이 사랑하고 아끼는 사람들이 잘 지내는지 확인하는 것보다 더 좋은 삶의 목적이란 없다.

Key Question

1. 인간관계

- 가족 및 친구들과의 관계에 만족하는가?
- 친구가 더 필요한가?
- 관계의 질을 어떻게 향상할 수 있는가?
- 당신과 관계 맺은 사람 중 일부가 서서히 멀어지는가?
- 가장 친한 친구와 마지막으로 이야기한 것이 언제인가?
- 마지막으로 친구와 재미있는 일을 한 것이 언제인가?
- 마지막으로 자녀와 의미 있는 대화를 나눈 것이 언제인가?
- 당신에게 삶을 의지하는 사람은 누구인가?
- 당신은 필요할 때 누구에게 의지할 수 있는가?
- 당신은 다른 사람들에게 인정받고 가치 있는 일로 무엇을 하고 있는가?
- 당신이 세상을 떠나면 사람들이 당신을 얼마나 그리워할 것 같은가?
- 배우자와 의미 있는 대화를 나누고 있는가?
- 배우자가 파트너라기보다 룸메이트처럼 느껴지는가?
- 당신은 결혼 생활을 어떻게 평가하는가?
- 파트너는 결혼 생활을 어떻게 평가할 것 같은가?
- 당신의 개인적인 노후 계획은 무엇인가?
- 부부의 노후 계획은 무엇인가?

- 당신은 배우자의 은퇴 목표를 알고 있으며, 자신의 은퇴 계획과 함께할 수 있는가?
- 두 사람은 어디로 여행을 가고 싶은가?
- 당신은 어디에서 살고 싶은가?
- 파트너는 어디에서 살고 싶어 하는가?
- 배우자와 은퇴 후 하고 싶은 일에 동참하고 있는가? 그렇지 않다면 어떻게 하고 싶은가?

2. 건강

- 규칙적으로 운동하는가?
- 날씬해지고 건강해진다는 것은 당신에게 어떤 의미인가?
- TV 시청이나 SNS에 얼마나 많은 시간을 소모하고 있는가?
- 과음 혹은 과식을 하는가?
- 충분한 지적 자극이 있는가?
- 배우고 싶은 세 가지가 있다면 무엇인가?

3. 경제적 독립

- 당신은 재정적으로 독립했는가?
- 당신은 재무 계획을 갖고 있는가?
- 당신은 라이프 스타일 계획이 있는가?
- 노후를 위한 재무 계획에 만족하는가?
- 은퇴 후 해마다 어느 정도의 돈이 필요한가?

- 연금, 이자 등 연간 얼마의 수동적 수입을 얻을 수 있는가?
- 노후 생활을 유지하기 위해 파트타임 일을 해야 하는가?
- 보유한 노후 자금보다 오래 살까 봐 걱정되는가?

4. 정신

- 노후에 해 보고 싶은 최고의 경험을 위한 계획을 세웠는가?
- 당신은 어떤 새로운 여가 활동을 해 보고 싶은가?
- 당신은 어떤 새로운 모험을 하고 싶은가? 누구와 함께 하고 싶은가?
- 어떤 활동들이 당신을 흥분시키는가?
- 당신이 마지막으로 진정 살아 있다고 느낀 것은 언제인가?

5. 영성

- 당신은 영성을 어떻게 실천하는가?
- 당신은 영성을 수련하기 위해 어디로 가는가?
- 마지막으로 수련한 것은 언제인가? 그때의 기분은 어땠는가?
- 마지막으로 자연을 산책해 본 것이 언제인가?
- 당신은 어떻게 삶의 목적의식을 완수하고자 하는가?

6. 공동체

- 어떤 그룹, 어떤 동호회에 가입하고 싶은가? 왜 가입하지 않았는가?

- 당신에게 영감을 주는 사람들과 얼마나 시간을 보내고 있는가?

- 무엇을 배우고 싶은가?

- 무엇을 성취하고 싶은가?

7. 시간

- 시간 활용법으로 무엇을 배웠는가?

- 당신은 무엇을 하면서 시간을 소비하는가?

- 가족 및 친구들과 얼마나 많은 시간을 보내는가?

- 운동하는 데 얼마나 많은 시간을 사용하는가?

- 대부분의 시간을 어디에 사용하고 있는가?

- 어디에 더 많은 시간을 투자해야 한다고 생각하는가?

- 자신이 좋아하는 일에 대부분의 시간을 보내고 있는가?

- 의사가 암에 걸려서 10년만 살 수 있다고 말한다면, 남은 시간을 어떻게 보낼 것인가?

- 만약 의사가 하루만 더 살 수 있다고 한다면, 어떤 후회를 할 것 같은가? 아직 기회가 있을 때 이런 후회를 없앨 수 있도록 보다 시간을 잘 사용해야 한다.

8. 태도

- 당신은 긍정적인가?

- 당신은 변화를 받아들일 수 있는가?

- 당신은 자신감이 있는가?

- 자신이 하고자 하는 바를 믿는가?
- 당신의 현재 태도는 자산인가, 부채인가?
- 은퇴에 대해 당신은 어떤 신념을 갖고 있는가?
- 당신이 스스로에게 하는 대화는 긍정적인가, 부정적인가?
- 당신은 무엇이 두려운가?
- 두렵지 않다면, 무엇을 하고자 하는가?
- 당신이 마지막으로 위험을 감수해 본 것이 언제인가? 그 느낌을 기억하는가?
- 만약 당신의 일이 잘 풀리지 않는다면 발생할 수 있는 최악의 일은 무엇인가?
- 만약 일이 잘 풀린다면 어떻게 될 것 같은가?

9. 삶의 목적

- 당신은 노후에 계획 중인 세 가지 목표를 나열할 수 있는가?
- 당신은 무엇을 잘할 수 있을 것 같은가?
- 당신은 무엇을 하고 싶은가?
- 무엇이 당신을 움직이게 하는지, 어떤 활동이 당신의 마음을 움직이는지 알고 있는가?
- 당신은 어떤 활동이 재미있는가? 당신은 어떤 것에 완전히 몰입할 수 있는가?
- 당신은 목적의식을 갖고 산다고 생각하는가? 왜 그런가? 혹은 왜 그렇지 않은가?

제3장

인생의
새로운
목적을
찾는 법

· 자신 있는 노후를 위한 행동 ·

앞으로 하지 않을 일을 정한다

당신은 다른 사람들이 당신에게 어떤 사람이 돼야 한다고 말하기 이전의 당신이 누구였는지 알고 있는가?

-찰스 부코스키

9가지 은퇴 원칙은 은퇴 라이프 스타일을 구성하는 기본 요소다. 이 원칙들은 노후를 흥미롭고 살아갈 가치가 있는 시간으로 만든다. 9가지 원칙을 모두 갖추지 않으면 노후는 균형을 잃는다. 다른 원칙들을 희생하면서 한두 분야만 잘하는 것은 결코 효과가 없다.

여러분이 현역일 때는 왜 자신이 되고 싶은 부모, 배우자 또는 친구가 될 수 없는지에 대해서 자신의 직업을 탓할 수 있었다. 일 때문에 운동이나 식사를 제대로 할 시간이 없었을 수 있다. 하지만 이 변명은 일단 은퇴하면 사라진다. 이제 당신은 이 원칙들을 은퇴를 기점으로 삼아 일을 바로잡을 시간을 갖게 됐다.

무엇을 먼저 해야 할지 확실하지 않아도 괜찮다. 하지 말아야 할 것을 알아내는 것은 무엇을 해야 할지 알아내는 것만큼이나 중요하다. 자신이 원하지 않는 일들을 없애는 것부터 시작하라. 어쩌면 당신은 더 이상 비만이기 싫고, 고혈압을 원하지 않고, 외로움을 느끼고 싶지 않고, 더 이상 아이들과 관계가 나빠지고 싶지 않을지도 모른다. 일기에 자신이 원하지 않는 일들을 목록으로 만들고, 좋은 것들을 하기 전에 원하지 않은 것을 없애는 작업을 시작하라.

원칙대로 살면 매일 해야 할 의사 결정의 가짓수가 줄어들고, 스트레스가 줄어들고, 삶이 단순해진다. 생각해 볼 것도 없이 이 9가지 원칙은 당신이 무엇을 먹고, 얼마나 마시고, 얼마나 운동하고, TV를 몇 시간 시청하고, 어떻게 여가를 보낼지 자동으로 결정해 줄 것이다. 여기에 더해 9가지 원칙은 당신을 가능한 한 유혹으로부터 멀리하게 해 줄 것이다. 원칙들은 자신을 위해 만든 길을 계속 가도록 도와주는 노후의 나침반이 된다.

하지만 주의할 필요가 있다. 하나의 원칙을 지키기 위해 다른 원칙을 희생하는 것은 잘못됐다. 예를 들어 창업을 통해 새로운 목적을 찾기로 결심했는데, 과로로 건강이 나빠진다거나 관계에 투자하는 시간이 줄어든다면 다시 생각해 볼 필요가 있다. 또한 당신은 단기간에 너무 많은 변화가 일어나는 것을 싫어할 수도 있다. 원칙들은 스트레스를 줄이기 위한 것이지, 더 많은 것을 만들기 위한 것이 아니다. 천천히 시작하고 균형을 유지하면 시간이 지남에 따라 상황이 개선될 것이다.

원칙을 따르는 것은 은퇴 후 당신이 원하는 바를 성취하도록 가장 좋은 상태에 이르게 한다. 꿈을 이루도록 도와주고 당신이 찾고 있는 성취감을 준다. 하지만 9가지 원칙은 견고한 기초를 제공하는 것이지, 은퇴 천국을 보장해 줄 수는 없다. 이모작 은퇴를 위한 자신만의 계획을 세우는 것이 필수적이다. 이것은 당신의 개인적인 가치와 목표에 바탕을 둔 것이어야 한다. 이 책의 나머지 부분은 바로 이것을 이야기한다. 먼저 목적을 찾아 떠나는 여정을 다룬다. 당신은 내면으로 들어가서 무엇을 원하며, 행복하고 성취하기 위해서 무엇을 해야 하는지 알아내야 한다. 자신의 진정한 가치 및 욕구와 다시 연결돼야 한다.

당신의 인생은
아직 미완성이다

어렸을 때, 우리 중 상당수는 자신의 존재 이유를 의식하고 있었다. 하지만 시간이 지남에 따라 그 의식은 희미해졌고, 자신을 자기가 아닌 다른 존재로 바뀌는 것을 받아들였다. 일과 가정을 우선시해야 한다는 요구가 더 중요해지면서, 우리는 청춘의 열정과 열광을 잃었다. 그러면서 다른 사람이 나에게 원하는 바, 기대하는 것으로 생각되는 바를 쫓아갔다. 이런 사람들 상당수가 은퇴하고 인생을 다시 생각해 볼 시간이 생겼을 때 상실감을 느끼는 것은 당연하다.

자신의 정체성과 삶에 대한 열정을 잃었다는 사실을 깨닫는 것은 당신이 곧바로 은퇴 지옥으로 떨어지는 사건이 될 수도 있고, 진정 자신을 이끄는 것에 집중할 수 있는 두 번째 기회가 될 수도 있다. 선택은 당신의 몫이다. 당신이 갈 길은 당신의 태도에 달려 있다. 노후를 이모작 인생으로 바라보는 선택은 진정한 기쁨을 찾는 기회, 아마도 직장 생활에서 느낀 기쁨보다 더 많은 기쁨을 얻을 수 있는 두 번째 기회가 된다. 자신의 열정을 재발견하고 흥분되는 일을 함으로써 다시 한 번 어린아이처럼 느낄 수 있는 기회가 된다. 이것은 끝이 아니라 시작임을 기억하라.

은퇴 초기 허니문 단계가 끝나가거나 은퇴 지옥에서 벗어나기 시작하면 우리의 내재적 욕망은 자신의 사명을 따르고, 존재의 이유가 되는 일을 하라고 추동한다. 이런 경험을 모든 사람이 하는 것은 아니지만, 대부분의 성장 지향적 은퇴자들은 경험하게 된다. 이것을 '미완성의 비즈니스'라고 부르자. 그럼 우리 안의 감정, 즉 진정한 삶을 살아야 한다는 느낌, 더는 시늉하는 삶은 살고 싶지 않다는 느낌, 적응하고 살아남는 것으로는 만족할 수 없다는 느낌이 충족될 때까지는 행복하지 않을 것이다. 우리가 걸어온 지점을 되돌아보면 더는 그렇게 살고 싶지 않을 것이다. 하지만 자신의 삶에서 무엇을 해야 하는지, 자신의 목적이 무엇인지 알아내기 전에 우리는 진짜 자신과 다시 연결되어 자신의 가치가 무엇인지 잘 이해해야 한다.

내가 어떻게
살았는지 돌아본다

오늘을 이해하려면 어제를 탐색해 봐야 한다.

-펄 S. 벅

우리 모두는 자기 삶을 주제로 한 영화, 자신이 주인공인 영화, 그리고 아직은 미완성인 영화를 만드는 과정에 있다. 그러므로 자신의 강점과 고군분투의 과정, 자신의 고유한 특성을 돌아보고 다시 이해해 보자.

자신의 삶을 담은 영화를 보면 어린 시절부터의 여정을 되돌아볼 수 있다. 이것은 무엇이 당신을 행복하게 만들었는지를 회상하고, 당신의 목적과 열정을 발견하고, 궁극적으로 당신이 되고자 했던 바를 발견하는 데 도움이 된다. 그리고 자신의 내면 깊숙이 들어가서 왜 일이 그렇게 됐는지, 앞으로 어떻게 개선할 수 있는지 생각해 보게 된다. 자신에 대한 영화를 감상함으로써 많은 것을 배울 수 있다. 그 과정은 한 걸음 물러서서 자신의 선택과 그 결과인 지금 사이의 인과관계를 볼 수 있게 한다. 천천히 영화를 돌려 보고 배워 보라.

당신의 좋은 패턴과 나쁜 패턴을 모두 찾아보라.
당신 스스로를 제한하게 된 것들을 찾아보라.
당신이 몰입했던 일들을 찾아보라. 당신이 무언가 하면서 몰입하고, 너무나 집중해서 시간이 너무 빨리 흘렀을 때 말이다.
당신을 행복하게 하는 것과 그렇지 않은 것을 찾아보라.

내 인생의 좋은 날과 나쁜 날, 나의 좋은 점과 나쁜 점

자신의 영화를 보는 것이 때때로 불편할 수 있다. 자신의 삶을 깊이 파고들어 정말 잘 들여다보면, 좋은 것만 있지 않기 때문이다. 아마도 당신은 몇 번이나 엉망이 됐었다는 것을 알게 되고, 누군가의 가이드와 멘토링을 받았다면 그 상황을 피할 수도 있었다는 것을 깨달을 수 있다. 특히 남자는 이런 일에 서투르다. 다른 사람에게 도움받는 것을 싫어하기 때문이다. 모르는 사람의 도움을 받아야 한다는 것을 인정하고 싶지 않기 때문이다.

가끔씩 우리는 직장에서 진솔하지 못했던 기억으로 인해 수치심을 느끼곤 한다. 자신이라는 영화를 보면서 표면으로 떠오른 수치심은 지금까지도 남아 있다. 누구의 영화도 완벽하지 않다는 것을 기억하라. 모든 사람의 영화에는 좋은 것과 나쁜 것, 좋은 날과 나쁜 날이 모두 있다. 우리 모두는 살아가면서 실수와 타협을 한다. 자신을 너그럽게 대하고 좋은 것과 나쁜 것을 있는 그대로 인식하라. 요점은 이런 자아를 발견하는 과정으로부터 배우고 관찰하여 삶에서 자신이 원하는 변화를 만드는 것이다.

자신의 영화를 보면 너무 늦기 전에 고칠 수 있고, 그동안 회피했던 것들을 직면하게 한다. 그리고 무엇이 자신을 진정으로 감동시키는지 알 수 있게 한다. 바로 이런 것들이 노후를 천국으로 만들기 위해 집중하고 노력해야 할 것들이다. 당신의 영화는 당신이 한 일들의 동기를 이해하게 한다. 과거를 다시 체험하고 돌아보면 자신의 진정한 사명을 이해하는 데 도움이 된다. 당신은 영화를 통해 자신이 아이에서 학생으로, 직장인으로, 은퇴로 나아가는 과정을 돌아보면서 자기 자신에 대해 많은 것을 알게 될 것이다. 이 과정에서 인식하는 자아는 기쁨과 성취감을 재발견하는 이모작 은퇴 설계의 기초가 된다.

그러니 팝콘을 사서 안락한 의자를 앉으라. 자신의 영화를 보면서 왜 내 인생이 이렇게 흘러왔는지, 무엇이 오늘날의 나를 만들었는지 이해하고자 하라. 지금부터는 어떤 삶을 살고 싶은지 발견하라.

내 인생이
한 편의 영화라면

과거는 아플 수 있어. 하지만 당신은 그것으로부터 달아나 버릴 수도 있고 배울 수도 있어.

-<라이온 킹> 중에서

어린아이로
돌아가서

우리가 젊었을 때는 자존감이 최고로 높았다. 자신의 능력에 자신감이 있었고, 할 수 없는 것이 없었다. 자아도 강했고, 세계는 우리의 것이었다. 하지만 나이가 들면서 변했다. 사람들에 대한 두려움과 기대가 자리 잡았다. 우리는 각자 되고자 했던 사람, 이루고자 했던 어린 시절의 꿈이 있다. 하지만 불행하게도 많은 사람이 어른이 되면 그 꿈을 결코 이루지 못한다. 얼마나 슬픈 일인가?

어린 시절로 돌아가서 생각해 보라. 당신은 커서 무엇이 되고 싶었는가? 나는 경찰이나 소방관이 되고 싶었다. 그들은 나의 영웅이었다. 그들은 곤경에 처한 사람들을 도우며 존경받는다. 어린 시절의 꿈은 지금 생각해도 의미가 있다. 왜냐하면 나는 항상 사람들을 돕고 보호하고자 하는 욕구가 강했기 때문이다. 그것은 나에게 중요했다. 나는 사랑받고 존경받고 싶었다. 하지만 부모님은 그런 일이 위험하다고 생각해서 나에게 다른 일을 하라고 설득했다. 나는 원하는 직업으로 가지 못했다. 부모님은 나를 걱정하셨고, 내가 원하는 바와 다르게 현실적인 선택을 하도록 강력하게 충고했다.

내가 그때 부모님의 말을 듣지 않고 소방관이 됐다면 오늘의 내 삶은 어떻게 달라졌을까? 부모님이 '그 직업으로 어떻게 아내/남편/파트너/자식/라이프 스타일을 지켜 낼 수 있겠니?'라고 말씀하신 것을 나는 확실하게 기억한다. 삶에서 자신의 사명이 무엇인지 알고 이를 성취함으로써 노후를 의미 있게 만들 계획을 세우기 위해 어릴 적 꿈과 동기 요인을 다시 찾아볼 때다.

'어린 시절 가장 좋았던 기억은 무엇인가?'

'어렸을 때 어떤 종류의 일을 좋아했는가?'

'당신의 영웅은 누구였는가?'

'당신은 무엇을 잘했는가?'

'어떤 취미가 있었는가?'

'어떤 운동을 했는가?'

'팀 스포츠를 좋아했는가, 개인 운동을 좋아했는가?'

'당신이 개발할 기회가 없었던 재능은 무엇인가?'

'당신은 어떤 상을 받은 적이 있는가?'

'당신은 무엇이 되고자 하는 꿈을 꿨는가?'

'포기한 것 중 되찾고 싶은 것은 무엇인가?'

학창 시절로
돌아가서

학창 시절 우리는 경쟁했다. 다른 아이들보다 좋은 성적을 받기 위해 노력하라고 교육받았다. 서로의 점수를 비교하면서 누가 제일 똑똑한지 비교당한 것을 기억해 보라. 누구나 승자를 좋아하므로 다른 사람들보다 더 우수할수록 더 존중받고 사랑받을 것이라고 믿도록 사회화됐다.

교사들은 순종하지 않으면 벌을 주고 순종하면 상을 줬다. 이런 방식으로 학교는 규정을 따르도록 가르쳤고 회사는 이것을 아주 좋아했다. 왜냐하면 그들은 시스템에 잘 맞게 시키는 대로 하는 생산적인 근로자를 원하기 때문이다. 오늘날 적지 않은 근로자들이 자기 직업을 싫어하는 것은 놀랄 일이 아니다.

많은 사람에게 학교는 자존감이 시험대에 오른 첫 번째 경험이다.

높은 점수를 받지 못하거나 좋은 학교에 들어가지 못할까 봐 두려워했다. 누가 친구가 많은지, 누가 더 좋은 성적을 받았는지, 또는 누가 가장 많은 골을 넣었는지를 갖고 다른 아이들과 비교했다.

'당신은 학교에서 무엇을 두려워했는가?'
'그게 당신의 삶에 어떤 영향을 줬다고 생각하는가?'
'당신은 학교에서 어떤 과목을 좋아했는가?'
'어떤 선생님을 좋아 했는가. 그 이유는?'
'학교의 어떤 점이 당신 마음에 들지 않았는가?'
'당신은 어떤 사람들과 어울렸는가? 당신의 역할은 무엇이었는가?'
'과거로 돌아가서 다시 학교를 다닐 수 있다면 무엇을 다르게 하고 싶은가?'

직장인으로
돌아가서

학교와 마찬가지로 직장에서도 우리는 성공을 쟁취하기 위해 다른 사람들보다 우월해야 한다고 교육받았다. 자신을 더 성공한 사람들과 끊임없이 비교하면서 인정, 부, 지위를 추구했다. 더 높은 직책과 더 큰 사무실을 가진 사람이 더 많은 월급을 받기 때문에 그들이 자신보다 더 낫다고 생각하게 됐다. 그리고 우리는 직장 생활을 하면서 이런 불균형과 격차를 따라잡고자 했다. 이것은 고용주가 아주 좋아하는 일이다. 경쟁하기 위해 우리는 회사에서 군인처럼 되는 것을 용납했다. 즉 남들처럼 옷을 입고, 행동하고, 말하는 것을 배웠다.

회사는 항상 우리가 갈망하고, 동료들과 경쟁하기를 원한다. 사람들은 더 많이 벌고 더 많이 소비해서 자신의 성공을 과시하고 싶어 한다. 회사는 어디서 멈춰야 할지 모르고, 가족과 친구들과의 관계를 기꺼이 희생하려는 '승자'를 축하한다. 그들은 그 누구보다도 더 희생할 의지가 있기 때문에 상을 받고 배지를 따내는 사람들이다. 하지만 그들이 진정한 승자인가?

우리는 직장에서 살아남고 성공하기 위해서 고용주의 바람과 같이 돼야 한다고 스스로에게 강요했다. 우리는 회사의 미션을 따르는 것이지, 우리의 사명을 따르는 것이 아니었다.

그렇게 세월이 흘러 가족의 안전과 생계를 추구하며 우리는 자아의식, 자존감, 무엇이 옳은지에 대한 깊은 신념을 잃어버렸다. 하지만 그때 다른 무엇을 할 수 있었을까? 학교에서 겪었던 것과 비슷하게, 회사는 자신이 누구인지를 포기하고 순응하고 순종적으로 회사의 꿈과 비전을 받아들이라고 요구했다. 그렇게 함으로써 진정한 자신의 모습으로 살지 못하는 대가를 치르게 됐다.

'당신의 직업은 당신에게 잘 맞는가?'

'당신은 당신의 직업에 진정성이 있는가?'

'당신의 직업은 당신에게 어떤 변화를 요구했는가?'

'당신은 자신의 직업에 대해 어떤 점이 좋았는가?'

'당신은 자신의 직업에 대해 어떤 점이 마음에 들지 않았는가?'

'당신이 잘하지 못한 업무는 무엇인가?'

'어떤 업무가 당신에게 자연스러우며 쉬운가?'

'다른 사람들이 당신에게 가장 감탄하는 기술과 특성은 무엇인가?'

'어떤 업적이 당신을 가장 자랑스럽게 했는가?'

이 질문은 중요하다. 이것이 진정한 당신을 가리키기 때문이다. 이 질문에 대답함으로써 당신에게 무엇이 정말 중요한지 알게 된다.

과거를 돌아보고 미래를 계획한다

다시 돌아가서 시작을 바꿀 수는 없지만, 지금 있는 곳에서 시작해서 마지막을 바꿀 수는 있다.

-C.S. 루이스

자신에 대한 영화를 보면서 어느 순간 당신은 자신이 원하는 삶, 가슴 깊이 살고 싶었던 삶이 아니라 남들이 권하는 삶을 살아왔다는 것을 깨달았을지도 모른다. 당신은 자신이 저지른 실수와 두려움, 나쁜 습관들을 보고 스스로에게 질문하기 시작한다.

'왜 나는 건강을 잘 돌보지 못했을까?'

'나는 왜 친구들과 가까이 지내지 않았을까?'

'왜 나는 가족과 좋은 시간을 더 많이 보내지 않았을까?'

'나는 왜 좋아하지도 않는 일을 그렇게 오래 했을까?'

'나는 왜 쓸데없는 것을 사느라 그렇게 많은 돈을 낭비했을까?'

'왜 노후를 위해 저축을 더 하지 않았을까?'

당신은 남들보다 더 낫다는 것을 증명하고자 더 많은 돈을 벌고 더 많은 물건을 사는 것을 우선하는 모습으로 사회화됐음을 발견할 수 있다. 이제 그렇게 살아가는 것은 언젠가 비싼 대가를 치르게 된다는 것을 깨닫고, 그렇게 살아온 자신에게 화가 날 수 있다.

과거로부터 배우는 것은 미래의 성공을 위한 열쇠다. 과거로 돌아가서 과거를 편집할 수는 없다. 하지만 좋은 소식은 당신이 과거로부터 배울 수 있고, 미래의 궤적을 바꾸는 데 필요한 조정을 할 수 있다는 것이다. 자신의 영화를 통해 과거와 화해하고 후회되는 일을 제거하라.

모든 사람은 실수를 한다. 완벽한 사람은 없다. 당신이 해야 할 일은 어디서부터 잘못됐는지 생각하고, 어떻게 그리고 왜 자신의 열정과 불꽃을 잃었는지 인식하고, 같은 실수를 반복하지 않도록 과거로부터 배우는 것이다. 또한 자신의 영화에서 여전히 당신에게 반향을 일으키는 행복했던 경험과 목표, 꿈, 그리고 가치들을 취하라. 과거에서 현재에 이르기까지 무엇이 당신을 행복하게 하는지 들여다보라. 이모작 은퇴를 위한 자신의 노후 계획에 그것들을 포함하면 은퇴 천국을 만들 수 있다.

자신이 어떻게 현재 위치에 도달했는지 이해하고, 자신이 원하는 해피엔딩을 이루기 위해 무엇을 바꿔야 하는지 찾아내기 위해서 과거를 돌아보라. 그러나 과거에 얽매여 다시는 돌아오지 않을 것 같은 황금기를 후회하지는 마라. 현재는 당신이 통제할 수 있는 유일한 것이다. 당신은 현재에 집중함으로써 은퇴 후의 미래에 영향을 미칠 수 있다. 자신의 영화에서 배우고, 오늘 당장 올바른 일을 시작하라. 그럼 미래는 저절로 해결될 것이다.

나는 왜 사는 것이
즐겁지 않았을까?

나에 대한 영화는 나에게 큰 경각심을 불러일으키고 과거를 되돌아볼 기회를 줬다. 어린 시절을 거쳐서 학교를 다니고 마지막으로 회사에 들어가면서 자아의식과 자존감이 얼마나 약화됐는지 확실히 알 수 있었다.

나는 고등학교 시절에 공부를 잘하지 못했다. 스포츠에 열중했고 몇몇 선생님이나 미적분학 같은 과목에 관심이 없었다. 나는 평범한 성적으로 남들이 말하는 '좋은 대학'에 갈 수 없었다. 결국 토론토에 있는 라이어슨기술전문학교에 입학했다. 당시에는 잘 알려진 학교였다. 나는 학업에 충실하고 좋은 성적을 받아야 좋은 직장에 갈 수 있다고 스스로에게 다짐했다. 학교가 좋았고 나에게 잘 맞았다. 하지만 당시 라이어슨은 대학이 아니었기 때문에 학위를 받지 못했다. 그로 인해 직장 생활에서 손해를 볼 수밖에 없었다.

학교를 졸업하면서 나는 남은 인생 동안 무엇을 하고 싶은지 전혀 몰랐다. 내가 무엇을 잘할 수 있을지 전혀 몰랐다. 처음 취직 기회가 온 은행에 취업했고, 그 후 36년 동안 그곳에 근무했다. 나는 일을 잘해서 소매 금융 업무에서 좋은 성과를 거뒀다. 내 일이 마음에 들었다. 고객과 교류하고 그들의 재무 설계를 지원하는 일에 열정적이었으므로 그 일을 계속해야 했다.

나는 기업 금융 업무의 매력에 흔들렸다. 그곳은 은행에서 성공적이고 뛰어난 사람들이 일하는 부서였고 나도 그들처럼 되고 싶었다. 나는 맹목적으로 기업 금융 업무에 뛰어들었다. 그때부터 길을 잃었다. 나는 좋아하지도 않는 길을 추구했다. 직업적 성공과 지위라는 잘못된 이유 때문에 그렇게 했다.

나는 승자가 되어 많은 돈을 벌고 싶었지만, 사실 나는 그런 위치에 있을 운명이 아니었다. 나는 내 강점을 강화하기보다는 약점을 개선하고자 노력했다. 좋아하는 일이나 잘하는 일을 하지 않을 때 행복해지기 힘든 나로서는 좋지 않은 선택이었다. 또한 기업 금융 부서에서 일하면서 큰 교훈을 얻었다. 나에게 어울리고 호감을 줄 수 있는 진정성을 버리는 것은 큰 실수였다. 그로부터 회복하는 데 오랜 시간이 필요했다.

마침내 나는 부서장으로 승진했다. 거래처별 담당자들로 구성된 팀원들은 나에게 업무를 보고했다. 그들 대부분은 MBA를 밟았다.

큰 틀에서 보면 별 의미도 없지만, 그 점이 나를 사기꾼처럼 느끼게 했다. 대학 학위가 없었기 때문에 스스로 충분히 잘하지는 못한다고 느끼게 됐다. 학위가 없어서 낮아진 자존감으로 인해 오랫동안 마음의 고통을 받았다. 항상 학위가 없다는 것이 드러날까 봐 걱정했고, 이런 불안감은 전형적인 가면 증후군으로 발전했다. 가면 증후군은 스스로를 어떤 성공이나 성취할 자격이 없는 '가면을 쓴 사기꾼'으로 생각하는 자기 의심의 감정이다. 내가 거눈 많은 성공에도 항상 자신이 사기꾼처럼 느껴졌다. 사는 것이 즐겁지 않았다.

내가 가면 증후군에 대처할 수 있는 유일한 방법은 영업 경진 대회에서 우승하는 것이었다. 나는 대회에서 꽤 우수한 성적을 거뒀다. 하지만 시간이 흐르면서 나는 많은 것을 잃었다. 우승이 늘면서 어느 순간 우승에 무감각해졌다. 연례 영업 경진 대회에서 우승해도 별로 좋은 기분을 느끼지 못했다. 말이 안 되는 것 같지만, 나는 매번 이길 때마다 지는 것 같았다. 우습지만 공포는 그렇게 작동했다. 하지만 내가 자란 방식 때문에 나는 완고했고 어떻게 멈춰야 하는지 몰랐다. 그것은 내가 그 기간 동안 좋아하지 않는 일에 갇혀 있었다는 것을 의미한다.

수갑이 풀리고 자유로워지기까지 얼마나 더 많은 인생을 허비해야 하는지, 연금 명세서를 몇 번이나 확인하고 다시 계산해 봤는지 이루 말할 수 없다. 아버지로서 의무는 직장을 잃지 않고 가족을 지키는 것이었기 때문에 은퇴만이 유일한 탈출구라고 느꼈다. 나는 가족을 실망시키고 싶지 않았지만, 좋아하지 않는 사람들과 좋아하지 않는 일을 하고 스트레스를 해소하기 위해 건강에 좋지 않은 방법을 찾았다. 스트레스가 많은 하루가 끝나면 저녁 식사 후에 맥주를 벌컥벌컥 마시고, TV 앞에 쓰러져 정신을 잃곤 했다. 부끄러움이 자신감과 믿음을 잠식했지만, 그것을 받아들이고 버텨서 결승점에 도달하기 위해 노력하는 것 외에 무엇을 해야 할지 몰랐다.

결국 은퇴 시점에 도착해 그동안의 업무와 직장에 대한 순종을 다시 한 번 살펴보면서, 나는 새롭게 시작하고자 했다. 인생이라는 영화를 다시 보는 것은 어린 시절의 나 자신, 내가 사랑하는 사람들, 그리고 삶에 대한 열정과 다시 연결되기 위해 필요한 자명종이었다. 마치 처음 보는 듯한 나 자신을 보면서 나는 새로운 은퇴 생활을 시작했다.

내가 무엇을 원하는지 명확하게 깨닫는다

당신의 믿음은 당신의 생각이 되고, 당신의 생각은 당신의 말이 된다.
당신의 말은 당신의 행동이 되고, 당신의 행동은 당신의 습관이 되고,
당신의 습관은 당신의 가치관이 되고, 당신의 가치관은 당신의 운명
이 된다.

-마하트마 간디

우리 모두는 서로 다르다. 각자 자신의 신념과 편견에 기초하여 은
퇴와 삶에 대해 서로 다른 세계관을 갖고 있으며, 독특한 개인사를
갖고 있다. 그렇기 때문에 우리 각자는 은퇴 후 어떻게 살아야 하는
지 서로 다른 해답을 갖고 있다.

자신을 잘 아는 것이 핵심이다. 그래야 자기에게 가장 적합하고 적절한 전략을 선택할 수 있다. 자신의 해답을 찾기 위해서는 자신이 누구인지, 무엇이 자신을 행복하게 하는지, 그리고 행복하기 위해 무엇을 해야 하는지 잘 알고 있어야 한다. 일상적으로 하는 일이 자신의 가치관과 일치할 때, 당신은 멋진 은퇴 생활을 즐길 수 있다. 생각해 보면 아주 간단하다.

나에게 어울리는 삶은
따로 있다

사람마다 지문이 다른 것처럼 고유한 핵심 가치도 서로 다르다. 가치관은 자신에게 무엇이 가장 중요한지를 나타낸다. 가치관은 자신의 세계관과 선택, 행동에 영향을 준다. 사람들에게 스트레스와 좌절감의 가장 큰 원인은 자신의 가치관과 어울리지 않는 삶을 사는 것이다. 그럼 진정한 자신과 단절감을 느끼고, 이것이 불만족으로 이어진다. 그들은 뭔가 잘못됐다는 것을 직감하고 불행해하며 좌절한다. 하지만 무엇이 자신들을 그렇게 느끼게 하는지 정확하게 모른다. 만약 무엇이 자신을 진정 움직이는 동인인지 모른다면 노후에도 그렇게 될 수 있다.

하지만 그렇게 느낀다고 기분 나쁘게 생각할 것은 없다. 사실상 소수만이 자신의 가치관이 무엇인지, 그리고 은퇴 후 무엇이 자신을 행복하게 할 것인지를 명확하게 이해하기 때문이다. 보통 사람들은 은퇴 후의 삶에서 무엇을 원하거나 가치 있게 여겨야 한다는 사회와 언론의 주장을 기본적으로 수용한다.

그런데 진실은 사회나 언론이 우리에게 필요하다고 말하는 것과는 다른 무엇을 우리가 원하는 경우가 많다는 것이다. 우리는 성공한 은퇴자들이 어떻게 비치는지, 어떤 옷을 입어야 하는지, 무엇을 먹어야 하는지, 어떤 휴가를 가야 하는지, 어떤 차를 타야 하는지에 대해 듣는다. 친구, 가족, 동료, 그리고 광고가 말하는 것이 반드시 당신에게 현실적이거나 옳은 것은 아니다. 당신의 내면은 당신이 무엇을 원하는지 이미 알기 때문에 은퇴와 관련하여 다른 사람들의 가치관에 휩쓸리는 것은 큰 잘못이다.

광고는 카리브해의 해변에 앉아 코로나를 마시거나 요트를 타고 항해하는 행복하고 근심 걱정 없는 커플을 보여 준다. 광고에서 그들은 포옹하고, 찬란하고 완벽한 미소를 지으며, 바람에 아름다운 백발을 휘날린다. 광고주들은 우리에게 은퇴하고 일을 멈추면 삶이 저절로 이전보다 더 나아지고 더 행복해질 것이라고 설득한다. 이런 판타지 버전의 은퇴는 아주 뿌리 깊게 박혀 있어서 우리 사회 전반의 기대치가 됐다.

하지만 많은 은퇴자에게 현실은 그와 정반대다. 완전한 은퇴가 자연스러운 것이 아니다. 우리 같은 사람들에게는 앞으로 20년에서 30년이 더 남았는데, 오로지 여가만 보내는 삶으로 은퇴하는 것은 바람직하지 않다. 우리 대부분은 더 많이 욕구하고 더 많이 원한다.

이제 은퇴에 대해서 앞으로 모든 것이 잘될 것이고 모든 사람에게 동일한 비전이 효과가 있을 것이라는 시늉은 그만해야 할 때다. 우리가 직면하는 진짜 노후에 눈을 떠야 할 때다. 만약 당신이 광고주가 홍보하는 은퇴 판타지를 감당할 수 없거나 원하지 않는다고 해서 자신을 패배자로 생각할 필요는 없다. 정말로 광고가 묘사하는 전통적인 은퇴자의 삶을 살고 싶은가? 타인의 꿈을 살고 싶은가? 나는 절대로 아니다.

어느 날 당신은 단지 기분 전환을 위해 쇼핑을 하고 소비하는 것이 결국은 바람직하지 않다는 사실을 깨달을 것이다. 자신의 꿈이 아니거나 가치관과 맞지 않는 노후를 살아서는 안 된다. 단순히 자신의 은퇴가 남들에게 어떻게 보여야 하는지에 따른다면 진짜 당신이 누구인지, 그리고 궁극적으로 자신의 행복이 무엇인지를 만나지 못하는 대가를 치르게 될 것이다.

타인을 위한 가치관에서 나를 위한 가치관으로

핵심 가치란 자신의 영혼을 자동적으로 묘사하는 깊은 곳에 간직하고 있는 믿음이다.

-존 맥스웰

이 방법은 종종 사람들을 깜짝 놀라게 한다. 왜냐하면 현재 하고 있는 많은 것이 반드시 자신의 가치와 일치하지는 않는다는 것을 깨닫게 하기 때문이다. 사실 가치관은 시간이 지남에 따라 변할 수도 있고 때때로 서서히 진화하므로 어떤 변화가 일어나고 있는지 스스로 알지 못할 수도 있다. 어느새 당신은 자신이 인식하지 못하는 어떤 사람이 돼 있을 수 있고, 당신이 운전하고 있는 것이 당신의 자동

차가 아닐 수도 있다.

가치관은 어린 시절에 형성되어 나중에 의식적으로 또는 무의식적으로 재평가되고 삶의 다양한 단계를 거치면서 변화한다. 예를 들어 직장에서는 자신의 가치관 중 일부를 의도적으로 억압하고 있었을 수 있다. 그렇게 해야 직장에 적응하고 커리어를 쌓는 데 집중할 수 있었기 때문이다. 자신과 자신의 자존감에 중요한 몇 가지를 기꺼이 포기해야 했다. 그래야 살아 남을 수 있었다. 우리는 기꺼이 다른 사람들과 경쟁했고, 고용주는 그런 우리를 좋아했다. 우리는 더 많은 돈을 벌고 더 많은 물건을 소유하는 사람이 가장 가치 있다고 믿었다. 그리고 큰 집, 멋진 차, 여러 가지 어른들의 장난감을 살 수 있도록 승진을 위해 경쟁했다.

결혼해서 가정을 꾸리면서 가치관은 다시 바뀐다. 개인적으로 중요한 것보다는 열심히 일해서 일자리를 지키고 가족을 돌보는 것이 최우선 과제가 됐다. 자신의 최고 가치가 여행과 모험이었다고 해도, 아이를 낳고 거액의 대출을 받으면 먹고살기 위해 뒤로 미뤄 둬야 했다. 누구나 건강을 중시하지만, 자녀의 교육을 위해 저축하거나 퇴직금 계좌에 재원을 더 확보하고자 운동, 취미생활, 그리고 친구들과 즐거운 시간을 보내는 것처럼 건강을 증진하는 활동에 쓸 돈을 기꺼이 줄였을 것이다. 결국은 자신이 누구인지, 무엇이 자신을 행복하게 하는지에 대한 조망을 잃게 된다. 사회를 포함한 다른 사람들, 그리고 타인이 자신에게 갖고 있는 기대에 너무 집중했기 때문이다.

나중에 자녀들이 성장해서 독립하여 떠나면 상황은 다시 변한다. 재정적 압박이 풀리면서 무언가 잘못됐고 현재 생활 방식이 자신의 핵심 가치와 일치하지 않는다는 것을 느낀다. 더는 내키지 않는 회사나 상사를 위해 열심히 일하는 데 관심이 없고, 무언가 잘못됐음을 느낀다. 이때부터 문제가 시작된다. 이것이 삶의 전부인지 회의하기 시작하고, 타인의 요구와 기대를 최우선으로 충족하기 위해 우선순위에서 유보했던 것들에 후회할지도 모른다.

은퇴하고 나면 일하면서 중요했던 것이 그리 중요하지 않을 수 있다. 더는 경쟁이 필요도 없고, 상사의 헛소리를 참아 낼 필요도 없다. 인생의 이 단계에서 삶의 의미는 더 이상 누가 더 큰 집을 소유하고, 더 큰 차를 운전하고, 더 많은 돈을 버는가에 의해 만들어지지 않는다. 다행스러운 점은 우리가 그런 가치들을 결코 믿지 않았다는 것이다. 행복하고 만족스러운 노후 생활을 설계할 수 있도록, 어떤 가치관이 당신에게 의미 있는지 발견할 수 있도록, 고요하며 산만함이 없는 조용한 장소를 찾아 다음의 세 단계를 따라 보라.

1단계:
가치관 확인하기

자신의 가치관을 확인하는 과정을 시작하기 위해 자신의 영화로 돌아가 삶에서 가장 절정이었던 순간, 편안함을 벗어나서 새롭고 도전적인 무언가를 기꺼이 했던 순간을 찾아보라. 이 순간들은 결코 잊지 못할 경험이며, 당신을 변화시키고 성장시키고 흔적을 남긴 경험들이다. 절정의 순간들의 예로는 마라톤 완주, 첫 번째 연설, 직장에서의 수상, 가 본 적 없는 곳으로의 여행 같은 것들이다.

일기장에 인생에 의미 있었던 경험을 나열해 보고, 이것으로 인해 촉발되고 충족된 자신의 가치관을 확인해 보라. 이런 경험과 일치하는 가치관을 찾는 데 도움이 필요하면 구글에서 '가치관(values)'을 검색해 보자. 선택할 수 있는 다양한 특징과 성격을 찾을 수 있다. 자신의 멋진 경험을 통해 어떤 가치관이 만족됐는지 인식하는 것은 어렵지 않을 것이다.

그다음 자신의 영화로 다시 돌아가서 조금 더 깊게 살펴보라. 자신이 과거에 한 선택들 중 일부를 찬찬히 들여다보고, 왜 그런 선택을 했는지 생각해 보라. 자신의 핵심 가치는 삶의 주요한 선택에 영향을 미치기도 하고, 자신의 가치관과 충돌하는 결정을 내리며 희생될 수 있다. 지난 몇 년간 자신이 한 일에 대해 왜 그랬는지 알아내는 것은 자신의 가장 근본적인 가치관을 확인하는 데 도움이 된다. 그러므로 특정한 선택이 왜 자신에게 그렇게 중요했는지 생각해 보라. 왜 그렇게 기분이 좋거나 나빴는가? 그리고 자신의 일기에 어떤 결정이 자신을 행복하게 하고, 또 어떤 결정이 자신을 화나게, 슬프게, 좌절하게, 불편하게, 미치게 했는지 그 이유를 적어 보라.

핵심 가치는 당신이 그것을 알든 모든, 당신의 선택과 행복에 영향을 미치며 삶의 중요한 결정과 밀접하게 연관돼 있다. 만약 자신의 선택이 자기 가치관과 일치한다면 일반적으로 만족감과 성취감을 느꼈을 것이다. 하지만 자신의 가치관과 일치하지 않는다면 내적 갈등, 불만족, 그리고 불행을 경험했을 가능성이 더 높다.

자신의 주요한 의사 결정 뒤에 숨겨진 진짜 이유를 찾고, 자신이 한 일에 대해 '왜 그랬는지' 지난 몇 년간의 패턴을 찾아보라. 이런 자기 성찰은 당신이 어떻게 행동했든 자신의 핵심 가치를 식별하는 데 도움이 된다. 다음은 나의 가치관이 무엇인지 판단하는 데 도움이 된 자문들이다.

문: 나는 무엇을 좋아하는가?

답: 낚시

문: 나의 어떤 가치들이 그 활동에 반영돼 있는가?

답: 건강, 자유, 모험, 프라이버시, 영성

문: 무엇이 나를 자랑스럽게 하는가?

답: 책 쓰기

문: 나의 어떤 가치들이 그 활동에 반영돼 있는가?

답: 경제적 풍요의 성취, 타인에 대한 관심

문: 무엇이 나를 화나게 하는가?

　(참고: 자신의 가치관 중 일부와 상충되는 경우에 화가 난다)

답: 정치인들이 TV에서 거짓말하는 것을 보는 것

문: 나의 어떤 가치 때문에 그들에게 화나는가?

답: 타인에 대한 배려, 책임감, 성실성, 정직성

문: 내가 가장 좋아하는 인용구는 무엇인가?

답: 다른 사람들이 원하는 것을 얻을 수 있도록 충분히 도와주기
　　만 한다면

문: 그 인용문에 나의 어떤 가치가 반영됐는가?

답: 타인에 대한 배려, 책임감, 소속감

다음 질문들에도 답해 보라.

- 당신이 가장 자부심을 갖는 것은 무엇인가?
- 당신을 행복하지 않게 하는 것은 무엇인가?
- 무엇이 당신을 화나게 만드는가?
- 당신은 무엇에 열정을 갖고 있는가, 어떤 점이 당신을 행복하게 만드는가?
- 내키지는 않지만 할 수 있는 것은 무엇인가? 왜 그런 방식으로 행동했는가?
- 행복해지기 위해 당신의 삶에서 무엇이 바뀌어야 하는가?
- 어떤 믿음이 당신을 도우며, 어떤 믿음이 당신을 방해하는가?
- 당신이 했던 최고의 결정 다섯 가지는 무엇인가?
- 당신이 했던 최악의 결정 다섯 가지는 무엇인가?
- 당신의 강점과 약점은 무엇인가?
- 당신은 무엇에 열정적이고 흥분되는가?
- 어느 시점부터 부정적인 생각들이 당신의 마음에 가득 차게 됐는가? 왜 그런가?

- 당신이 포기하지 않았더라면 좋았을 것은 무엇인가?
- 당신은 자신의 돈을 어디에 소비하고 투자하는가?
- 당신의 역할 모델은 누구인가? 그 이유는?
- 당신이 가장 좋아하는 인용구는 무엇인가? 그 이유는?
- 어떤 영화가 당신에게 영감을 주는가? 그 이유는?
- 아침에 침대에서 일어났을 때 무엇이 당신을 자극하는가?
- 당신은 무엇을 하고 싶었는가?
- 당신의 영화에서 절정의 순간은 언제였는가? 무엇인가?
- 마지막으로 가장 열정적이고 살아 있다고 느낀 것은 언제인가?
- 당신은 언제 가장 빛났는가? 언제 시간이 쏜살같이 지나갔는가?

2단계:
가치관의 우선순위 매기기

일기장에 자신이 확인한 가치관의 목록을 만들고, 그다음 하나하나 검토하여 가장 중요한 가치관을 선택하라. 가치관 목록을 꼼꼼히 읽으면서 어떤 가치가 흥분과 열정을 경험하게 만드는지 살펴 보라. 자신을 내적으로 흥분하고 안달나게 하는 가치관이 바로 핵심 가치관이다. 핵심 가치관은 '왜'라는 질문에 대답할 때마다 계속 나타나는 가치관이다. 이것들이 당신에게 가장 중요하고 가장 강력한 가치관이다. 나의 경우, 계속 나타나는 가치관은 나의 최고 가치인 '타인에 대한 배려'였다.

다음 질문들에 답해 보라.

- 어떤 가치가 당신의 가치관 목록에서 계속 나타나는가?
- 당신의 가치관 목록에서 어떤 가치가 당신을 흥분하게 하는가?
- 당신의 어떤 가치관이 가장 자랑스러운가?

3단계:
가치관 평가하기

나열한 각각의 핵심 가치관들을 살펴보고, 주기적으로 자신을 충족하며, 실행하고, 나타나는 가치관의 빈도에 따라 1점부터 10점까지의 점수로 평가하라. 점수를 10점으로 올리기 위해 오늘부터 무엇을 시작할 수 있는가?

- 당신의 가치관 중 어떤 것이 지속적으로 작동되는가?
- 자신의 행동과 결정 중에서 자신의 가치관과 보다 일치되도록 개선할 필요가 있는 것은 무엇인가? 다시 말해 당신이 잘 지키지 못하는 가치관은 무엇인가?
- 자신의 가치관이 자신의 행동과 결정에 부합한다는 사실에 얼마나 만족하는가?

자기 자신을
속이지 않는다

가치관이 분명하다면 결정을 내리는 것은 한층 쉬워진다.

-로이 E. 디즈니

당신의 가치관 목록에 혹시 부정적 가치가 있는가? 아니면 대부분의 사람들과 마찬가지로 좋은 느낌을 주는 것들만 나열했는가? 당신이 나열한 모든 가치관은 고귀하고 긍정적이다. 하지만 자신의 가치관을 확인하고 평가하는 과정에서 자신이 항상 가치관에 따라 행동하지는 않는다는 것을 발견했을 수 있다. 좋은 가치관이 나쁜 습관과 행동에 패배한다면 아무런 의미가 없다. 부정적인 행동은 당신의 가치관과 정면으로 충돌하기 때문에 당신을 당황하고 좌절하게 한다. 당신은 이것이 좋지 않으며, 장기적으로 대가를 치르게 된다는 것을 알고 있다. 하지만 그런 습관과 행동이 당신을 기분 좋게 하거나 아니면 다른 사람의 기대에 부응하는 것이기 때문에 그렇게 하게 된다.

자신의 영화를 여러 번 돌려 보면, 자신에게 중요한 가치관뿐만 아니라 멋진 삶을 방해하는 태만한 행동이 무엇인지 알 수 있다. 사실 영화를 돌려 볼 필요도 없다. 왜냐하면 당신은 항상 자신의 행동과 습관 중에서 무엇이 자신을 해치고 정말로 중요한 것을 거스르는지 잘 알기 때문이다. 하지만 어쨌든 당신은 그렇게 하고 있다.

당신의 습관이 곧 당신이다

일기장에 자신의 나쁜 습관, 그리고 지난 몇 년간 건강과 행복의 측면에서 대가를 치르고 있다고 생각하는 것을 적어 보라. 그런 후 그것들이 계속되면 일어날 것이라고 생각나는 것들을 적어 보라. 당신의 가치관을 갉아먹을 수 있는 나쁜 습관과 행동의 몇 가지 사례는 다음과 같다.

몸에 나쁜 음식 먹기 / 과식하기 / 과음하기 / 주말마다 카지노 가기 / 소셜 미디어에 너무 많은 시간을 소모하기 / TV 오래 보기 / 만나는 모든 사람에게 험담하기 등등 상황을 나쁘게 만드는 습관을 멈추기 전에는 상황을 좋게 만들 수 없다. 자신에게 해가 되는 일, 자신의 가치관과 목표에 반하는 일을 멈추기 전까지는 위대한 노후를 즐길 수 없다. 당신에게는 세 가지 선택지가 있다.

첫째, 나쁜 습관을 없앨 수 있다.

둘째, 나쁜 습관을 반복하는 횟수를 줄일 수 있다.

셋째, 지금의 습관을 유지함으로써 노후를 망칠 수도 있다.

맥주를 예로 들어 보자. 나는 맥주를 좋아하지만 과음은 건강을 증진하고자 하는 나의 핵심 가치관에 역행한다. 나는 힘든 하루 일과를 마치고 여름에 바비큐를 먹으며 시원한 맥주를 마시곤 했다. 애석하게도 지난 몇 년간 이것이 나쁜 습관이 됐고, 체중이 심각하게 늘어났다. 차츰 맥주 한 잔이 두세 잔으로 이어졌다. 맥주를 몇 잔 마신 후에는 아내와 저녁 식사 후 산책하기로 한 계획을 포기하고 잠자리에 들기 전까지 몇 시간을 TV 앞에 주저앉아 정신을 잃곤 했다.

그런데 왜 나는 아내와의 산책 시간을 놓치고 건강에 부정적인 영향을 미친다는 것을 알면서 맥주를 과음했을까? 그 당시 나에게는 건강이 중요한 가치관이 아니었기 때문이다. 머릿속으로는 건강이 최고라고 생각했을지도 모르지만, 사실은 그렇지 않았다. 그 순간 나는 차가운 맥주를 마시는 단기적 즐거움을 건강이라는 가치관보다 더 중요하게 여겼다. 왜냐하면 그 차가운 맥주는 나를 기분 좋게 만들고 기분을 풀어 주는 데 도움이 됐기 때문이다.

가장 나쁜 것은 나쁜 습관에 굴복할 때마다 건강에 나쁘다는 것을 알면서 죄책감을 느끼곤 했지만 스스로 멈추지 못했다는 것이다. 자신을 몇 번이고 배신하는 것만큼 나쁜 것은 없다. 그것은 심각한 내적 갈등과 끔찍한 죄책감으로 이어진다. 자신이 하는 일이 스스로를 해치는 것임을 알기 때문에 패배자처럼 느낀다.

이런 가치 충돌로 인한 스트레스를 해소하고 고치기 위해서는 맥주 마시는 습관과 건강 가치관의 질서를 바꾸거나 맥주 마시는 습관을 완전히 없애야 했다. 그렇지만 여전히 차가운 맥주를 즐겼기 때문에 쉽지 않았다. 변화가 필요하다는 동기를 부여하기 위해, 나는 스스로에게 다음과 같이 질문했다.

'매일 밤 맥주를 마시는 현재의 습관을 유지하는 것이 건강에 얼마나 큰 영향을 미치는가?'

'건강에 대한 가치관과 정면으로 배치되는 이런 습관을 유지하면 어떤 갈등을 계속 겪게 되는가?'

질문에 대답하고 나니, 매일 맥주를 마시는 습관을 유지하는 데 드는 단기적인 비용과 장기적인 결과가 용납될 수 없음을 쉽게 알 수 있었다. 매일 밤 차가운 맥주를 마시는 행동과 더 짧고 질 낮은 삶을 절충하는 것은 좋지 않다는 생각으로 음주 습관을 보다 쉽게 고쳤다. 나는 맥주를 완전히 끊지는 못했지만, 맥주를 마시는 것의 단기적인 만족보다는 건강을 우선시하게 됐다. 이것은 내가 여전히 차가운 맥주를 즐기지만, 예전보다는 훨씬 덜 즐긴다는 것을 의미한다.

자신의 가치관과 상충하는 나쁜 습관들을 찾아내고, 핵심 가치관보다 우선순위가 낮아지도록 노력하는 과정에서 자신에게 관대해진다는 것을 유념하라. 자신에게 가혹하게 대하면 죄책감만 더 느낄 뿐이고, 마음이 편해지기 위해 줄이거나 없애려고 했던 바로 그 습관에 다시 빠질 수도 있다. 당신이 찾아낸 긍정적인 가치관에 초점을 맞추고, 나쁜 습관보다 우선시하는 데 집중하라. 당신의 최우선 가치관이 당신의 의사 결정에 영향을 미친다는 점을 유념하라. 그리고 어떻게 행동하고자 하는가의 선택은 궁극적으로 자신의 행복감과 성취감을 결정한다. 자신의 가치관에 따라 사는 것은 당신이 갈구하는 은퇴 천국의 기본이다.

지금까지 주의를 기울였다면, 당신은 제2장에서 설명한 9가지 은퇴 원칙이 당신이 찾아낸 여러 핵심 가치관을 반영한다는 점을 알아차렸을 것이다. 원칙들은 당신에게 가장 중요한 것과 상당히 일치할 것이다. 만약 9가지 원칙이 당신의 가치관 및 신념과 잘 일치하지 않는다면, 일치시키고자 애쓰게 될 것이므로 아주 중요하다. 자신이 하는 일에 대한 신뢰가 없다면, 아무리 좋은 일도 실행하도록 동기부여하는 것은 불가능하다.

내게 무엇이 필요한지
정확하게 깨닫는다

사람들은 매 순간 앞으로 나아가거나 뒤로 후퇴한다. 사람은 항상 조금 더 살거나 조금 더 죽는다.

-노먼 메일러

이제 자신의 핵심 가치관을 알게 됐고, 자신에게 가장 중요한 것이 무엇인지 알고 있다. 이런 이해는 여생을 어떻게 살고 싶은지, 그리고 이를 성취하기 위해 무엇을 해야 하는지 알아내는 데 도움이 된다. TV를 보면서 소파에 앉아 감자칩을 먹는 것이 당신의 가치를 만족시키고 당신을 행복하게 해 줄 것인가? 아니면 더 성취감을 주는 무언가를 찾을 것인가?

자신의 가치관이 일상을 즐길 수 있게 하고, 기쁨을 가져다주고, 만족감을 주고, 목적을 찾는 데 도움이 되도록 하라. 그것은 당신이 다시 몰입하게끔 하거나 다른 사람을 돕는 것일 수 있다. 그것이 무엇이든 가치관은 당신의 목적의식을 충족시킨다.

팬데믹은 우리에게 밀실 공포증이 어떤 느낌인지 알려 줬고, 그 경험이 많은 사람에게 단기적으로 내적 갈등을 야기했다. 건강에 좋은 음식, 운동 같은 핵심 가치들은 한동안 몇몇 나쁜 습관에 밀렸다. 사람들은 과하게 TV를 보고, 쓸데없는 활동으로 하루의 대부분을 소비했으며, 이전보다 훨씬 과음했다. 누가 그들을 비난할 수 있겠는가? 한동안 인생은 꽤나 바뀌었다. 하지만 결국 사람들 대부분이 자신에게 무슨 일이 일어나고 있는지 깨달았다. 좋은 가치관이 표면 위로 나타났고 다시 정상궤도에 오를 수 있었다.

흥미로운 점은 기본적인 가치에 대한 우선순위였다. 사람들과의 관계가 건강에 대한 관심과 함께 가치관 목록의 맨 위에 올랐다. 팬데믹은 우리에게 무엇이 정말로 중요한지 인식을 제고했으며, 삶에서 무엇이 정말로 중요한지를 일깨웠다. 고난의 기간에는 편안하고 친밀하며 비밀이 유지되는 사랑하는 사람들을 주변에 두고자 했다. 아쉽게도 우리 상당수가 팬데믹 이전에는 여러 가지 일로 너무 바빠서 이것을 잊고 있었다.

전염병이 유행하는 동안 우리는 그들에게 손을 내밀었고 그들은 우리에게 손을 내밀었다. 우리는 살아남기 위해 많은 돈이 필요한 것이 아니라는 것을 생각나게 했다. 사실 돈이 많다는 것이 사람들에게 큰 도움이 되지 못했다. 돈을 쓸 곳이 많지 않았기 때문이다. 식탁에 일용할 음식이 있고, 화장지, 손 세정제 같은 필수품을 살 수 있는 한 괜찮았다. 우리는 모두 살아남기 위해 같은 처지에 있었다. 유명 디자이너의 옷, 값비싼 보석류, 그리고 멋진 차를 운전하는 것은 거의 아무런 가치가 없었다. 우리에게 정말 소중한 것은 좋은 식사, 좋은 동료, 그리고 안전한 거주지였다.

괜찮지 않지만 괜찮은 척했던 나에게 후회한다

가치관 발견하기는 나에게 큰 경각심을 불러왔다. 나는 가치관과 행복의 연관성을 생각해 본 적이 없었다. 가치관을 발견하며 내가 직장 생활에서 수행했거나 견뎌 왔던 많은 것이 나의 핵심 가치관과 일치하지 않는다는 것을 깨닫게 해 줬다. 오랜 세월 동안 내가 왜 그렇게 좌절하고 스트레스를 받았는지 그제서야 알게 됐다.

대부분의 아이들처럼 나의 가치관 일부는 문화적인 영향을 받았다. 나의 경우에는 종종 영화를 통해서였다. 존 웨인과 클린트 이스트우드는 나의 영웅이자 롤모델이었다. 나는 그들이 세상을 살아가는 방식이 너무 좋았다. 그들을 더 닮고 싶어서 의식적으로 그들을 따라 했다. 나의 영웅들은 나에게 강인해야 하며, 절대 포기해서는 안 된다고 가르쳤다. 그들처럼 나는 터프하고 냉정하게 행동하고 절대로 감정이나 진짜 느낌을 밖으로 드러내지 않고 결코 다른 이에게 도움을 요청하지 않았다. 도움을 청하는 것은 나약함과 연약함의 표시이기 때문이다. 그들은 또한 나에게 정직, 명예, 존경, 신뢰의 중요성을 가르쳐 줬는데, 그것은 오늘날까지도 나의 큰 가치관이다.

이런 카우보이 가치관 때문에 나는 회사 정치에 탐닉하거나 아첨하거나 젠체하지 않았다. 나는 이것을 다행으로 생각한다. 하지만 직장 생활을 하면서 곤경에 빠지지 않기 위해 가치관 중 일부는 억세해야 했나. 그것은 오랜 기간 나에게 큰 스트레스를 줬다. 나는 어렸을 때부터 무언가가 잘못된 것을 보면 목소리를 높여야 한다고 생각했고 직장 생활 초기에는 그렇게 했다. 하지만 나는 가족이 있었고 일자리를 지켜야 했다. 상황이 바뀌었다. 옳은 일을 하지 않는 것이 잘못이라고 느꼈지만, 침묵하며 내가 할 수 있는 일을 유보했고, 내 생각을 밖으로 내놓지 않았다. 나는 괜찮지 않지만 괜찮은 척하도록 스스로에게 강요했던 시간들을 후회한다.

직장 생활하면서 나는 필요에 따라 가치관의 우선순위를 바꾸고 새로운 가치관을 추가했다. 나는 성취, 지위, 경쟁을 3대 가치관으로 삼음으로써 직장을 유지하고 가족의 안녕을 보장할 수 있었다. 나는 일을 잘했고, 그 일로 괜찮은 보수를 받았다. 하지만 그것은 나의 진짜 모습과 일치하지 않았기 때문에 서서히 나를 죽였다.

또 다른 커다란 문제는 항상 혼자 하고 도움을 요청하지 않았다는 것이다. 이 때문에 나에게 가면 증후군이 생겼다. 나는 종종 스스로를 사기꾼 같으며 가치가 없다고 느꼈지만, 모든 것을 혼자서 해결하려고 애썼다. 나는 집요하고 포기하지 않는 성격이라서 거의 은퇴 시점까지 도달하기는 했다. 하지만 그것은 나의 행복을 희생한 대가였다.

은행을 퇴직한 후 어느 날, 나는 창업에 필요한 자질을 갖췄는지 알려 주는 자가 평가 테스트를 한 적이 있다. 나는 20점 만점에 20점을 받았지만 놀라지 않았다. 테스트는 내가 상당한 수준의 자율성을 필요로 하는 사람이라는 것을 재확인시켜 줬다. 그것은 존 웨인 영화를 보고 나서 스쳐 지나간 어떤 것과 같다. 나는 존경하지 않는 사람에게서 업무 지시를 받는 것이 정말 싫었다. 그리고 직장 생활 내내 나에게 자율성과 업무 성과에는 강한 상관관계가 있었다. 나를 믿고 자율권을 많이 주는 상사와는 뛰어난 성과를 냈지만, 나를 꼼꼼하게 관리하는 상사와 일할 때는 나 자신의 핵심 가치관에 어긋났기 때문에 실적이 기껏해야 평균 정도였다.

이모작 은퇴를 시작한 이후로, 나는 자신을 가로막고 발목을 잡았던 오래된 카우보이 가치관을 바꾸려고 열심히 노력했다. 도움을 요청하는 것은 더 이상 약점이 아니고, 감정을 드러내고 사람들에게 속마음을 이야기하는 것을 더는 두려워하지 않는다. 나는 가끔 좋은 영화나 감동적인 것을 본 후에 눈물을 흘린다. 내가 존 웨인이 아닌 건 알지만, 나는 내가 그렇게 할 수 있다는 게 자랑스럽다.

정년을 정해 두지 않는다

의미 있는 삶이 되지 않으면 훌륭한 삶이란 불가능하다. 의미 있는 일을 하지 않으면서 의미 있는 삶을 살아가는 것은 매우 어렵다.

-제임스 C. 콜린스

세미나와 블로그, 그리고 토론토에서 개최된 '베이비부머 은퇴 박람회'에서 만난 수천 명과 대화하면서 나는 전통적인 은퇴 연령의 사람들 중에서 일을 완전히 중단하려는 사람은 거의 없다는 것을 알게 됐다. 그들은 자신의 주요 경력보다는 적은 시간을 일하거나 했던 일과 다른 종류의 일을 원하기도 한다. 하지만 그들은 여전히 무언가의 일에 관여하고 싶어한다. 이것은 미국퇴직자협회(AARP)의 조사에 의해서도 뒷받침된다. 협회는 퇴직자의 50% 이상이 계속 일하고 싶어 한다고 발표했다.

언론과 광고에서 흔히 볼 수 있던 은퇴에 대한 이미지는 노후에는 더 이상 일할 필요가 없으며, 나아가 일하는 것을 바라지 않아야 한다는 메시지를 전달한다. 메시지가 전달하는 바는 휴식과 여유로운 레저의 삶을 사는 것이다. 하지만 우리는 이것이 잘못된 메시지라는 걸 알고 있어서 어느 때는 화가 나기도 한다. 노후에도 목표를 갖고, 기여하며, 다른 사람에게 중요한 어떤 일을 하는 것은 은퇴 이전만큼이나 여전히 중요하다.

풀타임 직업의 세계를 떠나면 많은 것을 잃을 수 있다. 단지 금전 때문만이 아니다. 다음 중 하나 또는 전부를 잃으면 급성 은퇴 쇼크가 발생할 수 있다.

- 아침에 침대에서 벌떡 일어나야 하는 이유
- 목표를 달성함으로써 얻는 만족감
- 당신이 중요한 사람이라는 것을 알고 느끼는 것
- 상사와 동료, 고객으로부터의 자부심과 존경심
- 지위
- 자신의 정체성
- 동료와의 교제와 동지애
- 매일매일 일관된 일상과 생활 구조
- 적극적 수입의 원천

• 자신의 내재적 욕구를 충족시키는 방법

우리 중 상당수에게 직업은 '나는 누구인가'에 대한 핵심적인 느낌을 제공한다. 그것은 우리의 정체성과 사회생활의 큰 부분이었다. 일터에 나가는 것은 행복하고, 도전하고, 성취감을 느낄 수 있게 했다. 직업은 내재적 욕구를 충족시켰고 자신의 핵심 가치관을 충족하는 데 중요한 부분을 차지했다. 풀타임 직업을 뒤로 하고 떠나면 자신에게 의미 있었던 것으로부터 멀어지게 되고, 목적을 잃고, 우울증이 시작된다. 요지는 제대로 계획하고 관리하지 않으면 은퇴 전환이 지옥으로 바뀔 수 있다는 것이다.

새로운 시대에 필요한
새로운 노후 준비

노후에 대한 새로운 접근, 은퇴 생활을 어떻게 보내야 하는지에 대한 새로운 접근이 필요하다. 알고 있듯이, 아무것도 하지 않는 노후는 조기 사망, 건강 악화, 지루함, 높은 이혼율 등으로 이어지기 때문이다. 일은 노후에도 행복하고, 건강하고, 성취감을 유지하는 데 큰 부분을 차지한다. 이것이 우리가 인생의 흥미진진한 새로운 단계를 은퇴가 아닌 이모작 인생이라고 부르는 이유 중 하나다.

이 시점에서 일이 반드시 직업을 의미하거나 풀타임이어야 할 필요는 없다. 그리고 회사에 고용됐을 때 하던 일과 같지 않을 수도 있다. 심지어 급여를 받지 않아도 된다. 특별한 사유로 자원봉사를 하거나 위원회의 일원으로 활동하는 무급 근무는 금전적인 부분을 제외하고는 당신에게 유급 근무와 동일한 혜택을 제공할 수 있다.

퓨 리서치 센터에 따르면 점점 더 많은 근로자가 과거에 비해 늦은 나이에 은퇴한다. 2004년과 2014년 사이, 미국의 노동 인구 중에서 55세 이상의 근로자 수가 47.1% 증가했다. 이 숫자는 향후 10년간 약 20%가 증가하고, 55세 이상의 노동자들이 2024년까지 노동 시장의 25%를 차지할 것으로 예상된다. 이런 사실은 점점 더 많은 사람이 더 오래 일해야 하거나 스스로 원해서 더 오래 일하는 추세를 보여 준다.

은퇴해도 되는 사람
은퇴하면 안 되는 사람

일에서 기쁨을 찾는 것은 젊음의 샘을 발견하는 것이다.

-펄 S. 벅

오랜 세월에 걸쳐 노후 자금을 넉넉하게 저축해 두지 않는 한 전통적 완전 은퇴는 대다수 사람들에게 순전히 환상이다. 다시 말해 우리 중 상당수는 계속해서 일해야만 한다. 다른 옵션은 없다. 가혹하게 들리겠지만 이것이 단순한 진실이다. 또 어떤 사람들은 자신이 원하는 노후 라이프 스타일을 유지하기 위해서 건강이 허락하는 한 오랫동안 일할 필요가 있다.

미국과 캐나다의 소득 자료를 보면 상당수의 사람들은 근무 기간 동안 전형적인 중산층 생활 방식을 유지할 여유가 없고, 20년 혹은 그 이상 지속될 은퇴 기간에 필요한 자금을 충분히 저축하기도 어렵다는 것을 쉽게 알 수 있다. 전통적인 은퇴는 훨씬 더 짧은 수명을 가정하여 설계된 것이다. 재정적 현실은 많은 사람에게 스트레스를 야기한다. 실제로 피보험자은퇴연구소가 발표한 〈2019년 베이비부머의 은퇴 생활 기대 수준〉 보고서에 따르면, 미국 베이비부머의 45%가 노후 대비 저축이 제로인 것으로 나타났다. 불행하게도 캐나다의 상황 또한 비슷하다. 이는 북미에서 전통적 완전 은퇴가 사람들에게 헛된 꿈에 불과하다는 것을 의미한다. 물론 일부 은퇴자들은 사회보장연금만으로 살겠다고 할 수 있다. 하지만 주택 임대료, 재산세, 식비, 의료비 등 비용 인상으로 인한 인플레이션의 영향으로 인해, 이런 생각은 착각에 그칠 수도 있다.

은퇴 지옥을 생각해 보자. 그곳에서는 해마다 삶의 질이 이전보다 더 나빠진다. 세월이 흐를수록 은퇴자들은 능력 면에서 점점 더 위축되고, 재정은 점차 빠듯해지고, 스트레스는 계속 증가한다. 애석하게도 자녀들이 미국의 반대편에 살고 있고 당신에게 항공료를 지불할 여유가 없다면 크리스마스에 자녀를 만나지 못할 수도 있다.

따라서 당신에게 주는 조언은 일할 수 있을 만큼 건강하다면 밖에 나가서 부족한 수입을 보충하고 새로운 목적의식을 가질 수 있는 일, 더 바람직하게는 위대한 일을 찾으라는 것이다. 두 가지의 차이점은 나중에 자세히 설명하겠다. 만약 은퇴를 위해 모아 둔 자금이 자신이 원하는 노후 라이프 스타일에 충분하지 않다면 당신은 세 가지 선택에 직면하게 된다.

첫째, 은퇴 후 필요한 비용을 충당할 수 있는 충분한 저축을 할 수 있도록 당초 계획보다 풀타임 직업을 몇 년 더 계속한다.

둘째, 노후 생활에 필요한 지출 비용을 줄인다. 그럼 수입 내에서 생활할 수 있다.

셋째, 노후에 자신이 꿈꿔 온 삶에 필요한 비용을 보충할 수 있도록 당신이 즐기는 일을 찾아서 한다.

한 가지 주의할 점이 있다. 거액의 대출이 있고, 퇴직 연금이 부족하고, 흥미 있는 일이 없거나, 유일한 친구가 TV인 경우라면 완전 은퇴는 전혀 생각하지 말아야 한다.

계속 일하는 사람이
받는 혜택

적어도 어떤 면에서는 그리고 어느 정도는 은퇴해서도 계속 일하는 것이 좋다. 많은 연구가 일이 노후에도 건강과 몰입을 유지할 수 있게 한다는 것을 밝혀냈다. 이모작 은퇴는 어느 정도 능력을 발휘하여 일하면서 인생을 최대한 즐길 수 있는 재원을 제공할 뿐만 아니라 9가지 은퇴 원칙 중 여러 가지를 실천하는 데 도움이 된다.

- 자신에게 적합한 일은 인생의 재미와 행복을 선사한다.

일은 자신의 가치관 중 많은 것을 충족시키고 삶을 풍요롭게 한다. 일을 통해 자신의 가치관과 욕구를 충족할 수 있다면 아주 좋은 삶이 된다. 그런데 군이 자신이 좋아하는 일을 두고 은퇴할 필요가 있겠는가?

- 일하면 더 오래 살 수 있다.

연구에 따르면 은퇴 후에도 계속 일하는 사람은 TV를 과도하게 보고, 운동을 하지 않고, 정신을 예민하게 유지할 방법이 부족한 은퇴자보다 건강상 문제가 적고 장수한다. 2019년 〈월스트리트 저널〉에 게재된 '조기 퇴직에 반하는 사례'에서 묘사된 바와 같이 보스턴 칼리지 은퇴연구센터의 연구원들은 은퇴를 늦추는 것이 60대 초반 남성의 5년 내 사망 확률을 32%나 감소시켰다는 것을 발견했다.

- 은퇴하면 직장과 동료애를 잃는다.

당신은 일을 계속함으로써 사회적으로 고립되는 상황을 피할 수 있다.

- 완전 은퇴는 인지 저하를 가속화할 수 있다.

일은 정신을 예민하게 유지하고 하고, 새로운 기술을 배우고 문제를 해결하도록 요구한다. 이것은 뇌를 건강하게 유지한다. 아무런 일도 하지 않기 위해 은퇴해서 단순히 브리지 게임을 하거나 십자

퍼즐을 맞추는 것은 일보다 지적으로 난이도가 높지 않다.

- 일은 지속적으로 능동적 수입을 얻을 수 있게 한다.

은퇴 후 자금이 바닥날 수 있다는 걱정에서 오는 스트레스를 줄여
준다. 수입이 일정하면 팬데믹, 금융 시장 붕괴 등 긴축해야 하는 시
기를 더 잘 헤쳐 나갈 수 있다. 또한 은퇴자가 자산을 최대한 활용할
수 있도록 금융 옵션을 확대할 수 있다. 예를 들자면 하락장에서 은
퇴 자금 포트폴리오를 축소하거나 미래에 더 많은 연금을 받기 위해
공공 연금 청구 시점을 연기할 수 있다.

- 어느 정도의 근로 소득을 유지하면 부모는 자신의 노후 자금을
  위태롭게 하지 않으면서도, 자녀와 손자를 지원할 수 있다.

- 일은 삶의 목적을 제공하고, 아침에 침대에서 벌떡 일어나는 이
  유가 되며, 지루함으로부터 당신을 보호한다.

내가 필요한 사람이라는
자신감을 되찾는다

우리 대부분은 활기찬 일을 너무 많이 해서가 아니라 너무 적게 하기 때문에 피곤함을 느낀다.

-짐 콰이크

    은퇴자의 상당수는 약간의 경제적 여유가 있고, 자녀들이 독립하고 학자금 대출금을 모두 상환해서 현금 흐름의 필요성이 낮아진다. 삶에서 긴요한 비용을 충당하기에 충분한 수입과 투자 자금을 보유하여 경제적 홀로서기를 달성했을 수도 있다. 어느 쪽이든 경제적으로 스트레스를 받지 않는다는 것은 당장 돈을 벌어야 할 필요는 없음을 의미한다. 당신은 인내심을 갖고 의미 있는 일을 찾거나 자신의 사업을 시작하는 데 시간을 투자할 수도 있다.

이 장의 나머지 부분은 알아야 할 전부를 다루는 것은 불가능하지만, 자신에게 적합한 일자리를 찾아 구직 준비를 하고 창업을 준비하는 데 중점을 됐다.

1) 두려움에 맞서기

거짓말은 하지 않겠다. 은퇴 후 일자리를 찾는 것은 쉽지 않다. 직장에서 퇴출된 경우라면 더더욱 그렇다. 새로운 직업을 찾는 것은 오랫동안 경험하지 못한 두려움에 노출될 때와 마찬가지로 내면의 두려움이 튀어나오게 만든다. 채용 거절에 대한 두려움, 능력 부족에 대한 두려움, 늙어 보이는 것에 대한 두려움, 자신보다 훨씬 나이 어린 채용 담당자를 설득해야 하는 것에 대한 두려움, 새로운 것을 배우고 다시 시작하기에는 나이가 많은 것이 아닌가 하는 두려움 등이다.

두려워하는 것은 당연하다. 하지만 내면의 두려움 때문에 자신이 필요로 하거나 하고 싶은 것을 못하는 것은 바람직하지 않다. 스스로를 믿어라. 진실은 당신이 능력 이상이라는 것이다. 당신은 경험이 많고 이전에 여러 번 이를 증명했다. 단지 한동안 테스트받지 못했을 뿐이다.

2) 자신감 되찾기

자신감을 되찾는 좋은 방법은 과거 성취했던 업적의 목록을 만들어 보는 것이다. 흥분되고 두려웠지만 대단한 것을 성취해 냈을 때를 생각해 보라. 처음 취직했을 때, 연례 영업 경진 대회에서 우승했을 때, 원하는 조건으로 승진했을 때, 첫 번째 강연을 하고 큰 박수를 받았을 때를 기억해 보라. 특히 일이 잘 풀리지 않을 때 자신이 얼마나 괜찮은 사람인지 일깨우고, 스스로에게 놀라게 하고, 자존감을 높여 줄 것이다. 이모작 은퇴에서 당신의 계획은 과거 직장 생활의 업적에 비하면 사소하다는 걸 이해하는 것이 중요하다.

자신의 성취를 되돌아보는 또 다른 방법은 잡동사니를 정리하는 것이다. 어느 날 아내와 나는 주택 리노베이션 공사를 준비하면서 오랜 세월 쌓아 둔 것들을 꺼내 다시 찬찬히 살펴 본 적이 있다. 그것은 우리가 살아온 지난 날들에 대하여 많은 생각을 하게 했다. 낡은 스포츠 트로피, 완주 메달, 책, 업적 상장, 성적표, 사진, 옷가지 같은 여러 가지 오래된 물건들을 집어들고 '보관할까, 버려 버릴까' 고민하면서 머릿속에는 옛 추억이 넘쳐났다.

잊었던 과거의 성취, 열심히 노력했던 성과들이 기억날 것이다. 당신은 여전히 자신이 어떤 일을 저지르고, 어떤 일에 모든 것을 쏟아 붓고, 성취했을 때 경험했던 흥분을 느낄 수 있다. 거기에는 당신이 직장에서나 직장 밖에서나 할 수 있었던 것들이 있다. 그러면서 당신은 어느 순간 자신이 얼마나 강인하고 능력 있는 사람이었는지 기억하게 될 것이다. 자기 안에 아직 더 많은 승리가 남아 있고 아직 끝나지 않았음을 깨닫게 될 것이다.

3) 자신의 욕구에 적합한 일자리 찾기

20년에서 30년 혹은 그 이상을 일한 후에 당신은 자신에 대해 꽤 잘 알고, 자신이 어떤 종류에 흥미가 있고, 어떤 일을 잘 처리하는지 잘 알고 있을 것이다. 기억하라. 이모작 은퇴 단계에서는 자신이 그동안 해 왔던 일과 같은 일을 할 필요가 없고, 또한 그 정도로 잘할 필요도 없다. 당신은 완전히 다른 일을 할 수도 있고, 파트타임으로만 일할 수도 있고, 자원봉사를 할 수도 있다. 핵심은 당신이 스스로 의미 있고, 목적을 부여하고, 핵심 가치와 일치하며, 자신의 특별한 재능에 맞는 일을 선택해야 한다는 것이다.

예를 들어, 당신이 자율성을 중시한다면 사무직은 당신에게 적합하지 않을 수 있다. 연결, 상호 작용, 우정을 중시한다면 집에서 홀로 소설을 쓰는 것은 당신에게 적합하지 않다. 여행과 새로운 사람들을 만나는 것을 좋아하고 사람들에게 필요한 물건을 판매하는 것을 좋아한다면 여행사 영업직이 당신에게 완벽한 일이다.

이모작 은퇴에서 어떤 일을 해야 할지 아직 확신이 서지 않는다면, 자신의 과거 업무 경험을 살펴보고, 자신을 쓸모 있는 직원으로 만들어 준 자신의 장점과 업무 스킬을 나열해 보라. 그리고 다른 이들의 의견을 얻는 것도 도움이 된다. 친구나 전 직장 동료들에게 당신을 어떻게 생각하는지, 당신이 어떤 일을 잘하는지와 그 이유를 물어 볼 수 있다. 자신의 장점을 파악하면 다음에 무엇을 추구해야 할지에 대한 아이디어를 몇 가지 얻을 수 있다.

예를 들어, 온라인에서 무료 제공하는 자가 진단 설문으로 자신이 생각하는 자신의 강점과 업무 스킬이 테스트 결과와 일치하는지 확인해 보는 것도 좋은 방법이다. 이런 설문은 자신의 강점에 대한 인식을 높일 수 있다. 만약 당신이 무언가를 정말 잘하거나 어떤 종류의 일이 아주 쉽다면, 자신이 특정 스킬과 재능을 갖췄다는 것을 잊어버리고, 자신의 장점을 당연시했던 것일 수 있다. 자가 진단 설문은 그것을 알 수 있게 하고, 어떤 일을 하고 싶은지에 대한 아이디어를 줄 수도 있다. 나는 내가 사업에 적합한지 판단하기 위해 자가 진단을 했는데, 20점 만점에 20점을 받았다. 나는 사업에 대해서 생각해 본 적이 없지만, 항상 내 마음속에는 자율성에 대한 강한 요구가 있다는 것은 알고 있었다.

나는 무료 MBTI 검사도 해 봤다. 테스트는 이미 나 자신에 대해 알고 있는 몇 가지를 재확인시켜 줬고, 한편으로는 내가 괜찮은 코치 혹은 교사가 될 수 있다고 알려 줬다. 이것은 내가 전에는 생각해 본 적이 없어서 나의 업무 스킬과 재능의 목록에 포함해 보지도 않았지만 큰 의미가 있었다. 나는 은행에서 관리자였고, 수년간 회사가 비용을 부담해 줘서 코칭 교육을 받았다. 은행 업무 경험이 나에게 가장 적합했던 것은 아니지만, 성공적인 이모작 은퇴를 위해 유용하게 사용할 수 있는 많은 스킬과 경험을 제공해 줬다.

그래서 이런 자가 진단은 매우 중요하다. 자가 진단은 다른 방법으로는 발견하지 못할 수도 있는 자신의 모습에 눈뜨게 해 준다. 내가 그랬던 것처럼 자신의 숨겨진 재능이 드러나게 해 줄 수도 있다.

나이 때문에
주저하지 마라

대부분의 사람들처럼 아마도 당신은 직장 생활을 하면서 더 많은 월급을 받기 위해 새로운 직무와 승진을 추구했을 것이다. 그러나 이런 유형의 사고는 이모작 은퇴에서 바뀐다. 재정적 독립이 가능한 경우, 초점은 금전이 아니라 자신을 행복하게 해 주는 일을 추구하는 것으로 바뀐다. 이 단계에서 우리 상당수가 찾는 것은 시간제 또는 계절적 업무, 심지어는 자원봉사다. 그럼 삶의 스트레스를 줄이고, 친구와 가족, 노인 돌봄, 운동, 여가 활동, 여행같이 자신에게 중요한 다른 일에 시간을 할애할 수 있다. 만약 은퇴 후에 일을 한다면 이전만큼 많은 돈을 벌지는 못할 것이다. 괜찮다. 노후에는 얼마나 많은 돈을 버느냐가 아니라 자신이 즐기는 일에 집중하고 갈망해 왔던 융통성을 얻을 수 있기 때문이다.

고령 구직자들은 취업 면접에서 흔히 이런 질문을 받는다.

'경력이 아주 많으신데, 왜 군이 우리 회사에 취업하려고 합니까?'

당신은 이 말을 '왜 기꺼이 돈을 덜 받으면서도 일하고자 하는가?'로 해석할 수 있다. 은퇴 시점에서 일의 목적을 이전과 다르게 생각한다고 말해도 괜찮다. 당신은 일을 하면 정신적으로나 육체적으로 모두 건강해진다는 것을 알고 있다. 그래서 예전과 달리 돈은 더 이상 여러분에게 주된 동기 요인이 아니고, 지위나 직함도 동기 요인이 아니다.

당신은 계속 참여하고 배우고 성장할 수 있는 직업을 원하지만, 스트레스를 덜 받는 직업을 원한다. 당신은 긴 출퇴근 시간을 피하기 위해 집과 가까운 곳에서 가까운 일을 원한다. 당신은 자신이 믿는 대의명분을 위해 일하고, 흥미로운 직업을 원한다. 인생의 이 단계에서는 자신이 즐길 수 있는 일, 기여할 수 있는 일을 찾는 것이 중요하다. 그리고 이것을 얻기 위해서 기꺼이 직함과 보상의 측면에서는 한 발짝 뒤로 물러날 수도 있다. 왜냐하면 지금 당신에게는 다른 것이 더 중요하기 때문이다.

시작해 보기도 전에 나이를 핑계 삼지 마라. 나는 이전에 나이 든 사람들을 많이 고용했다. 그 이유는 그들은 일에 대한 검증된 경력이 있기 때문이다. 확실한 점은 나이가 어떤 사람이 일을 얼마나 잘할 수 있는지 결정하는 요인이 아니라는 것이다. 사실 많은 경우 나이는 도움이 된다. 고령 근로자의 경쟁력은 다음과 같다.

- 인건비가 보다 저렴하고 정규직 대신 파트타임, 임시직, 계약직으로 채용하는 것이 보다 쉽다. 오늘날 많은 기업이 외주와 프리랜서를 활용한다.
- 재정적으로 독립한 경우, 노후에 반드시 계약이 필요한 것은 아니다. 비정규 방식으로 일하고자 하는 의지를 보여 주면 보다 시장성이 생긴다.
- 당신은 전투에서 검증됐고, 축적된 지식과 풍부한 경험을 보유하고 있다. 젊은 노동자들과 달리 훈련이 없이도 곧바로 요구되는 일을 할 수 있다. 회사는 출근 첫날부터 성과를 보여 주는 사

람을 좋아한다.

- 베이비 붐 세대가 은퇴하기 시작해 인재 부족 현상이 늘어나고 있다. 기업은 베이비 붐 세대의 은퇴로 야기된 기술 부족을 보충하기 위해서 지혜와 경험을 갖추고 젊은 근로자들을 지도할 수 있으며 관리 능력이 입증된 고령 근로자들을 찾고 있다.

은퇴 후
취업하기

그는 갖지 못한 것에 슬퍼하지 않고, 가진 것에 기뻐하는 현명한 사람
이다.

-에픽테토스

1) 자신의 업무 스킬을 갱신하고 강조하기

현재 55세에서 60세 인력의 3명 중 1명은 적합한 업무 스킬이 부
족하다. 채용 담당자들을 이런 사실을 잘 알고 있으며, 당신에게 기
술을 보유했는지 질문할 것이다. 만약 당신이 이 3분의 1에 해당한
다면 취업 면접 전에 자신의 기술을 잘 파악하고 있어야 한다. 채용
담당자는 당신이 새로운 직업을 준비하기 위한 업무 스킬을 보충하

고자 몇 가지 교육을 수강했다고 하면 긍정적으로 볼 것이다. 그것은 당신의 진취성을 보여 주며 당신을 보다 매력적으로 만든다.

일부 채용 담당자들은 두뇌 능력, 에너지, 그리고 혁신적인 사고 능력을 젊은 사람의 전유물로 생각한다. 그들은 고령 근로자들은 기술적으로 발전하지 못했고 체력이 부족하다는 잘못된 믿음이 있다. 당신은 이런 생각을 하는 사람들로부터 어떤 호의도 받지 못할 수 있다. 따라서 당신은 자신이 그 일에 가장 적합한 인재로 인정받을 수 있도록 적합한 기술, 태도, 그리고 노하우가 있다는 것을 보여 줘야 한다. 최고가 되기 위해서 자신의 가장 중요한 가치, 기술과 재능에 부합하며 당신이 좋아하고, 당신이 진입할 수 있는 일을 찾아야 한다.

2) 평판 조회 유념하기

직업에 따라 채용 담당자가 구글에 당신을 검색해 볼 가능성이 높다. 따라서 링크드인 프로필같이 온라인에서 확인할 수 있는 괜찮은 정보가 있는지 확인하라. 만약 당신이 방법을 모른다면 누군가에게 온라인에 정보를 등록해 달라고 부탁하라. 또한 페이스북, 트위터 같은 소셜 미디어 계정에서 볼 수 있는 당신의 사진과 정보는 잠재적인 고용주가 당신을 바라보는 방식에 영향을 미친다는 점을 유의하라. 당신이 보이고 모습과 상충하는 콘텐츠는 프라이빗 모드로 설정해 둬야 한다.

3) 좋은 이미지와 자세 준비하기

당신은 이력서 사진을 찍을 것이다. 그 사진의 첫인상이 채용 담당자의 마음에 새겨진다. 머리끝부터 발끝까지의 모든 것이 당신이 누구인지 보여 준다. 좋은 소식은 옷차림, 태도, 말하는 방식, 몸짓, 에너지의 수준, 자신감은 모두 자신의 통제 범위 안에 있다는 것이다. 그러므로 당신은 확실하게 이런 방법으로 적합한 메시지를 보내야 한다. 승자처럼 입고 승자처럼 행동하면 승자가 될 확률이 높다.

적합하지도 않고 갈구하지도 않는 고지식한 사람을 고용하고 싶어 하는 사람은 그 어디에도 없다. 질문에 대답할 때 당신은 우선 똑똑하다는 것과 그 자리를 간절하게 원한다는 것을 보여 주고 싶어 할 것이다. 그들에게 당신이 재미있고 친절하고 충직하며 자랑스럽고 신뢰할 수 있으며, 소통을 잘하고 스스로를 아끼는 사람이라는 것을 보여라. 이것이 채용 담당자들이 찾는 자질이다.

4) 무슨 일이 있었는지 기꺼이 설명하기

상당수 사람들이 경영상의 이유로 해고된다. 당신도 그런 경우라면 채용 담당자들은 그것이 당신의 잘못이 아님을 알고 있다. 그러니 해고당했다고 말하는 것에 창피해하지 마라. 당신이 회사에 이익을 제공할 수 있는 숙련된 사람이므로 고용하라고 어필하라.

채용 담당자는 당신이 새로운 기회에 열성적인지 확인하고 싶어 한다. 그래서 그들은 당신에게 왜 곧바로 새로운 일을 찾지 않았는지 질문할 것이다. 여러분은 그 기간 동안 자원봉사에 시간을 보냈고, 책을 쓰려고 노력했거나, 노인 돌봄 일을 했다고 말함으로써 이 질문에 안전하게 대답할 수 있다. 채용 담당자는 당신이 다시 경기에 복귀하기 전에 재충전을 하고 기술을 연마하기 위해 휴식을 취했다는 이야기를 듣고 흡족해할 것이다. 그들에게 회사에 대한 당신의 관심과 회사의 업무에 대해 이야기하라. 그러려면 면접에 가기 전에 충분히 알고 가야 한다. 그들에게 회사의 일원으로 참여하게 되는 것에 매우 흥분돼 있다는 것을 보여 주라. 그들에게 당신을 선택해야 몇 가지 좋은 이유를 제시하라.

5) 네트워크의 힘을 활용하기

사람들 대부분이 구인 광고를 보지 않고 추천을 통해 일자리를 얻는다. 지원하는 일을 당신이 얼마나 잘할 수 있는지에 대해 아는 사람들과 인맥을 유지하려고 노력하라. 누군가가 당신을 보증해 준다면 취직은 보다 쉬워진다. 예를 들어, 이전에 당신과 함께 근무했던 사람 중에서 현재 일하고 싶은 조직에 있는 사람이 이에 해당된다.

6) 이모작 은퇴에서 다른 방식으로 일하기

은퇴 후 사람들이 저지르는 가장 흔한 실수는 이전에 했던 일과 같은 직무에 즉시 뛰어드는 것이다. 물론 그 일이 당신이 해야 하는 일일 수도 있다. 하지만 벗어날 날짜를 손꼽아 세고 있었던 직업으로 다시 돌아가는 것은 그다지 말이 되지 않는다. 당신은 내가 처음 했던 실수처럼 첫 번째 기회에 무조건 뛰어들어서는 안 된다. 휴식을 취하고 마음을 가다듬고 더 나은 대안을 찾는 것이 좋다. 당신에게는 그다음을 선택할 시간과 자유가 있다. 그러니 서둘러서 나쁜 결정을 내리는 것을 피하라. 자신이 즐기지 않는 일을 하는 데 갇혀 있기에 인생은 너무 짧다. 자신이 잘하는 것과 열정적인 것을 발견하고 그 분야의 직업을 탐색하라. 이전에 경험한 분야로 탐색을 한정하지 마라.

다음은 구직 활동을 위한 몇 가지 팁이다.

- 정규직 근로자를 감당할 수 없는 소규모 기업과 신생 기업을 찾아보라.
- 작은 일 몇 가지로 여러 가지 수입원을 얻는 것을 고려해 보라.
- 핵심 경력을 떠나기 전에 네트워크를 구축하라.
- 자신의 기술과 노하우가 영향을 미칠 수 있는 환경을 찾아보라.
- 자신을 가치 있는 멘토로서 드러내라.

7) 현재 고용주와 관계 유지하기

은퇴 후 파트타임 근무로 전환할 수 있는 옵션을 제공하는 기업이 많지는 않다. 하지만 물어보기 전에는 알 수 없다. 은퇴 날짜가 가까워지면 상사와 대화를 해 보라. 회사의 파트타임 멘토나 문제 해결사로서 기여할 수 있는 기회가 있는지 문의해 보라. 특히 작은 회사는 좋은 사람들을 잃는 것을 싫어하며 일을 잘 풀어 나갈 방법을 허리 숙여 찾고 있다.

은퇴 후
창업하기

만약 여러분이 정말로 신명 나는 일을 하고 있다면 그 일을 하도록 지시받지 않아도 된다. 비전이 당신을 잡아 당긴다.

-스티브 잡스

1) 기존 사업 인수하기

당신이 고용주가 되고 싶다면, 사업을 처음부터 시작하기보다 기존 사업을 인수하는 것이 더 쉽고 덜 위험할 수 있다. 하지만 눈을 크게 뜨고 리스크를 이해해야 한다. 애초에 왜 사업이 매물로 나왔는지, 잠재적 부실은 없는지 따져 봐야 한다. 금전적 투자와 운영에 투여하는 시간 면에서 사업이 정말 가치가 있는지 자문해 볼 필요도 있다. 그렇기 때문에 이모작 은퇴에서 여러분의 가치와 성취하고자 하는 것을 철저히 이해하는 것이 매우 중요하다.

2) 프랜차이즈 가입하기

좋은 프랜차이즈를 시작하는 것이 창업하는 것보다 쉽고 덜 위험하다. 하지만 여전히 많은 시간을 투자해야 하고, 어떤 사업은 큰 규모의 자금을 투자해야 한다. 또 다른 단점은 프랜차이즈 사업주의 지시를 따라야 하기 때문에 자율성이 제한된다는 것이다.

3) 창업하기

파트타임으로 일하는 것은 자신의 사업을 시작하는 것보다 훨씬 쉽다. 하지만 당신이 적합한 일을 찾는 데 어려움을 겪고 있거나, 다시는 다른 사람을 위해서 일하고 싶지 않다면 자기 사업을 시작하는 것이 좋은 방법이다. 많은 베이비부머가 그렇게 하고 있다.

상당수 베이비부머가 단지 소득이 필요하다고 해서 은퇴 후 사업을 시작하는 것이 아니라는 점은 흥미롭다. 2015년 갤럽 여론 조사에 따르면 베이비부머 기업가 10명 중 8명은 경제적인 이유보다는 생활 습관적인 이유로 사업을 시작했다. 여성 베이비부머는 열정을 추구하려는 욕구가 가장 큰 이유였고, 남성 베이비부머들은 마침내 스스로의 고용주가 되어 다른 사람의 지시를 받지 않아도 되는 것에 만족했다. 베이비부머 사업주들의 평균 행복도는 10점 만점에 8점이라는 점에서 상황은 괜찮다.

소기업 창업이 그 어느 때보다 가능성이 커졌다. 경제 변화로 점점 더 많은 기업이 아웃소싱을 하고 있으며, 소기업이 사업상 필요를 채우기에 좋은 시기가 됐다. 그리고 베이비 붐 세대도 이런 추세를 따라잡기 시작했다. 이는 자신에게 주어진 조건에 따라 하고 싶은 일에 참여할 수 있는 완벽한 기회다.

카우프만 재단의 창업 활동 지수 조사에 따르면 2016년 미국 전체 신규 창업자의 24.3%는 55세에서 64세 사이다. 2019년 TD캐나다트러스트의 조사 결과, 캐나다 베이비부머의 54%가 은퇴 전 소규모 창업을 시작했거나 고려하고 있다. 같은 연구는 또한 65세 이상 근로자의 40%가 자영업자라고 보고한다. 영국 국가 통계국의 2016년 조사에 따르면 영국에서 70세 이상 일하는 사람의 60%는 자영업자다.

당신이 사업을 시작하면서 젊은 사람들과는 경쟁할 수 없다고 생각한다면 잘못이다. 노스웨스턴대학교 켈로그경영대학원의 보고서 〈성공하는 기술 기업가는 몇 세인가?〉에 따르면 50세 창업자가 25세보다 사업을 성공적으로 시작할 확률이 2.8배 더 높았다. 나이가 많은 사업가들은 사업을 시작할 때 젊은 사람들보다 큰 장점을 갖고 있는데, 이것은 기본적으로 경험에서 나온다.

당신은 오랫동안 광범위한 지식과 현장 경험을 축적했고 기술을 연마했다. 당신은 무엇이 효과적이고, 무엇이 그렇지 않은지 직접 지켜봤다. 돈으로 살 수 없는 이런 경험은 실수할 위험을 줄여 준다. 또 다른 장점은 수년간 구축한 강력한 비즈니스 네트워크를 활용할 수 있다는 것이다. 문제가 발생하면 누구에게 전화해서 도움을 요청해야 하는지 정확히 알고 있다. 네트워크는 비즈니스 세계에서 커다란 징검다리다. 많은 밀레니얼은 아직 그렇게 할 수 있을 만큼 세상 경험을 충분히 하지 못했다.

아직도 창업이 두려운가? 그럴 필요가 없다. 다음을 고려해 보라.

- 기술 확보의 가용성과 용이성은 인터넷이 연결되는 곳이라면 어디서든 사업을 시작할 수 있다는 것을 의미한다. 자녀와 가까운 곳에서 또는 해변가에서 사업을 시작하고 운영할 수 있다.
- 사업을 시작하는 것이 이전보다 더 저렴하고 쉬워졌다.
- 웹 사이트 구축, 페이팔 계정 설정, 세무 신고 등 당신이 잘하지 못하는 업무나 하고 싶지 않은 업무는 외주로 해결할 수 있다. 당신은 요청만 하면 된다.
- 안전망 확보는 현명한 일이다. 예를 들어 배우자가 일을 계속하는 동안 비즈니스를 시작하면 현금 흐름을 창출할 때까지 배우자의 수입에 의존할 수 있다. 현금 창출까지 시간이 좀 걸리더라도 당황하지 마라. 흔히 이야기하는 것처럼 로마는 하루아침에 이뤄지지 않는다.

창업하면서 배운 중요한 교훈 중 하나는 모든 일을 혼자 하는 것은 잘못된 판단이라는 것이다. 예를 들어 나는 기술에 약하지만, 강연과 글쓰기, 코칭은 잘한다. 자신이 잘하지 못하는 일은 아웃소싱하거나 잘 아는 사람과 협력함으로써 난관을 피할 수 있다. 자신이 좋아하지 않는 일을 배우려고 귀중한 시간을 낭비하는 것이 어리석은 일이다.

내가 잘한 일 중 하나는 팀을 이룬 것이다. 게리는 컴퓨터를 할 줄 알고 내가 잘하지 못하고 배우는 데 관심도 없는 기술들을 잘 다룬다. 나는 그의 장점을 살릴 수 있었고 편안했다. 게리와의 팀워크 덕분에 스트레스가 줄었고, 일이 재미있었다.

어떤 사람은 모든 일을 혼자서 하려고 한다. 혼자 100%의 수익을 차지하지만 아무것도 이루지 못하는 것보다는 50대50으로 수익을 배분하지만 무언가를 이뤄 내는 것이 훨씬 낫다는 것을 염두에 둬야 한다. 누군가와 협력함으로써 일을 보다 잘하고 용이하게 하는 방법이 있는데 왜 혼자 하고자 하는가?

내가 예술로 만들 수 있는 일을 한다

대부분의 사람들이 두려워하는 것은 죽음이 아니다. 정말로 두려워하는 것은 인생의 막바지에 이르러서 진정으로 자신의 삶을 살아 내지 않았다는 것을 깨닫는 것이다.

-에아 왕자

시원찮은 일에 만족하지 마라. 시원찮은 일이란 내키지는 않지만 생계를 위해 또는 스포츠 센터 등록, 한 달에 한번씩 하는 외식 같은 소소한 라이프 스타일의 유지를 위해서 어쩔 수 없이 해야 하는 일을 말한다. 적지 않은 사람이 내키지 않는 일을 하면서 돈을 벌고 있다. 하지만 선택의 여지가 있다면 굳이 그래야 할 필요가 없다. 동네

치킨집에서 닭 복장을 하고 하루 종일 서서 일하는 것은 흡사 감옥에 있는 것 같을 수 있다. 시원찮은 일은 스스로를 지치게 하고 부적절함과 결핍감을 느끼게 하며 불안과 고립, 공허한 느낌을 증폭시킨다. 싫어하는 일을 하는 것은 지루하게 하루를 보낸 후 스트레스를 해소하고자 멍하게 보내는 시간을 찾게끔 만든다. 우리는 더 이상 그렇게 살고 싶지 않다.

나에게 시원찮은 일이 당신도 싫어하는 일이라는 것을 의미하지는 않는다. 예를 들어 나는 자율성이 떨어지는 일을 싫어하지만, 어떤 사람들은 구체적으로 지시받는 일을 원하기도 한다. 다음은 나의 가치관에 기반하여 내가 싫어하는 일을 나열해 봤다.

다른 사람인 척하며 일해야 하는 것 / 신뢰할 수 없는 제품을 판매하는 것 / 판매 실적을 내기 위해 직원들을 압박하는 것 / 경쟁적이고 이기적이며 비우호적인 사람들과 함께 일하는 것 / 나쁜 상사나 회사와 함께 일하는 것 / 세세하게 지시받으며 일하는 것 / 가혹한 출퇴근 지옥을 겪어야 하는 것 / 자율성이 제한된 상태에서 일해야 하는 것

요점은 좋아하는 일을 하지 않으면 행복해지기가 어렵다는 것이다. 시원찮은 일을 하면 기분이 나빠진다. 찾아 보면 당신이 할 수 있는 괜찮은 일이 있다.

1) 좋은 일 찾기

좋은 일이란 자신의 가치관을 만족하고, 기분이 좋아지는 일, 당신이 잘하고 즐길 수 있는 일을 말한다. 그것은 이전과 다른 직업일 수도 있고, 이전에 비해 부담이 적은 업무일 수도 있다.

나의 경우 좋은 일의 예시는 낚시 전문점에서 일하는 것이다. 나는 낚시와 낚시를 주제로 대화하는 것을 좋아하기 때문에 낚시 전문점 근무는 나에게 큰 재미를 줄 것이다. 나는 낚시에 대한 열정이 대단하니까 최고의 영업 실적을 만들어 낼 자신도 있다. 낚시 전문점에서 일하는 것이 나에게 적합할 수 있지만 소매업은 나에게 다른 핵심 가치인 자율성, 유연성, 도전성을 주지 못하기 때문에 선택하지 않았다. 나에게 가장 좋은 해결책은 인내심을 갖고 위대한 일을 찾아내는 것이었다.

2) 위대한 일 찾기

좋은 일과 위대한 일은 다르다. 좋은 일은 필요한 돈을 벌게 하고, 자신의 가치관 중 일부를 충족하여 당신을 행복하게 한다. 한편 위대한 일은 자신과 일의 관계를 훨씬 더 높은 경지로 끌어올려 준다. 위대한 일이란 자신의 사명과 관련이 있다. 위대한 일은 좋아하는 일을 하면서 살아가도록 하고, 자신만의 특별한 재능을 갈고 닦아서 세상과 함께 나눌 수 있게끔 한다. 위대한 일은 자기 자신의 찾는 것과 같다.

여기서 예술은 문자 그대로 그림이나 조각, 다른 예술적인 것 국한

되지 않는다. 예술은 당신이 너무 사랑해서 몰입하게 되고, 창조적인 어떤 것, 자신이 열정적으로 추구하는 모든 일을 말한다. 예술은 개인적이며 자신에게 주어진 조건에 따라 이뤄진다. 여기에는 당신이 기여하고 차별성을 만들어 낼 수 있다고 느끼는 일이 포함된다.

자신의 예술을 찾는 것은 돈을 버는 것이라기보다는 그 일을 하는 동안 자신이 어떻게 느끼는지에 관한 것이다. 자신이 누구인지, 그리고 자신이 무엇을 믿는지를 표현하는 방법이다. 자신의 예술을 실천하는 사람들은 단지 일을 하는 것이 아니라 일을 자신의 것으로 만들고 그 일과 더불어 살아간다. 그들은 일 자체를 아름답게 하고, 자신이 만든 공헌을 즐긴다.

예술이란 자신이 하는 일에 대한 열정이 넘쳐서 모든 이유를 초월하여 그 일, 활동 또는 작업에 집중하여 몰입 상태에 빠지게 하는 의미 있는 일을 말한다. 미국의 심리학자 매슬로우가 말하는 자아 실현은 기본적인 욕구를 충족시키는 것을 넘어서 성취감을 주는 무언가를 만들어 내는 것이다. 당신의 예술은 열정과 상상력뿐만 아니라 창조적인 정신을 되찾게 해 주고, 다른 일이나 여가 활동보다 더 당신을 만족하게 할 것이다.

내가 진행하는 세미나에서 자신의 예술을 발견한 여러 사람의 이야기를 종종 듣는다. 자신이 어떻게 즐기는 일을 찾고 만들었는지 이야기하면서 얼굴에 홍조를 띠며 들떠 있는 은퇴자들이다. 내가 그들의 이야기에서 배운 것은 어디에서나 자신의 예술을 찾을 수 있다는 것이다. 예를 들어, 낡은 차를 수리해 파는 일을 하면서 자신의 예술을 발견한 전직 자동차 정비공, 홈디포에서 행복하게 일하는 은퇴한 배관공, 웹 사이트를 만들고 베이비부머들에게 컴퓨터를 가르치는 강사들이다. 그들은 아름다운 정원을 가꾸고 '연례 최고의 정원상'을 수상했다. 그들은 모두 자신의 예술을 수련하고, 열정을 추구하며, 무언가를 만들거나, 다른 사람들을 돕는다. 예술은 이렇듯 자신과 자신이 하는 일에 자부심을 갖게 한다.

꿈을 좇고 꿈을 밝히는 예술을 수련하는 사람들은 가장 행복한 은퇴자들이다. 그들은 가장 만족스럽고 성취감을 주는 은퇴 생활을 하기 때문이다. '내가 이 책상을 만들었어', '내가 이 블로그를 만들었어', 또는 '내가 이 사람을 도와 줬어'라고 말하는 것은 단지 '나는 은퇴했어'라고 말하는 것보다 훨씬 더 만족스럽게 한다. 자신의 예술을 찾아라. 그럼 멋진 은퇴 생활을 즐길 수 있다. 열정을 추구하는 동안 잃어버릴 것은 없다.

나의 가치가 올라가는
일에 전념한다

모든 사람은 다른 사람에게 제공할 수 있는 특별한 목적과 자질, 재능을 갖고 있다. 그것이 무엇인지를 알아내는 것은 당신이 해야 할 일이다. 당신의 특별한 재능은 신이 당신에게 준 선물이다. 자신의 재능을 이용해서 하는 일은 신에 대한 당신의 선물이다.

-디팩 초프라

이 책 앞부분에서 언급했던 '존재의 이유'라는 뜻의 일본어인 '이키가이'가 기억날 것이다. 쇼쿠닌(Shokunin, 職人)은 '직업이나 예술의 장인'을 의미하는 또 다른 일본어 단어다. 이것은 자신의 공동체에 최고 품질의 제품이나 서비스를 제공함으로써 다른 사람을 돕는 것을 기반으로 한다. 쇼쿠닌 키시츠는 장인 정신을 의미한다. 일본인은 자신의 능력을 최대한 발휘하는 한 모든 직업에 자부심이 있다고 믿는다. 요리사, 청소부, 식당 종업원, 배관공, 교사, 그리고 사무직 근로자들은 모두 쇼쿠닌 키시츠 때문에 일본 문화에서 높은 존경을 받고 있다. 쇼쿠닌의 훌륭한 사례를 찾고 싶다면 구글에서 〈스시 장인: 지로의 꿈(Jiro Dreams of Sushi)〉을 검색해 보라. 이 영화는 자신이 좋아하는 일을 완벽하게 해내려고 노력하며 1990대까지 일했던 최초의 쓰리스타 미슐랭 초밥 요리사에 대한 이야기를 다룬다.

장인 정신은 당신의 노후를 새로운 단계로 끌어올려 준다. 어떤 종류의 일을 선택하든 혹은 어떤 활동에 참여하든 항상 보다 잘하려고 노력하는 것은 자신에게 잠재된 가능성을 열어 준다. 완벽의 추구는 끊임없는 도전이며 오랫동안 삶을 즐길 수 있게 한다. 나에게 장인 정신의 두 가지 원천은 블로그와 은퇴 강연이다. 나는 글쓰기와 강연 스킬을 향상하기 위해 열심히 노력할 계획이며 이것은 나를 오랫동안 행복하게 할 것이다. 자신의 예술을 찾고 수련하면 당신은 가장 행복한 은퇴자가 될 것이다.

질문하면
반드시 달라진다

앞서 이키가이의 개념을 설명했다. 여기서는 이 개념을 사용하여 당신의 여러 가지 목적과 의미가 담긴 예술을 찾고 만드는 것을 돕고자 한다. 이것은 자신이 무엇에 열정을 갖고 있는지, 그리고 어떤 일로 돈을 벌고 수입을 창출할 수 있는지 이해하고, 자신의 강점과 약점을 결합하고, 자신의 상상력에 기대는 간단한 과정이다.

도표를 일지에 옮겨 적은 후 다음 네 가지 질문에 가능한 한 많이 대답을 적어 보라. 시간을 갖고 자기 성찰을 하면서 어떤 대답이 나오는지 지켜보라.

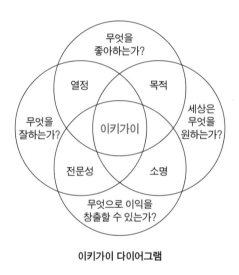

이키가이 다이어그램

1) 당신은 어떤 일을 좋아하는가?

- 어떤 활동이 당신을 고무하고 기분 좋게 만드는가?
- 당신은 어떤 활동에 열정을 갖고 있는가?
- 어떤 활동이 당신을 몰입하게 하는가?
- 당신이 돈이 필요없다면 무보수로 하고 싶은 일은 무엇인가?

2) 당신은 무엇을 잘하는가?

- 당신은 어떤 기술, 재능, 능력을 갖고 있는가?
- 당신에게는 어떤 일이 쉬운가
- 당신이 다른 사람들보다 잘하는 것은 무엇인가?

3) 사람들이 필요로 하는 것은 무엇인가?

- 당신이 다른 사람의 문제를 해결하는 데 어떤 도움을 줄 수 있는가?
- 당신은 다른 사람들의 삶의 개선이나 변화를 어떻게 도울 수 있는가?
- 당신은 사람들을 행복하게 하기 위해 무엇을 할 수 있는가?

4) 당신은 무엇을 할 수 있는가? 그것으로 수익을 낼 수 있는가?

- 당신의 어떤 열정·기술·취미가 수입을 만들어 낼 수 있는가?
- 당신은 다른 사람들을 위해 어떤 가치를 창조할 수 있는가?
- 당신이 제공하는 것은 사람들이 필요로 하는 것인가?
- 당신이 제공하는 것에 사람들이 대가를 지불하고자 하는 의향이 있을 것인가?

대답 후에는 자신의 약점을 알 수 있도록 테스트해 보라. 다른 사람들에게 당신이 생각한 대답을 보여 주고 의견과 도움을 받아라. 경험이 있는 사람에게 당신의 계획을 검토하고 적정한지 요청하라.

이 간단한 도표는 나에게 효과가 있었고, 당신에게도 효과가 있을 것이다. 만약 당신이 시간을 갖고 진심으로 집중해 보면 자신이 생각해 낸 대답에 놀랄 것이다. 자신에게 가장 좋은 선택지를 찾아내고 갖고 있는 전부를 동원하여 그것을 추구하라. 은퇴할 필요가 없는 삶을 만들 수 있다는 점에서 보상은 크다. 당신은 자신의 상사이고, 정말 좋아하는 일을 하면서 돈을 벌고, 원하는 여가를 즐길 수 있는 유연성과 수단을 가질 수 있다. 날 믿어 보라. 노후가 훨씬 더 멋질 수 있다.

새로운 성공담을
만든다

자신이 하는 일에 대한 열정적인 관심은 삶을 즐기는 비결, 장수의 비결이다. 노인이나 아이들을 돌보든 치즈를 만들든 지렁이를 기르든 상관없다.

-줄리아 차일드

나는 세미나에서 자주 잭에 관한 이야기를 한다. 잭은 멋진 이모작 은퇴를 만들기 위해 이키가이 다이어그램을 사용한 좋은 사례다. 잭은 나와 아주 비슷한 사람이다. 그에 대해 이야기할 때마다 항상 나는 미소를 짓는다. 우리는 직업적 배경이 같았고 해피엔딩을 이야기할 수 있기 때문이다.

잭은 36년간 일해 온 금융 기업에서 쫓겨난 충격으로 고통을 겪었다. 그의 아내는 남편이 힘들어하는 걸 보고 싶지 않았다. 그녀는 남편이 제자리로 되돌아올 수 있게 돕고자 나에게 남편과의 면담을 요청했다. 나는 그와 은퇴한 은행원들이 흔히 하듯 일상적인 은행 이야기를 서로 나누고 웃고 떠들었다. 해고 이후 잭은 저녁을 먹고 나서는 지하실로 내려가 집안을 손보는 것으로 스트레스를 해소한다는 이야기가 나왔다. 잭은 망치로 뭔가를 두들기면 기분이 좋아진다고 했다. 내가 소파에 앉아서 맥주를 몇 잔 마시며 TV를 보는 것보다 훨씬 낫다고 생각했다.

나는 그에게 지하실을 보여 달라고 했는데, 정말 멋졌다. 잭은 손재주도 있고 자신이 하는 일도 아주 잘 알고 있었다. 잭과 이야기를 더 나눠 보니 잭은 이전에 아버지와 함께 오두막까지 지었다고 했다. 부자는 배관, 전기, 목공, 심지어 콘크리트 기초 공사까지 모든 걸 스스로 해냈다. 이 말을 듣고 나는 잭에게 이키가이 도표를 작성해 보라고 제안했다. 그에게는 괜찮은 가능성이 있었다. 바로 오두막집 건축과 수선이었다.

위대한 일은
보수가 우선이 아니다

처음에 잭은 창업을 두려워하고 주저하여 여러 가지 안 되는 이유들을 생각해 냈다. 그는 이전에 사업을 운영해 본 적이 없었고, 어떻게 해야 고객을 확보할 수 있는지도 모른다고 했다. 나는 그에게 나도 오두막집을 갖고 있으니 손님 확보는 어렵지 않을 것이라고 말했다. 고객이 필요한 때 나타나서 예산에 맞춰 좋은 품질로 작업해 주는 장인을 만나기란 복권 당첨만큼이나 드물다고 했다. 나는 잭에게 첫 번째 일을 잘 해내면 소문이 금방 퍼지고 엄청나게 바빠질 것이라고 말했다.

잭은 곰곰이 생각하다가 결국 과감히 일을 시작했다. 얼마 지나지 않아 그에게 오두막 수리를 의뢰하는 사람들이 줄지었다. 한편 잭의 아내가 잭이 일을 너무 많이 하는 것을 탐탁치 않아 하는 점이 또 다른 문제로 이어졌다. 나와 잭 부부 셋은 오두막집 정기 모임에서 만나 합의를 봤다. 잭은 평일 8시부터 4시까지 일을 하고, 주말에는 일하지 않았기로 타협했다. 겨울에는 일을 하지 않았고, 대신 코스타리카에서 지내며 자녀들에게 방문하기로 했다.

그것은 모두에게 윈윈이었지만, 잭과 그의 아내는 한 걸음 더 나아갔다. 그들은 토론토에 있는 집을 팔아서 대금의 일부를 딸이 마당으로 곧바로 나갈 수 있는 지하실을 갖춘 더 큰 집을 구입하는 데 도와주기로 했다. 잭은 지하실을 수리했고, 그 지하실은 잭 부부가 마을에 있을 때 사용하고, 잭이 없을 때는 손주들의 놀이 공간으로 사용한다. 이것은 또 다른 윈윈이 됐다. 더 괜찮은 일은 잭이 자신의 은퇴 자금을 늘리고 손주들의 교육을 지원하기 위해 남은 돈을 사용했다는 것이다.

나는 은퇴 세미나에서 사람들에게서 여러 성공담을 듣는다. 그래서 자신을 재창조하고, 자신에게 주어진 조건과 여러 가지 창의적인 방법으로 새로운 경력을 시작한 사례를 많이 알고 있다. 어떤 사람들은 은퇴 후에 돈을 벌 필요가 없고 심지어는 그럴 생각도 없다. 하지만 그들은 여전히 자신을 위해 위대한 일을 찾아서 하고 싶어 한다. 이런 경우 여전히 이키가이 다이어그램은 도움이 된다.

오두막집 건축가 잭을 예로 들어 보자. 돈이 필요하지 않았다면, 그는 지미 카터 전 대통령으로부터 영감을 받아 해비타트에서 가난한 사람들을 위한 집을 짓는 자원봉사를 했을 수 있다. 그 일을 통해 잭은 자신의 기술을 다른 사람들을 돕는 데 유용하게 사용하고, 자신이 좋아하는 일을 하는 것으로 행복해 했을 것이다. 자기가 한 노력의 대가를 받을 수도 있지만, 재미있고 도전적이며 만족스러운 일을 함으로써 자신보다 어려운 사람들을 돕는 것만큼 만족스러운 노후는 없다.

어떤 방식으로든 일하는 것은 활기차고 만족스러운 노후의 핵심 요소다. 풀타임 경력을 뒤로 하고 나면 몇 년간은 일에서 떠나 있고 싶을 수도 있다. 하지만 일 외에는 자신을 건강하게 하고, 좋은 기분을 유지하고, 지루해지지 않게끔 보호해 주는 더 좋은 것이 없다. 핵심은 하기 싫은 일을 피하고 좋은 일 혹은 위대한 일을 찾는 것이다.

내가 가야 할
노후 30년

인생이란 예쁘게 잘 가꾼 몸으로 무덤까지 무사히 도착하는 여행이
아니다. 그보다는 연기가 자욱한 가운데 옆으로 미끄러져 나가면서
완전히 소진되고 지친 상태로, 큰 소리로 "우와! 정말 재미있군!"이라
고 외치는 것이다.

-헌터 S. 톰슨

나는 큰 부자는 아니다. 하지만 은퇴하고 집에서 소파에 앉아 세상
의 흐름을 지켜보며 지낼 수 있을 정도의 자산은 갖고 있다. 그러나
그런 생활은 내게 은퇴 지옥을 의미하기 때문에 그렇게 살 수는 없
다. 나는 행복해지기 위해서는 은퇴 후에도 일해야 하는 사람이므로

가능한 한 오랫동안 일할 계획이다. 일하는 것은 나에게 자부심과 의미를 준다. 하루 종일 아무것도 하지 않고 앉아만 있으면 정신 줄을 놓게 된다. 여가 활동만으로는 내가 일에서 얻는 성취감을 대체할 수 없다.

은행에서 쫓겨난 후 내가 했던 가장 큰 실수는 다른 일을 시작하기 전에 나를 재구성해 볼 시간을 갖지 않은 것이다. 나는 본능적으로 생존(서바이벌) 모드에 들어갔고, 퇴사한 지 이틀 만에 새 직장을 찾았다. 시간이 소요되더라도 즐길 수 있는 좋은 일 또는 위대한 일을 찾아야 했는데, 나는 익숙한 은행을 찾았다. 여러 가지 이유로 이전 직장에 염증이 났기 때문에 그것은 잘못된 판단이었다. 매일 벗어나고자 했던 곳과 같은 장소에 서 있는 바보 같은 짓이었다. 여러분은 나와 같은 바보짓을 하지 마시라.

나는 더 이상 회사 환경에서 일할 수 없었다. 회사 정치에 질렸고 선을 그어야 할 필요가 있었다. 회사를 탈출해서 진정한 나 자신이 돼야 했다. 내가 좋아하는 일을 내 방식으로 하고 노력한 만큼 보상받아야 했다. 나는 새로운 예술을 찾기 위해 이키가이를 찾기 시작했고, 이른 새벽에 글을 쓰다가 은퇴 관련 책을 써야겠다는 생각이 들었다. 노후 문제를 스스로 해결하는 과정에서 여러 가지 어려움을 겪었는데, 내가 겪은 일을 통해 사람들이 시간을 절약하고 많은 스트레스를 피할 수 있다고 느꼈다. 나에게는 완전히 새로운 경력이 탄생했다.

더 늦기 전에 나에게 맞는 길을 걸어야 한다

다음은 이키가이 과정을 거치면서 알게 됐다. 직장 경험은 나에게 새로운 사업에 활용할 수 있는 마케팅, 투자, 코칭 기술을 갖게 했다. 또한 은퇴 과정에서 겪은 고군분투를 바탕으로, 나는 많은 은퇴자에게 도움을 줄 수 있다는 것을 알았다. 출판, 세미나, 은퇴 코칭 등을 통해 적극적 수입도 창출할 수 있었다.

나는 아침에 일어나 글을 쓰고 싶어서 기다릴 수 없었다. 나는 비로소 내게 맞는 길을 걷고 있다는 것을 알았다. 나는 세미나를 개최하고 다른 사람들과 은퇴 이야기를 나누는 것이 정말 즐겁다. 지난 몇 년 동안 나는 열정을 갖고 새롭게 사업을 시작하는 많은 은퇴자를 만날 수 있었다. 그들은 함박 미소를 짓고 눈을 반짝였다. 이모작 은퇴에서 자신의 일을 하고 있으므로 두려움이 행복으로 대체됐다.

나는 사람들에게 자신의 상황에 대한 외부적 관점을 제공한다. 또한 노후 생활의 새로운 가능성을 성취하고 더 만족스럽고 행복한 삶을 살도록 도와준다. 이로써 사람들이 은퇴 전환에 소요되는 시간을 절약하고 많은 혼란과 좌절을 피할 수 있게 한다는 사실에 큰 자부심을 느낀다. 나는 그들에게 자신이 할 수 있는 것을 보여 주고 두려움을 없애도록 도와준다. 나는 그 과정에서 큰 기쁨을 느낀다. 나는 항상 원했던 위대한 일을 찾았다. 이키가이 다이어그램이라는 간단한 차트 때문에 내가 원하던 모든 것을 찾은 것이다.

내가 하는 일은 나의 욕구와 가치관 대부분을 만족시켜 주기 때문에 나에게 위대한 일이다. 이 일은 내가 원하는 대로 자율적이다. 오랫동안 다른 사람의 지시를 받으며 일하는 것이 기분 좋을 수는 없다. 나는 행복을 위해서, 기여하고 성취감을 느끼고 가치를 느끼고 인정받기 위해서 일한다. 일은 나에게 아주 많은 것을 준다. 나는 강사가 되어 사람들이 자신이 추구하는 사명과 연결할 수 있도록 돕는 것이 내게 부여한 신의 계획이라고 깨달았다.

나는 강연과 저술을 창의적인 자기 표현이라고 생각한다. 이것은 나의 예술이고, 베이비부머 세대가 은퇴 이후 마주하는 고통을 줄여주는 데 나의 예술을 사용한다. 나는 강연 이후 사람들이 고조되고 웃고 나에게 감사하는 것을 좋아한다. 그것은 나에게 중대한 사건이며 내가 누군가를 도왔다는 것으로 마음이 아주 좋아진다.

Key Point

- 은퇴자 상당수는 앞으로 20년 이상을 어떻게 의미 있게 보내야 할지 모른다. 돈이 걱정되면 목적을 찾는 데 집중하기 어렵다.
- 당신의 삶이 변화하기 바란다면 다르게 생각하고 행동해야 한다.
- 9가지 은퇴 원칙을 습관화하면 멋진 노후를 즐길 가능성이 높아진다.
- 9가지 은퇴 원칙을 따르면 현명한 라이프 스타일을 선택할 수 있고, 새로운 목적을 찾을 수 있고, 노화의 속도를 늦출 수 있다.
- 성공적인 은퇴자들은 명확한 비전을 갖고 있다. 그리고 그 비전을 현실화하기 위해 9가지 은퇴 원칙을 따른다.

자아 인식

- 성공적 은퇴의 씨앗은 '자신의 인생'이라는 영화에서 발견할 수 있다. 당신의 영화는 당신이 누구였는지를 보여 주고, 당신이 누가 되고 싶은지, 그리고 당신이 무엇을 하고 싶은지에 대해 생각하게 한다.
- 당신이 바로 당신 인생의 작가다. 왜 당신의 영화를 해피엔딩으로 쓰지 않는가?

- 자신의 목적을 찾기 위해서는 무엇이 자신에게 진정으로 적합한지 알아내는 더 높은 자아 인식이 필요하다.
- 이모작 은퇴에서 행복과 성취감을 얻기 위해서는 진정한 자신이 돼야 한다. 과거로부터 배우는 것은 미래의 성공을 위해 필수적이다.
- 자기 인식은 삶을 당신이 원하는 방향으로 움직이도록 돕는다. 당신이 진정 누구인지 깨닫고, 바로 그곳에서 선택을 시작하면 당신의 은퇴는 더 나은 방향으로 바뀔 것이다.

가치관

- 자신의 가치관이 무엇이고, 어떻게 그것을 만족시켜야 하는지 알면 은퇴 생활은 훨씬 더 쉬워진다.
- 가치관은 아무도 지켜보지 않을 때 당신이 어떤 사람인가를 말한다.
- 자신의 가치관을 중요시하는 것은 의사 결정에 영향을 미친다. 그리고 어떤 행동을 할 것인가에 대한 선택은 궁극적으로 인생에서의 행복감과 성취감을 결정한다.
- 지루하다는 것은 자신의 가치관에 맞지 않는다는 경고다.
- 자신의 가치관과 일치하지 않는 진실하지 못한 삶을 살면 활력을 고갈하고 시간이 흐르며 큰 타격을 입게 된다.
- 행복이란 자신이 되고자 하는 방향으로 성장하면서 느끼는 기쁨이다. 자신의 가치관을 잘 이해하면 삶의 목적을 찾

는 것은 훨씬 쉽다.

- 자신의 가치관이 무엇인지 알고, 그 가치관을 충족하는 방법을 찾는다면 성취감을 경험하게 된다.
- 진정한 성취감은 많은 돈과 물질적 소유가 가져다주는 것이 아니다. 성취감은 무엇이 당신을 행복하게 하고 기쁨을 가져다주는지 발견하고, 그것을 실행하는 데서 온다.

소명

- 이모작 은퇴에서 파트타임으로 일하면 이전에 할 수 없었던 일을 할 수 있는 시간, 융통성, 현금 흐름을 얻을 수 있다.
- 일을 할지 말지, 어떤 종류의 일을 하기로 결정하는가는 행복 수준에 상당한 영향을 미친다.
- 일은 은퇴한 부부가 너무 오랜 시간을 같이 있어야 하는 상황에서 벗어나게 하는 그럴듯한 사유다.
- 일은 정신적으로 그리고 육체적으로 활동성을 유지할 수 있게 한다. 일은 세상과의 관계를 유지하고 자신에게 다가오는 변화들에 대한 최신 정보를 얻을 수 있도록 한다.
- 당신이 오랫동안 발전시켜 온 귀중한 기술로 인해 새로운 작업을 찾거나 만들 준비가 돼 있을 수도 있다.
- 당신은 당신이 생각하는 것보다 더 유능하다.
- 원한다면 누구나 일자리를 찾을 수 있다.
- 자신이 싫어하는 일에 머물러 있기에 인생은 너무 짧다.

- 새로운 사업을 시작하는 것은 생각보다 많은 시간과 돈이 필요할 수 있다.
- 은퇴 후 하는 가장 큰 후회는 꿈꿔 왔지만 용기가 없어서 하지 못하는 것이다.
- 위대한 일은 정신을 풍요롭게 할 뿐만 아니라 금전적 대가도 준다.
- 당신이 다른 일을 하고 싶지 않다면 그 일은 더 이상 일이 아니다.
- 있는 그대로의 자신과 자신이 하는 일이 연결될 때 은퇴는 꽤 괜찮다.

Key Question

- 당신은 9가지 은퇴 원칙의 효과를 믿는가?
- 당신은 9가지 원칙을 자기 일상의 일부로 만들고자 하는가?
- 원칙을 평가한 후 자신에 대해 무엇을 알게 됐는가?
- 당신은 어떤 분야에서 은퇴 원칙을 충족하고 있는가?
- 어떤 분야에 관심이 있고, 즉각적인 조치가 필요하다고 느끼는가?
- 당신은 지금의 삶의 방식에 만족하고 있는가?
- 당신은 어떤 변화를 시도하고 있는가?
- 당신은 무엇이 되고 싶은가?
- 당신은 무엇을 해야 하는가?

자아 인식

- 인생이라는 영화를 보고 자신과 삶에 대해 무엇을 배웠는가?
- 무엇이 당신을 기분 좋게 만드는가?
- 당신의 삶에서 가장 크고 가장 좋아하는 성과는 무엇인가?
- 지난 수십 년간 어떤 활동이 당신에게 가장 큰 기쁨을 줬는가?
- 무엇이 당신을 행복하게 하고 밝게 하는가?
- 당신은 어떻게 시간을 보내는 것을 좋아하는가?
- 지루함을 느끼지 않고 몇 시간 동안 할 수 있는 것이 무엇인가? 어떤 활동이 당신을 몰입하게 만드는가?

- 당신의 긍정적인 자질은 무엇인가?
- 당신의 삶에서 좋은 점들은 무엇인가?
- 당신은 무엇을 잘하는가? 어떤 것이 당신에게 쉬운가?
- 무엇이 당신에게 가장 큰 기쁨을 가져다주는가?
- 당신은 무엇을 하는 것을 좋아하는가?
- 무엇이 당신의 삶을 방해하는 요소인가? (직업, 결혼, 건강, 가족)
- 당신의 영화에서 당신이 옆길로 새게 된 계기는 무엇인가?
- 당신의 삶에서 행복을 가로막는 것은 무엇인가?
- 인생이라는 영화를 보고 난 후 후회는 없는가? 후회를 없애기 위해 당신이 할 수 있는 일은 무엇인가?
- 당신의 삶에서 어떤 문제가 타의로 유발됐고, 어떤 문제가 자의로 유발됐는가?
- 당신은 무엇이 부끄러웠는가?

가치관

- 당신의 가치관과 은퇴 생활은 일치하는가?
- 당신은 배우자와 같은 가치관을 갖고 있는가?
- 가치관 목록을 만들면서 어떤 놀랄 만한 발견이 있었는가?
- 열거한 가치관 목록 중 염려되는 것은 무엇인가?
- 가치관 목록에 당신의 예상보다 높거나 낮은 가치관이 있는가?

- 당신이 열거한 가치관들을 얼마나 잘 지키고 있는가?
- 당신은 당신에게 가장 중요한 것에 만족하고 있는가?
- 당신은 가치 기반의 결정을 내리고 있는가?
- 무엇이 당신의 장애물과 나쁜 습관, 그리고 자신의 가치관과 일치하는 것을 방해하는가?
- 나쁜 습관을 바꾸지 않는다면 실제로 어떤 결과들이 일어날 것인가?
- 시간과 돈을 쓰는 방법과 당신의 핵심 가치관에 간극이 있는가? 당신은 왜 자신을 괴롭히고 해로운 일을 하는가?
- 당신이 앞으로는 하지 않기로 결정한 것은 무엇인가?

일자리
- 당신이 직장 생활에서 가장 크게 성공했던 것은 무엇인가?
- 직장 생활 동안 가장 큰 어려움과 장애물은 무엇이었는가?
- 당신은 그것을 어떻게 통과했는가?
- 당신은 어떤 업무 스킬을 개발해 왔는가? 자신에 대해 무엇을 배웠는가?
- 당신의 장점은 무엇인가? 약점은 무엇인가?
- 강점으로 전환할 수 있는 약점은 무엇인가?
- 당신이 지금 있는 곳과 당신이 있어야 하는 곳의 간극을 줄이기 위해 당신은 무엇을 해야 하는가?

소명

- 어떤 종류의 일이 당신을 흥분하게 하는가?
- 어떤 일을 하면 시간 가는 줄 모르는가?
- 당신은 어떤 일을 아주 잘하는가?
- 당신은 무엇을 아주 잘하고 싶은가?
- 복권에 당첨된다면 어떤 일을 하고 싶은가?
- 고려하는 일이 당신의 타고난 능력과 어느 정도 일치하며, 당신의 핵심 가치를 지지하는가?
- 당신에게 일은 그냥 일인가? 아니면 즐거움을 주는 놀이인가?
- 당신은 일을 예술로 생각할 정도로 좋아하는가?
- 이모작 은퇴에서 당신은 일주일에 몇 시간 일하고자 하는가?
- 당신은 정말로 당신이 해야 할 일을 하고 있는가?
- 당신의 일은 당신을 행복하고 기분 좋게 만드는가? 아니면 단지 더 많은 돈을 벌게 하는가?
- 비즈니스를 운영하고 싶다면 어떤 전망이 당신을 가장 흥분되게 하는가?

제4장

당신의
삶을
재구성
하라

· 황금기 노후를 위한 제언 ·

세상에서 가장
신나게 살아라

여기 또라이들이 있다. 부적응자, 반항아, 말썽꾸러기, 네모난 구멍에 둥근 못을 박으려는 사람. 사물을 다르게 보는 사람…. 그들은 자기가 세상을 바꿀 수 있다고 생각할 정도로 미쳤기 때문에 그렇게 한다.

-스티브 잡스

나는 노화와 은퇴에 대한 낡은 규칙을 찢어 버린 60, 70, 80대의 거친 베이비부머들과 함께 지내는 것을 좋아한다. 그들은 비범한 일을 하는 평범한 사람들이며 결코 은퇴한 사람이 아니다. 그들은 전통적인 은퇴에 대한 낡은 구시대적인 믿음을 따르기를 거부한다. 이에 나는 애정을 듬뿍 담아서 그들을 '은퇴 반항아'라고도 부른다.

그들은 새로운 곳을 보고 경험하기 위해 세계를 여행하고, 다른 도시에서 열리는 마라톤에 참가하고, 새로운 기술을 배우고, 자원봉사를 하고, 새로운 사업을 시작하고, 이 모든 것을 소셜 미디어에 올리는 등 어린아이 같은 호기심과 놀라움을 되찾은 선구자들이다. 그들은 자신의 자유를 사랑하고 세상을 자신들의 놀이터로 본다. 은퇴 반항아는 놀이를 엄청나게 좋아한다. 그들은 여전히 탱크에 기름이 많이 남아 있다고 생각하고 남은 세월 동안 더 많은 것을 얻기 원한다. 그들은 사회가 이러저러하게 살아야 한다고 하는 전통적인 방식으로 생각하지 않는다. 그들은 이제 자신들의 차례이고 다르게 노후 생활을 할 자유가 있다는 것을 알고 있다. 당신은 은퇴 반항아를 관찰하면서 많은 것을 배울 수 있다.

은퇴 반항아가 되기 어려운 이유는 따를 만한 인정받는 역할 모델이 많지 않기 때문이다. 한 맥주 회사 광고는 세상에서 가장 재미있게 사는 남자를 소개했다.

"그의 인생은 재미로 가득 차 있고, 하루하루를 힘껏 사는 사람이다. 그는 유머러스하고 별난 사람이고 지루하지 않다. 그가 가진 유일한 후회는 후회가 어떤 느낌인지 모른다는 것이다."

나는 이 슬로건을 아주 좋아한다. 그는 이모작 은퇴에서 사람들에게 좋은 역할 모델이 될 수 있다. 하지만 아쉽게도 광고주는 그를 은퇴시키기로 결정했다.

앤서니 파우치 박사는 위대한 은퇴 반항아 역할 모델이다. 코로나 19 위기 동안 미국 최고의 공중 보건 전문가였던 그는 79세였다. 이

것이 전부는 아니다. 그는 건강을 유지하고 스트레스를 줄이기 위해 매일 5킬로미터씩 달리기를 하고 건강한 식단으로 높은 활력 수치를 유지한다. 나는 그의 스타일을 좋아한다. 79세가 돼서 그와 같은 몸매를 갖고 싶다.

파우치는 솔직하고 진솔한 사람으로, 있는 그대로를 말한다. 팬데믹에 대한 직설적인 평가로 인해 그는 살해 위협을 받았다. 그렇지만 그가 돈을 위해 일하지는 않는다. 그는 국가에 기여하고 생명을 구하는 것을 삶의 목적으로 여기며 일했다. 그것이 그를 기분 좋게 만들었다. 왜 그가 자신이 좋아하는 일을 그만두겠는가. 내가 보기에 그는 진정한 은퇴 반항아다.

은퇴 반항아의 10가지 특징

각자의 버전으로 '은퇴 반란군'이 되는 것을 돕고자, 나는 내가 만나고 어울린 은퇴 반항아들의 공통적인 특징을 10가지로 정리했다.

1) 자신의 가치관에 따라 산다

은퇴 반항아는 진정성이 있다. 그들은 자신의 가치관에 따라 살며, 자신이 아닌 특별한 누군인 척하지 않는다. 그들은 자신을 잘 안다. 무엇이 자신을 행복하게 만들고, 좌절시키고, 슬프게 하는지. 그들은 완전히 투명해서 보이는 그대로다. 있는 그대로의 자신을 편안하게 여긴다. 은퇴 원칙을 지키며 살고, 무엇을 먹고 무엇을 하고 어떻게 시간을 보내야 하는지에 대해서 현명하다. 솔직하고 정직하다. 무언가가 잘못됐다고 생각될 때 자신의 의견을 말하는 것을 두려워하지 않는다. 허튼소리를 참지 않는다. 그들에게는 더 이상 그럴 시간이 없다.

2) 자부심이 있지만 남들에게서 듣고 배운다

은퇴 반항아는 무조건 순응은 하지 않는다. 자기 방식대로 일하는 것을 좋아한다. 그들은 얻는 만큼만 벌고자 하며, 그 누구의 호의도 기대하지 않는다. 자신에게 은퇴의 성공과 실패에 책임이 있음을 알고 있다. 하지만 그들은 부정적, 긍정적 피드백 모두를 기꺼이 듣고 받아들인다. 그래서 그들은 배울 수 있고, 할 수 있다는 마음으로 충만하다.

3) 태도가 긍정적이다

은퇴 반항아가 미래에 낙관적인 이유는 스스로 미래를 책임지며, 무엇을 하고 싶은지, 어디로 가고 싶은지, 그리고 가장 중요하게는 '왜'를 정확히 알고 있기 때문이다. 그들은 강한 확신을 갖고 있고, 다른 은퇴자들보다 스트레스를 덜 받는다. 자신의 재정 상태를 이해하며 무슨 일이 일어나도 괜찮다는 것을 알기 때문이다. 그들은 자신이 필요로 하거나 원한다면 직업을 가질 수 있고, 항상 새로운 것을 배울 수 있다는 것을 안다. 그들은 행복하기 위해서 물질적인 소유가 많이 필요하지 않다는 것을 안다. 그들은 수백만 명이 훨씬 적은 돈으로 행복한 삶을 살아간다는 것을 깨닫고 있다.

은퇴 반항아들은 이기적이지 않고, 다른 사람들이 어떻게 생각하는지에 신경 쓰지 않는다. 따라서 타인과 자신을 비교하거나 소셜 미디어에서 '좋아요'를 받는 것에 개의치 않는다. 그들은 은퇴 단계에서 누군가에게 좋은 인상을 주거나 인정받는 것을 걱정하는 것으로, 자신의 시간과 에너지를 낭비할 필요가 없다는 것을 알고 있다. 오직 자신과 경쟁하며 개인적인 목표를 추구한다. 그들은 주목받기를 갈망하거나 박수갈채를 필요로 하지 않는다. 누가 보고 있든 안 보고 있든 상관없이 자신이 하고 싶은 것과 해야 할 일을 한다. 자신을 믿으며 자신이 할 수 있는 것에 대한 신뢰를 그치지 않지만 기꺼이 연약해지고 자신의 감정을 드러낸다. 사랑할 수 있을 때 누군가에게 사랑한다고 말하는 것이 얼마나 중요한지 잘 알고 있다. 많이 웃는다. 특별히 자기 자신에 대하여 많이 웃는다.

4) 은퇴해야 할 이유가 없다

어떤 은퇴 반항아들은 모아 둔 돈이 많지 않거나 어쩌면 나처럼 자신의 유일한 직장에서 일찍 쫓겨났을 수도 있다. 하지만 이것이 훌륭한 노후를 즐기지 못하도록 내버려 두지 않는다. 그들은 덜 성공한 은퇴자들이 원하지 않는 일들을 기꺼이 한다. 그들은 운명이나 타인이 자신의 미래를 결정하게끔 하지 않고 자신의 운명을 스스로 통제한다. 우연이 아니라 자신의 선택이 은퇴의 질을 결정한다고 믿는다.

그들은 스스로를 가엽게 여기지 않고 상황의 무력한 희생자라고도 생각하지 않는다. 문제가 있으면 해결한다. 예를 들어 운전을 못해서 커피를 마시기 위해 친구들을 더 이상 만날 수 없다면, 우버를 사용하는 법을 배운다. 청력이 나빠져서 잘 들을 수 없게 되면 괜찮은 보청기 몇 개 사는 것을 부끄러워하지 않는다. 그들은 고집이나 자존심 때문에 훌륭한 노후를 즐기지 못하도록 하지 않는다.

5) 다른 은퇴자들과 다르게 은퇴를 바라본다

은퇴 반항아는 당신과 아무런 차이가 없다. 그들은 은퇴를 다르게 바라보고, 대부분의 은퇴자들이 흔히 하지 않는 일들을 할 뿐이다. 그들은 노화에 대한 구시대적인 신화에 발목 잡히기를 거부한다. 그들이 은퇴자들을 겨냥했지만 시대에 뒤처진 광고를 비웃는 까닭은 진짜 은퇴는 그런 것과는 전혀 다르다는 것을 알기 때문이다. 은퇴 후 무엇을 할 수 있는지 관점을 한정하는 것을 거부한다. 자신을 돌봐 줄 시스템을 신뢰하지 않기 때문에 자신을 스스로 돌보는 방법을 찾아낸다. 자신의 문제이고 자신이 해결책을 찾아야 하기 때문에 모든 문제를 스스로 통제하고자 한다. 자신의 문제에 대해서 다른 사람들을 비난하는 데 시간을 낭비하지 않는다.

6) 성장 마인드를 갖고 있다

은퇴 반항아는 절대 만족하지 말라고 하는 강한 내면의 목소리를 갖고 있다. 계속 확장하고 탐험하고 배우고 경험한다. 그들은 아주 긴 버킷 리스트를 만들고, 할 수 있는 한 그 목록을 하나씩 지워 나가려고 계획하는 은퇴자다.

은퇴 반항아는 초심을 유지하며, 자신의 순서가 되기 전에 은퇴하는 것이 아니라 계속 성장해 나가는 것이 행복을 만든다는 것을 알고 있다. 그들은 매슬로우가 자아 실현으로 지칭하는 성장 지향적 은퇴자다. 지속적으로 성장하기를 원하며, 자신이 할 수 있는 것이 되기 위해 노력한다. 무엇인가 여지를 남겨 두려고 하지 않는다. 그들은 때가 되면 완전히 소진되기를 원한다. 그들은 충분히 위험을 감수하고, 충분히 열심히 뛰고, 충분히 큰 꿈을 꾸고, 자신의 모든 힘을 다해 자신의 꿈을 추구한다.

일부 은퇴 반항아들은 더 나아가야 할 필요를 느끼고, 해결해야 할 문제를 찾아내고 몰두함으로써 자아를 넘어서는 목표를 추구한다. 또한 자신의 재능을 사용하여 다른 사람들의 삶에 영향을 미침으로써 깊은 만족감과 자신이 중요한 사람이라는 느낌을 얻는다. 그리고 나 같은 일부 은퇴 반항아들은 두 가지 모두 하고자 한다.

은퇴 반항아는 새로운 기술을 개발하고, 새로운 문제를 해결하고, 새로운 지식을 습득하고, 은퇴 생활을 더 멋지게 만드는 방법을 찾기 위해 시간과 에너지를 투자한다. 그들은 호기심이 많고 항상 개선한다. 기술을 업데이트하고 더 배우고 싶은 것들을 온라인 강좌를 통해 수강한다. 신체적으로 더 이상 그런 것들을 할 수 없을 때, 비로소 그들은 공식적으로 은퇴할 때가 됐다고 생각한다.

7) 실패를 두려워하지 않는다

은퇴 반항아는 두려움과 불확실성이 새로운 것을 시도하지 못하게 가로막는 것을 용납하지 않는다. 그들은 두려움을 무시하고 계속 앞으로 전진한다. 그들은 도전과 실패를 다르게 생각하기 때문에 이모작 은퇴에서 성공한다. 실패를 배우고 성장하기 위한 또 다른 방법이라고 생각하고, 오히려 많은 실패를 기대한다. 남들의 판단을 두려워하지 않으며, 어리석고 멍청해 보이는 것을 두려워하지 않는다. 안전지대를 벗어나 사는 것이 은퇴를 흥미롭게 만든다고 생각한다. 모험을 즐기고, 잃어버릴 것이 없다고 생각하면서 할 수 있다면 기꺼이 기회를 잡으려 한다. 그들에게 은퇴 단계는 이전에는 없었던 자유를 준다.

8) 사람을 가려서 사귄다

은퇴 반항아는 자신의 시간을 보내는 방법, 그리고 누구와 보내는지에 대해 매우 가린다. 그들은 나쁜 태도와 나쁜 습관을 가진 사람들을 피한다. 낡고 고루하며 지긋지긋한 사람과 어울리는 것을 좋아하지 않는다. 늙은이처럼 생각하고 행동하며, 지루한 일을 하고, 항상 가던 곳을 가고, 같은 사람들과 어울리고, TV에서 따분한 헛소리나 듣고 있으며, 매일 같은 지루한 것들에 불평하는 은퇴자들을 피한다. 아르바이트를 구할 수 없다고 불평하고, 이전 직장에 대해 불평하고, 정부가 국민을 기만하고 있다고 불평하는 은퇴자들을 피한다. 그들은 지루하고 부정적인 투덜이들과 어울리다 보면 그 성향이 자신에게도 스며들 수 있다고 생각하고 피한다.

대신 은퇴 반항아는 다른 반항아들과 어울려 은퇴가 얼마나 신나는 일인지, 은퇴가 주는 모든 가능성에 대해 이야기하는 것을 좋아한다. 그들은 꿈과 포부를 공유하고 다음에 무엇을 시도해야 하는지에 대한 새로운 아이디어를 제공한다. 그들은 어떤 모임에 합류할지 까다롭게 고른다. 그들은 젊은 사람들이 도전적이고 젊게 행동하고 생각하도록 영향을 주기 때문에 젊은 사람들이 있는 모임에 속하는 것을 좋아한다.

9) 단순함을 좋아한다

은퇴 반항아들은 자신에게 진정 필요한 몇몇 필수품만 남겨 두고 다른 것은 줄인다. 예를 들자면, 큰 집을 줄여서 불필요한 주택 유지 보수를 피한다. 그들은 자신이 얼마나 행복하고 성공적인지 다른 사람에게 보여 주기 위해서 큰 차, 비싼 보석, 브랜드 옷, 또는 80인치 TV가 필요하지 않다는 것을 안다. 그들은 다른 사람들에게 어떻게 보이는지 신경 쓰지 않기 때문에 원하는 옷을 입고 편안하게 지낸다. 그들은 정말로 중요한 것은 옷이 아니라 옷을 입고 있는 사람이라는 것을 안다.

10) 규칙에서 벗어나는 것을 좋아한다

은퇴 반항아는 지시받는 것을 좋아하지 않는다. 그들은 등산을 하거나, 아프리카에 학교를 짓는 자원봉사를 하거나, 스탠드업 코미디언이 되고 싶다면 그렇게 한다. 자신이 하고 싶은 일을 다른 사람에게서 제재받지 않는다. 그들은 할 수 있다는 이유만으로 규칙과 전통을 깨는 것을 즐긴다. 그들은 다른 사람들이 자신이 무엇을 할 수 없다고 말하는 것을 싫어한다. 누군가가 사업을 시작할 때가 아니라고 하면 사업을 시작한다. 다른 사람의 기대를 저버리고 그들이 틀렸다는 것을 증명하기를 좋아한다. 자신이 무엇이든 할 수 있으며 간절히 원한다면 무엇이 가능한지를 입증하고 싶어 한다. 꿈을 좇아 전진하는 것을 가로막는 사람들의 의견을 용납하지 않는다. 현상에 도전하고 은퇴 후 어떻게 행동하고 살아야 하는지에 대한 오랜 고정관념에 맞서기를 좋아한다. 자신의 운명을 스스로 만드는 데 단호하고 통제권을 갖는 것을 좋아한다. 단지 그들이 원하는 것을 받아들이는 대신에 자신만의 버전으로 은퇴 천국을 만들고 싶어 한다.

세상에서 가장
자신 있게 살아라

성공하고 싶다면 자신이 원하는 결과를 성취한 사람을 찾아서 그들이
하는 일을 따라 하라. 그럼 당신은 그들과 같은 결과를 얻을 수 있다.

-토니 로빈스

내가 처음 만난 은퇴 반항아는 어니 젤린스키였다. 그의 책《일하
지 않아도 좋아(How to Retire Happy, Wild, and Free)》는 나를 은퇴
지옥에서 구해 주고, 내가 현재의 길을 걷게 해 준 원천 중 하나다.
어니는 대부분의 은퇴자들과 다르게 생각하고 농담을 많이 한다. 우
리는 좋은 친구가 됐다.

오늘 거울에 비친 나를 보면 등 뒤에서 나를 지켜보는 은퇴한 노

인의 모습은 보이지 않는다. 나에게 보이는 것은 실제 나이보다 스무살이나 어리다고 느끼며 행동하는 짓궂은 미소를 띤 은퇴 반항아다. 나는 더 이상 많은 돈을 버는 것에 걱정하지 않는다. 내 자존심은 순자산의 규모에 얽매이지 않기 때문이다. 남들이 얼마나 갖고 있든 내가 뭘 갖고 있든 상관없다. 그리고 이렇게 말할 수 있다는 게 너무 기분이 좋다. 이제 그런 것에 신경 쓰지 않으므로 누구에게도 나 자신을 증명할 필요가 없다. 나는 은퇴 반항아가 되는 것을 즐기며 더 이상 순응할 필요를 느끼지 않는다. 나는 그동안 일하면서 인생의 대부분을 순응하며 살았다. 이제 더는 지시받고 싶지 않다.

나는 무엇이 성공인지 결정하고 내 일을 할 뿐이다. 내가 모든 사람을 기쁘게 할 수는 없다. 그리고 나는 그래도 괜찮다. 나는 단지 내 방식대로 성공하거나 실패하기를 원한다. 이제부터 나는 나의 길을 가고자 한다. 나는 내가 살고 싶은 곳, 내가 하고 싶은 일, 어울리고 싶은 사람을 스스로 선택한다. 그간은 흰머리를 감추기 위해 염색하곤 했지만 이제는 그러지 않기로 했다.

나이는 숫자에 불과하다는 만고의 진리

나는 다른 은퇴 반항아들과 어울리는 것을 좋아한다. 그들은 나에게 65세가 된다는 것과 우리가 할 수 있는 것과 할 수 없는 것에 대한 헛소리를 믿지 말라고 상기시켜 주기 때문이다. 진실은 나이는 아무런 의미가 없다는 것이다. 나는 80번째 생일을 자축하고자 플로리다 철인3종 경기에 참가하는 은퇴 반항아들과 함께 수영을 하고 있다. 그의 아내는 최근 2,000미터 수영을 완주하며 80번째 생일을 자축했다. 그들 부부는 은퇴 광고에 출연시켜야 할 커플이다.

진실은 이렇다. 마음이 그렇게 하고자 한다면 결코 너무 늦지 않는다. 나는 2019년 10월 15일에 65세가 됐다. 내 또래의 남자들은 대부분 은퇴해서 TV로 스포츠를 시청하면서 시간을 보내지만, 나는 그렇지 않다. 나는 스포츠를 관람하는 것이 아니라 직접 하기를 원하며 소파와 리모컨에 굴복하기를 거부한다. 나는 내 인생이 뭔가 의미 있기를 원한다. 나는 머물러 있기를 원하지 않는다. 나는 계속해서 도전할 계획이고 더 등산할 수 없을 때까지 항상 다른 산을 바라볼 것이다. 왜냐하면 나는 도전이 주는 느낌을 좋아하기 때문이다.

나는 할 수 있다는 이유만으로 철인 3종 경기에 등록할 계획이다. 전 세계 1%도 안 되는 사람들만이 완주하는 행사에 도전한다는 생각은 나를 고무시킨다. 나는 은퇴 반항아라고 불리는 것이 자랑스럽다. 그냥 은퇴자보다 훨씬 섹시하게 들리지 않는가? 당신은 어떻게 생각하는가? 은퇴 반항아가 되는 것은 쉽지 않지만, 그럴 만한 가치가 있다.

내가 누구인지
말하라

아무도 처음으로 돌아가서 완전히 새로운 시작을 할 수는 없다. 그러나 누구나 지금부터 시작해서 완전히 새로운 끝맺음을 할 수 있다.

-로리 바드

이 책의 각 장 마지막에 있는 자기 성찰 질문에 솔직하게 대답했다면, 좋든 나쁘든 자신에 대해 많은 것을 알게 됐을 것이다. 여러분은 자신이 어떻게 연결돼 있는지, 자신의 욕구와 가치가 무엇인지, 두려움과 도전은 무엇인지, 그리고 자신의 새로운 목적이 무엇인지에 대해 민감해야 한다. 은퇴자들 대부분은 이런 수준의 자기 인식이 부족하다. 게임을 시작하기 전에 자기 자신을 돌아봐야 한다.

우리는 당신이 배운 모든 것을 활용해 9가지 은퇴 원칙을 기반으로 은퇴 라이프 스타일을 설계하고자 한다. 그 전에 자신의 노후 비전을 만들어야 한다. 왜냐하면 자신이 원하는 노후가 어떤 모습이고 어떤 느낌인지 정확히 알지 못하면, 은퇴 천국에 도달하는 데 어려움을 겪고, 좌절하고 포기하게 되기 때문이다. 그럼 당신은 전통적인 은퇴 상태를 따르고, 결국 다른 사람과 같은 모습이 될 것이다.

예를 들어, 당신의 다른 은퇴자 친구들처럼 골프나 테니스를 할 수 있다. 그리고 TV로 보는 다른 은퇴자들처럼 더 온화한 곳이나 작은 집으로 이사 갈 수도 있다. 또한 다른 은퇴자들이 유람선을 타니까 당신도 유람선을 타기로 할지도 모른다. 만약 당신이 정말로 이런 것을 원한다면, 좋다. 하지만 만약 단지 다른 사람들이 그렇게 하기 때문에 덩달아 따라 한다면 당신은 형편없는 노후를 보낼 가능성이 높다.

구체적으로 꿈꾸면 이루어진다

당신은 자신의 미션, 은퇴 천국에 대한 자신의 비전을 스스로 찾아야 한다. 눈을 감고 멋진 은퇴 생활이 어떤 모습이고 어떤 느낌인지 상상해 보라.

- 당신은 어디에 살고 있는가?

- 당신은 어떻게 보이는가?
- 당신은 어떤 모험을 계속하고자 하는가?
- 당신은 일하고 있는가? 어디에서, 어느 정도로?
- 당신은 사랑하는 가족과 친구들에게 둘러싸여 있는가?

어떤 노후가 성공적인지 보다 명확하게 가시화될수록, 마음속에 그리는 그림이 보다 정교해질수록 더 빨리 그리고 더 쉽게 도달할 수 있다. 당신은 아침에 침대에서 벌떡 일어나게 만들고, 동기를 부여하고, 자신이 원하는 미래를 향해 나아가게 하고 강력하고, 들뜨게 만드는 자신의 은퇴 비전을 만들고자 한다. 은퇴 비전이 구체적이려면 다음 세 가지 핵심 질문에 대답할 수 있어야 한다.

첫째, 당신은 누구인가?
둘째, 당신은 무엇이 되고 싶은가?
셋째, 무엇을 하고 싶은가?

자기 성찰 질문에 성실하게 대답했다면 이 질문들에도 쉽게 대답할 수 있을 것이다. 자신이 찾은 답변이 마음에 들지 않더라도 절망할 필요는 없다. 아직 더 좋은, 더 건강하고 행복한 자신을 만들 시간이 남아 있다. 나에게 강한 반향을 불러일으킨 영화는 찰스 디킨스의 동명 소설을 원작으로 한 〈크리스마스 캐롤〉이다. 해마다 이 영화는 우리 모두가 에버네저 스크루지가 그랬던 것처럼 자기 미래의 결과를 바꿀 수 있는 힘을 갖고 있다는 것을 일깨운다. 영화에서 '아직 오지 않은 크리스마스 유령'은 스크루지가 같은 길을 계속 가면 미래가 어떻게 될지 보여 준다. 스크루지는 자신에게 보이는 미래를 바꿀 수 있고, 너무 늦기 전에 운명을 바꿀 힘을 자신만이 갖고 있다는 것을 깨닫는다.

스크루지처럼 여러분도 이 책을 통해 여러 가지 자기 성찰을 했다. 아마도 당신을 걱정스럽게 하는 여러 생각이 있었을 것이다. 은퇴 지옥으로 가는 지름길 위에 있다는 것이 두려웠을 것이다. 걱정하지 마라. 스크루지처럼 우리는 과거에 일어난 일을 바꿀 수는 없다. 하지만 과거를 통해 배울 수 있고 미래에 영향을 줄 수 있고 바로 지금부터 좋은 선택을 함으로써 우리가 살아온 것보다 훨씬 더 잘 살 수 있다. 아직 고칠 수 있는 시간이 있다. 하지만 서둘러야 한다.

어떤 사람이
되고 싶은지 말하라

목적의식을 갖고 자신의 가치가 무엇인지 정확히 아는 것은 당신의
수명을 연장시킨다.

-댄 뷰트너

두 번째 커다란 질문에 대답하려면, 자신의 영화로 되돌아가서 스
크루지처럼 자신에게 이렇게 물어볼 필요가 있다.

"장례식에서 사람들이 당신에 대해 뭐라고 말했으면 좋겠는가?"

'그는 좋은 아버지, 좋은 남편이 아니었다. 항상 스트레스를 받았으
며, 결코 행복해 보이지 않았다. 항상 자신의 직업에 대해 불평했고,
퇴근 후 대부분의 시간을 소파에 앉아서 TV를 보고, 감자칩을 먹으

면서 맥주를 마시며 보냈다'는 말보다는 다른 말을 듣는 것이 좋을 것이다.

'그는 훌륭한 아버지였고, 관대한 친구였으며, 내가 만난 사람 중 가장 행복한 사람이었다. 그는 돈에 구애받지 않았고, 노후에 저축해 둔 돈을 가족과 함께 신명 나는 경험을 하는 데 사용했다. 그는 모험심이 있었고 은퇴 반항아로 불리는 것을 좋아했다. 그는 새로운 것을 시도하고 자신을 확장시키는 것을 두려워하지 않았다. 그는 은퇴했다고 생각하지 않는다. 그는 항상 무언가를 배웠고, 어떤 일을 했으며, 사람들을 돕는 것을 좋아했다.'

자신이 무엇이 되고 싶은가를 생각해 보는 또 다른 방법은 자신의 새로운 링크드인 프로필에서 자신이 어떤 모습이면 좋을 것인가를 생각해 보는 것이다. 자신이 본질적으로 누구인지에 대해 완전히 재구성하는 것이다. 당신이 되고 싶은 사람과 되고 싶지 않은 사람, 즉 자신이 좋아하지 않으며 개선하기 위해 노력해야 할 자신의 자질에 대해 생각해 보라. 자신의 어떤 부분을 유지하고 싶은지, 어떤 부분을 추가하고 싶은지, 어떤 부분을 버려야 할지 결정해야 한다.

어떻게 다른 사람이 될 것인가?

당신의 은퇴 비전은 발목을 잡는 나쁜 파괴적인 습관을 없애기 전까지는 일어나지 않는다. 당신은 과식하고, 과음하고, 쇼핑에 중독

되고, TV를 너무 많이 보고, 소셜 미디어에 너무 많은 시간을 소모하고, 밤마다 엉망진창이 되어 하루를 보냈을 수 있다. 원하는 노후를 보내기 위해서는 더 이상 그렇게 사는 것을 거부해야 한다. 그래야 자신이 되고 싶은 사람이 되어 이모작 은퇴에서 원하는 삶을 살 수 있다. 이제 해서는 안 되는 일을 그만둘 때다. 오랫동안 좋아하지 않지만 당신을 갈등하게 하고, 옴짝달싹하지 못하게 만들었던 습관을 바꾸는 것은 힘든 일이다. 하지만 그럴 가치가 있다. 지금 당장 그래야 한다.

이렇게 말하지만 나도 습관을 바꾸는 것이 어렵다는 것을 잘 안다. 의지만으로는 충분하지 않다. 나도 나쁜 습관을 바꾸려고 해 봤기 때문이다. 정규직으로 일할 때 이런 습관을 바꾸려고 해 봤지만, 모든 것을 쏟아붓지 않았기 때문에 실패를 인정하는 것이 쑥스럽지 않다. 나는 전적으로 의지력에만 의존했다. 하지만 의지력만으로는 지속적인 변화를 일으키기에 충분하지 않았다.

의지는 자신이 어떤 것에 완전히 몰입하지 못했을 때, 끊임없는 내부 갈등이 일어나기 때문에 많은 노력과 에너지를 필요로 한다. 자신에게 좋다는 것을 알고 있는 어떤 것을 하기 위해 자신을 밀어붙여 보지만, 마음이 완전히 거기에 머물러 있지 못하면 결국 나처럼 결국 실패할 것이다.

자신이 되고 싶은 사람이 되는 데 성공하기 위해서는 변화를 만들어야 하는 강한 이유가 있어야 한다. 변화하는 것이 왜 그렇게 중요한지 자문해 보라. 여러 가지 이유가 있을 것이다.

'가족을 사랑하고 그들과 함께 보낼 수 있는 시간을 극대화하고 싶기 때문이다.'

'손주들과 함께 놀 수 있는 충분한 에너지를 갖고 그들의 졸업식에 참석하고 싶기 때문이다.'

'숨차지 않고, 심장 마비를 일으킬 것 같은 느낌 없이 계단을 오르고 싶기 때문이다.'

'배우자와 자녀들과의 형편없는 관계를 개선하고 싶기 때문이다.'

'하루의 대부분을 소파에 앉아 TV를 보는 것에서 벗어나 의미 있는 일을 찾거나 사업을 시작하는 것과 같은 성취감을 주는 무언가를 찾을 필요가 있기 때문이다.'

'결국은 요양원에 가는 것을 피하고 싶기 때문이다.'

의지력만으로 무언가를 하기보다는 자신의 핵심 목적인 '왜'를 동력으로 활용하라. 즉 자신이 어떤 일을 하는 이유를 통해 혜택을 얻을 수 있도록 하라. 그것은 마치 자신이 강요당하거나 빼앗기고 있다고 느끼지 않도록 스위치를 확 뒤집어 버리는 것과 같다. 그래서 자신의 미션과 긍정적인 성장 마인드가 동력이 되도록 하는 것이다.

여러분이 충분히 강력한 '왜'를 갖고 있을 때, 자신을 가로막는 나쁜 습관을 극복할 수 있다. 그럼 운동을 건너뛰거나, 비비큐 칩을 많이 먹거나, 맥주를 한 캔 더 마시거나, 막 시작한 사업을 포기하고 싶은 유혹을 받지 않는다. 당신은 어떤 보상이 있는지 정확히 알고, 그 보상을 원하기 때문에 궤도를 유지하며 일할 것이다.

강력한 '왜'를 가질 때, 당신은 목표에 도달하기 위해 필요한 모든 것을 한다. 만약 당신이 자녀의 목숨을 구하기 위해서 치료약이 필요하지만 자금이 없다면 돈을 벌기 위해 구직할 것이라고 나는 확신한다. 모두 '왜'의 크기에 관한 것이다.

강력한 '왜'가 없는 의지만으로는 결국 항상 갖고 있던 것만 갖게 될 가능성이 크다. 하지만 의지력과 강한 '왜'는 함께 새롭고 좋은 습관을 만드는 데 매우 효과적이다. 그리고 일단 새로운 행동이 확고하게 자리 잡으면 더 이상 의지력을 사용할 필요가 없다. 예를 들어 나는 체중 감량을 위해 디저트를 먹지 않는 것을 습관화했다. 습관이 되고 나서는 저절로 디저트 생각이 없어졌고, 저녁을 먹을 때마다 디저트를 먹지 말아야 한다는 각오를 해야 할 필요도 없다.

주의해야 할 점이 있다. 오래된 습관을 깨고 새로운 습관을 만들고자 할 때는 어울리는 사람들을 조심할 필요가 있다는 것이다. 하버드대학교 경영대학원의 연구에 의하면 흡연자들과 어울리는 사람들은 흡연할 가능성이 더 높고, 비만한 사람들과 어울리는 사람들은 체중이 늘어날 가능성이 더 높으며, 긍정적이고 행복하고 성공적인 사람들과 어울리는 사람들은 긍정적이고 행복하고 성공적일 가능성이 더 높다고 한다. 나에게도 완전히 그렇다. 그래서 나는 어떤 사람들과 어울릴 것인지 선택했다. 하지만 여기서 그치지 않는다. 자신이 시간을 보내는 환경에도 유의해야 하기 때문이다.

습관을 바꾸기 위해서는 가능한 한 유혹을 제거하여 규율과 의지력조차 필요하지 않은 환경을 만들 필요가 있다. 체중을 감량하고자 한다면 냉장고에 있는 가공육과 선반 위에 있는 비비큐 칩 봉지같이 피하고자 하는 먹거리를 모두 버려라. 술을 줄이고 싶다면, 냉장고에 있는 맥주와 주류 진열장에 있는 좋아하는 술을 치우고 새로운 습관이 생기기 전까지 잠시 한잔하자는 술자리를 멀리하라.

은퇴하면 문제는 훨씬 더 간단해진다. 왜냐하면 우리는 생각할 필요도 없이 자신이 무엇을 원하고 무엇을 해야 하는지 알기 때문이다. 헬스장에 가야 할지, 아니면 소파에 앉아 맥주를 마시며 넷플릭스를 봐야 할지 하는 매일 반복되는 의사 결정이 사라진다. 이것은 스트레스를 극복하는 데 도움이 된다.

무엇을 하고 싶은지
말하라

삶이 지루하다면 그리고 매일 아침 무언가를 하고 싶은 욕망으로 일어나지 않는다면, 목표가 충분하지 않은 것이다.

-루 홀츠

이제 스스로에게 물어봐야 할 중요한 세 번째 질문을 알아보자. 당신이 하고 싶은 일은 무엇인가? 여기에 대답하기 위해서는 자신이 원하는 결과가 무엇인지, 무엇을 이루고 싶은지, 그리고 어떻게 그것들을 성취할지 생각해 봐야 한다. 다음 5단계를 따르면 하고 싶은 일을 하면서 은퇴 후에 자신의 비전과 일치하며 도달하고자 하는 구체적인 목표를 세우는 데 도움이 될 것이다.

1단계:
노후의 목표 생각하기

자신의 은퇴 원칙, 즉 큰 그림의 목표를 설정하고 비전 선언문을 만드는 것이다. 다음은 나의 거시적 목표 중 몇 가지다.

• 사회적 목표

혼자가 되고 싶지 않다. 사랑하고 싶고 사랑받고 싶다. 좋은 아버지와 남편이 되고 싶고, 친구들과 좋은 우정을 쌓고 싶고, 세상에 의미 있는 기여를 하고 싶다.

• 건강 목표

건강을 잃어서 하고 싶은 일을 못하고 싶지 않다. 산책을 하면서 숨차지 않도록 체중을 줄이고 싶다. 샤워하고 난 후 거울에 비친 내 몸을 보고 놀라지 않고 싶다. 멋진 모습으로 보이면 좋겠다. 죽기 전에 마지막으로 한 번 더 나의 복근을 보고 싶다.

• 여행·모험 목표

세계를 여행하고 그 나라 사람과 문화를 배우고 싶다. 새로운 것을 배우고 경험하고 싶다.

• 업무 목표

투자 자문가와 재무 설계자를 대상으로 그들의 고객들이 은퇴 후 성공을 지원하는 방법을 가르치고 싶다. 대부분의 성장 지향적인 사람들은 나처럼 은퇴 전환에 어려움을 겪는다. 나는 신뢰할 수 있는 자문가로서 고객이 은퇴 후 겪게 되는 일을 해결하고 최적의 은퇴 생활을 성취하기 위해 해야 할 일을 가르침으로써 많은 스트레스를 피할 수 있도록 돕고자 한다.

2단계:
구체적인 목표 설정하기

큰 비전의 목표 각각 원하는 성과를 달성하는 데 도움이 되도록 목표별로 세부 목표를 설정한다. 설정한 목표가 현실적이고 측정 가능한지, 바람직하게는 각각의 목표에 달성 기한을 정했는지 확인하는 것이 중요하다. 어떤 목표는 보다 전반적이므로 반드시 달성하고자 하는 기한을 정하지 않아도 되지만, 대부분의 목표는 달성하고자 하는 기한을 정해야 한다. 예를 들어서 나의 건강 목표의 경우 목표 달성을 위해 취해야 할 세부 목표는 다음과 같다.

- 2021년 4월 30일까지 몸무게를 200파운드 미만으로 감량하여 36사이즈 바지를 입는다.
- 2021년 7월 31일까지 일주일에 6일, 하루에 최소 2시간 이상 운동한다.
- 2022년 11월 21일에 철인3종경기에 도전한다.

여행과 모험에 대한 목표를 예로 들면, 나는 2021년 3월에 친구와 바하마 여행을 계획했다. 거기서 스쿠버 다이빙을 배우고 자격증을 따고 싶다. 스쿠버 다이빙을 배우고 나면 완전히 새로운 모험의 세계가 열릴 것으로 기대한다. 여행과 모험 목표는 나의 다른 은퇴 원칙에도 긍정적인 영향을 미치기 때문에 아주 좋은 목표다. 친구와의 관계는 강화될 것이고, 새로운 것을 배울 것이고, 좋은 육체 운동도 같이하게 될 것이다.

자신의 목적과 목표를 구체적으로 설정할수록 자신의 마음속 비전을 바라보고, 목표를 향한 진도를 측정하고, 성취하는 것이 더 쉬워진다. 당신이 선택한 목표는 킬리만자로 등정같이 매우 도전적일 수도 있고, 내년에 특별한 낚시 여행을 가기 위해 매달 100달러를 저축하는 것같이 간단할 수도 있다.

앞에서 이야기한 바와 같이, 각각 목표를 설정할 때 강력한 '왜'가 있는지 확실히 하라. 이유는 그것들을 실현하기 위해 필요로 하는 본질적인 동기를 제공한다. 각각의 목표를 달성하면 기분이 어떨지 생각해 보라. XXL 대신 M 사이즈 골프 셔츠를 입었을 때의 기분을 떠올려 보라. 당신의 파트너로부터 셔츠가 잘 어울린다는 말을 들었을 때 어떤 기분일지 상상해 보라. 그 말을 마지막으로 들어 본 것이 언제인가? 목표를 달성하면 무엇을 얻을 수 있는지를 명확하게 인식하는 것은 목표 달성을 위해 해야 하는 일에 거대한 동기 부여가 될 것이다.

당신의 진전을 크게 가로막는 것은 자신의 욕구, 가치, 비전과 일치하지 않는 목표, 즉 자신이 진정으로 원하지 않는 목표를 선택하는 것이다. 다른 사람이 아니라 자신의 목표를 설정해야 한다. 회사원 시절로 돌아가 보면, 나는 매출 목표를 달성하고 연례 영업 경진대회에서 우승하기 위해 열심히 일했지만, 막상 우승한 후 속으로는 마치 우승이 성과라기보다 손해인 것 같은 상실감과 허전함을 느꼈다. 열심히 일했고 목표를 달성했지만 만족스럽지 않았다. 왜냐하면 그것이 내 목표가 아니었기 때문이다. 회사의 목표였기 때문이다.

목표를 세울 때는 자신에게 그것을 달성할 능력이 있다고 믿어야 한다. 자신이 할 수 있다고 믿지 않으면 결국 하지 못한다. 아주 간단하다. 목표 설정은 자신이 원하는 결과를 만들 수 있게 해 준다. 그리고 목표는 우리가 상상할 수 없는 위대한 업적을 이루게 하고 성장하도록 돕는다. 그러므로 목표 수립의 가장 큰 이점은 목표를 추구하는 동안 당신이 타인을 쫓아가지 않고 자기 자신이 된다는 것이다. 목표를 달성함에 따라 능력과 자신감은 커지고 자신이 전혀 알지 못했던 잠재력과 재능에 의지하게 된다. 나는 지금도 무대에 올라 연설할 때마다 자신을 대견스러워하며 꼬집는다. 모두 내가 큰 목표를 세우고 충분히 강력한 '왜'를 갖고 있었기 때문이다.

3단계:
목표를 위한 중간 목표 세우기

이제 특정 목표와 목적을 위해 몇 가지 마일스톤을 설정해야 한다.

마일스톤은 큰 목표를 달성하기 위해 거쳐야 하는 기준으로, 진행 상황을 모니터링할 수 있게 한다. 마일스톤을 제대로 갖추지 않으면 추진력을 잃고 목표 추구를 중단하게 될 가능성이 높다. 예를 들자면, 현재 40사이즈 바지를 입는데 36사이즈의 바지를 입는 것을 목표로 한다면 38사이즈의 바지를 입는 것이 하나의 마일스톤이다. 그리고 재무 설계사들 대상의 비재무적 은퇴 설계 강의를 하고자 하는 경우, 재무 설계사들의 요구 사항을 파악하기 위한 인터뷰를 진행하는 것이 하나의 마일스톤이 될 수 있다.

각각의 작은 성과를 축하하는 것을 놓치지 마라. 큰 목표를 향하는 길에 만나는 작은 성과, 마일스톤을 인정받는 것이 중요하다. 그럼 동기를 유지하고 커다란 비전을 성취할 가능성을 더 높여 준다. 마일스톤을 통과할 때 자신이 발전하고 있다는 것을 알게 되기 때문에 약간의 행복을 경험하게 된다. 계속해서 더 많은 이정표를 지날수록 자신감은 커져 가고 자신을 승자처럼 느끼기 시작한다. 한번 그렇게 느끼기 시작하면 당신을 가로막을 것은 없다.

4단계:
행동력 높이기

일지에 특정 목표를 달성하고자 하는 설득력 있는 이유와 함께 달성하고자 하는 성과를 기록하라. 추적하고자 하는 모든 행동을 기재하고 매일 각각의 목표에 대한 상황을 기록하라. 진행 과정을 계속 추적하는 것이 중요하다. 경로에 따라 진도를 유지하도록 당신을 고무하기 때문이다. 목표 달성률을 높이기 위해서는 그 목표들이 자신의 마음에 깊이 스며들 때까지 매일매일 상기할 필요가 있다.

- 매일 밤 일지에 기록할 때마다 해당 목표 항목을 리뷰한다.
- 목표를 냉장고나 욕실 거울에 붙여 둔다.
- 목표를 핸드폰, 컴퓨터의 바탕화면으로 사용한다.
- 목표를 주머니에 넣을 수 있는 카드로 만들어서 갖고 다닌다.

목표를 어디에서나 잘 보이게 해 두면 자신의 '왜'와 은퇴에 대한 비전이 수시로 생각날 것이다. 목표를 수시로 들여다보면 목표의 궤도에서 벗어나는 것을 방지하는 데 도움이 된다. 또한 비전을 성취하기 위한 일을 하는 데 작은 추동력 된다.

5단계:
목표를 위한 세부 계획 세우기

은퇴했다고 해서 스케줄이 필요없게 되는 건 아니다. 물론 자유와 융통성은 멋지게 들린다. 그렇지만 사실 많은 은퇴자가 비생산적이고 행복하지 못하며 성취감을 얻지 못하는 노후를 보내고 있다. 자신에게 주어진 시간을 의식적으로 사용하지 않고, 자신에게 목적과 의미를 부여하고 진정으로 행복한 활동에 집중하지 않기 때문이다.

광고와는 달리 여가와 레저 활동으로 채워진 은퇴 생활이 자신을 행복하게 해 줄 것이라고 믿는 것은 커다란 착각이다. 행복은 그런 방식으로 작동하지 않는다. 대부분의 은퇴자들은 자신이 좋아하는 일을 하거나 은퇴 전에는 할 수 없던 일을 하면서 하루하루를 보내면 절정의 행복감을 맛볼 수 있을 것이라는 생각의 덫에 빠진다. 하지만 실망스럽게도 상당수 은퇴자들이 매일 골프를 치는 것 같은 일들은 금방 지루해진다는 것을 알게 된다. 나는 공식적으로 낚시가 좋아하는 취미지만, 낚시도 마찬가지라는 걸 알게 됐다. 다양성은 은퇴 생활을 풍요롭게 하고, 목적은 우리를 계속 전진하게 한다. 성공적인 은퇴자들은 자신의 시간을 틀에 박힌 일로 보내지 않으며 새로운 일을 하는 기회를 잡으면서 새롭고 의미 있는 다양한 활동에 투자한다.

주간 일정표를 만들면 잃었던 체계와 일상이 되돌아오고 시간에 대한 통제력을 회복할 수 있다. 또한 가장 중요한 일, 장기적인 목표를 달성하기 위해서 단기적으로 해야 할 일에 시간을 투자하고 있다는 것을 확실히 알려 준다. 이제부터 당신은 그냥 표류하면서 시간을 보내는 것이 아니라 자신이 무엇을 하고 있는지, 왜 그것을 하고 있는지, 그리고 언제 해야 하는지를 정확하게 알게 될 것이다.

자신의 주요 활동을 일별, 주별로 조직화하라. 매 순간 바빠야 할 필요는 없다. 중요한 일을 놓치지 않도록 유의하면 된다. 장기적 목적과 목표 달성을 위한 마일스톤을 완수하기 위한 일일 및 주간 활동 계획뿐만 아니라 자신을 활기차게 만드는 다른 활동 계획도 함께 수립하라.

그것이 무엇이든 간에 자신의 예술을 실행하는 시간과 더불어 운동, 자원봉사, 새로운 경험, 춤을 배우거나 계획한 여행을 위해 새로운 언어를 배우는 등을 위해 시간을 할애하라. 그리고 무엇보다도 자신이 사랑하는 사람들과 좋아하는 무언가를 하기 위한 시간을 일정표에 넣어 두라.

매일 밤 그리고 매주 일요일에 계획을 수립하는 습관을 만들어라. 매주 일요일 저녁, 서재에 앉아서 다음 주에 자신이 성취하고 싶은 여러 가지 일을 일지에 기재하라. 이런 습관은 은퇴 후 성공을 거둘 수 있는 기회를 극적으로 높인다. 매일 밤 일지에 모든 내용을 기록하고 나서 다음 날의 계획을 세워야 한다. 우선 우선순위를 정해야 한다. 이것은 타협할 수 없다. 운동, 노인 돌봄, 일 등 무엇이든 끝내야 하는 중요한 일이다. 일단 이런 활동에 시간을 할당했다면 잔디 깎기, 이발 등 덜 중요한 다른 일들을 계획한다.

어려운 일을 먼저 하는 것은 유용한 접근법이다. 그럼 정신이 맑을 때 어려운 일을 대면하고, 가장 힘 있고 창의적일 때 그 일과 씨름할 수 있다. 예를 들어, 구직 활동의 우선순위가 가장 높다면 구직 및 네트워킹 시간을 계획하라. 그 일이 끝난 후 체육관에 가는 것 등의 활동으로 옮겨 가는 것이 좋다.

매일매일 조금씩
더 지혜로워져라

충분히 강한 '왜'만 있다면 어떤 방법도 극복할 수 있다.

-토니 로빈스

1) 적을수록 풍요롭다

적지 않은 신규 은퇴자들이 저지르는 실수는 버킷 리스트를 모두 성취하기 위해 서두르는 것처럼 짧은 시간 안에 너무 많은 것을 하려는 것이다. 그것은 내가 그랬던 것처럼 좌절하고 미치게 만들 뿐이다. 우리의 은퇴 목표는 스트레스를 줄이는 것이지 더 많이 만드는 것이 아니다. 그러니 천천히 시작하고, 자신만의 편안한 속도를 찾고, 너무 많은 부담을 갖지 말고, 자신을 과도하게 몰아붙이지 마

라. 상황을 개선하려고 서두르는 건 알지만, 로마는 하루아침에 건설된 것이 아니다. 당신의 노후도 그렇다.

2) 한 가지 일에만 과도하게 집중하지 않기

자신의 예술로 생각하는 것 때문에 다른 관심사들이 질식되도록 내버려 두지 마라. 자신에게 중요한 다른 것에도 시간을 할애하도록 경계를 설정해야 한다. 그리고 그 우선순위를 지켜야 한다. 한 가지 일에만 과도하게 집중하면 다른 중요한 목표들은 뒤처지고, 결국은 지연하거나 완전히 포기하게 될 수도 있다. 나는 여기서 문제가 생겼었다.

나는 새로운 강연과 코칭 사업을 하기 위해 첫 책의 집필을 마쳐야 했다. 글쓰기에 열중하느라 하루의 대부분 시간을 쏟아야 했고, 그 결과 나는 운동과 다른 활동을 할 수 없었다. 오로지 집필을 끝내기 위해서 다른 주요한 목표를 뒷전으로 미뤄 둔 탓에 지치고 스트레스가 쌓였다.

은퇴 천국을 만들기 위해서는 일, 여가, 건강, 관계의 적절한 균형과 조합을 찾아야 한다. 과로하거나 한 가지 일에만 집중하는 것은 다른 모든 것을 망쳐 버릴 수 있다.

3) 진척 상황 모니터링: 일일 평가

자신의 라이프 스타일을 주의 깊게 계획하고, 목표를 명확히 정하고, 우선순위에 맞게 시간을 배정해야 한다. 당신은 어떻게 하고 있는가? 자기 인생의 영화를 해피엔딩으로 마치고자 한다면 진행 상황을 모니터링하고, 단기적으로 자신의 목표를 어떻게 수행하고 있는지 확인해야 한다. 그렇지 않으면 해피엔딩은 결코 없다.

하루를 마치며 오늘 하루를 어떻게 지냈는지 평가하는 시간을 가져 보라. 당신이 의도한 대로 시간을 사용했는가? 당신이 직접 작성한 일정을 잘 지켰는가? 밤에 일지를 작성하면서 시간을 할애하여 하루의 질을 평가해 보라.

- 운동을 했는가?
- 건강하게 잘 먹었는가?
- 어떤 재미있는 일을 했는가?
- 새로운 것을 배우거나 시도했는가?
- 나쁜 버릇이 다시 스며들도록 방치했는가?
- 쓸데없는 활동에 시간을 낭비하지 않았는가?
- 가족과 친구들과 좋은 시간을 보냈는가?

정크 푸드를 먹지 않는 등 생활 습관 바꾸기를 그날 성공했으면 일지에 별표를 쳐라. 하루를 마치면서 자신에게 황금색 별표를 부여하면 기분이 좋아진다. 그리고 일지에서 황금색 별표를 계속 발견하면 그것을 지속하도록 스스로에게 동기 부여하게 된다. 마찬가지로 궤도에서 벗어나 중요한 것에 시간을 할애하지 못했다면 이런 매일매일의 복기는 자신을 정직하게 되돌아보게 하고 빠르게 제자리로 돌아오게 하는 데 도움이 될 것이다.

4) 역할 모델 찾기

명확한 목표를 세우고자 할 때 자신이 하고 싶은 일을 이뤄 낸 다른 사람들로부터 배워라. 그들이 성취한 방식을 따라 하면 시간을 절약하고 진행 속도를 높일 수 있다. 조언을 받고 방향을 찾고 격려를 얻기 위해 손 내미는 것을 부끄러워하지 마라. 여러분은 내가 그랬던 것처럼 많은 역할 모델이 자신에게 기꺼이 도움을 준다는 것을 알게 될 것이다.

다른 역할 모델로부터는 다른 것들을 배워라. 자신이 시작하고자 하는 업종에서 성공한 역할 모델을 찾을 수 있고, 건강 분야의 역할 모델을 통해 컨디션 회복에 도움을 받을 수도 있다. 자신이 하고자 하는 일을 이미 하고 있는 사람 중에서 선택할 수 있는 역할 모델은 아주 많다. 좋은 은퇴 역할 모델은 유명한 사람들에 한정되지 않는다. 당신 주변에는 훌륭하고 흥미로운 일들을 하고 있는 평범한 '은퇴 반란군'들이 많다.

다음 질문을 생각해 보라.

- 누가 당신에게 영감을 주는가?
- 당신이 성취하고 싶은 것을 이미 갖춘 역할 모델은 누구인가?
- 당신이 존경하는 역할 모델의 자질은 무엇인가?
- 당신은 그들의 생활 방식 중 어떤 면을 존경하는가?

역할 모델들도 언젠가는 지금의 당신처럼 두려워했다는 것을 기억하라. 그들도 자신의 시도가 효과가 있을지 없을지에 대해 의구심을 갖고 있었다. 그들은 두려웠지만, 강력한 '왜'를 갖고 있었고 열심히 시도했고 포기하지 않았다. 그런 노력으로 인해 그들이 지금 어디에 있는지 살펴보라. 그들은 해냈다. 당신도 할 수 있다.

5) 모험 스크랩북 만들기

자신의 모험 스크랩북을 만드는 것도 괜찮은 생각이다. 이것은 자신이 무엇을 하고자 하며, 어디로 가고자 하는지를 나타내는 최적의 표현이다. 비슷하게는 미래에 대한 희망과 꿈을 쓰는 비전 보드를 만들어 보는 것이 있다. 개인적으로 나는 다양한 영감을 주는 자료들을 더 많이 담을 수 있는 모험 스크랩북을 더 좋아한다. 신문, 잡지 또는 온라인 출처에서 당신이 하고 싶은 것과 경험하고 싶은 것에 관한 사진과 이야기를 오려서 바인더에 보관하라.

춥고 눈 오는 날, 모험 스크랩북에서 자신이 미래에 어떤 계획을 했는지 훑어보는 것만큼 좋은 일은 없다. 자신의 버킷 리스트에서 이미 실행한 항목을 확인하는 것만큼이나 만족스럽다. 모험 스크랩북을 바라보면 자신의 멋진 경험과 재미를 기억하며 미소를 짓게 된다. 또한 자신이 앞으로 몇 년간 하고자 했던 모험과 개인적인 도전을 기대하며 꿈을 꾸고 미래를 바라보게 할 것이다.

모험 스크랩북 바인더에 넣어 둘 수 있는 예시로는 다음과 같은 것들이 있다.

로마 콜로세움 관광 / 스쿠버 다이빙 배우기 / 칠레 송어 낚시 / 가족과 함께 디즈니랜드 가기 / 토스트마스터스 클럽 가입과 첫 번째 강연 / 캐나다 자전거 횡단 / 아프리카 자원봉사 / 창업 / 블로그 시작하기 / 사교춤 배우기 / 프랑스 요리 학교 입학 등

가능성은 무한하다. 나는 하고 싶은 것을 무한정 나열할 수 있다. 당신은 무엇을 꿈꾸는가? 당신은 어떤 모습과 이야기를 당신의 모험 스크랩북에 담아 둘 것인가?

언제 죽을지
모른다고 생각하라

귀찮고 하기 싫은 일을 해야 한다면 아침 일찍 해치우는 것이 제일 좋다. 귀찮고 하기 싫은 일이 두 가지라면 가장 하기 싫은 일을 먼저 하는 것이 좋다.

-마크 트웨인

아무런 목표 없이 소파에 앉아 따분해하며 넋을 놓고 TV 시청으로 시간을 보내는 것은 자신을 서서히 죽이는 짓이다. 이것을 깨우칠 만큼 나는 나 자신을 잘 알고 있다. 목적, 의미, 성취감은 꺼 버릴 수 없는 나의 욕구다. 내게는 항상 무엇인가를 좇고 열망하고 더 잘할 수 있는 무언가가 필요하다. 행복하기 위해서 나는 항상 오르고자 하는 은유적 의미의 산을 찾아야 했다. 그게 바로 나다.

나와 같은 생각을 하는 은퇴자가 많다. 하지만 나는 은퇴 생활의 목표가 되는 새로운 '왜'에 도달하는 데 시간이 좀 걸렸다. 나의 '왜'는 풀타임 근무에서 현재 머무르고 있는 이모작 은퇴로의 전환 과정에서 점차 진화했다. 예전 은행에서 일했던 시절, 나의 '왜'는 가족의 재정적 안정이 전부였다. 재정적인 독립을 이루고 가족의 재정적 보호라는 걱정에서 벗어났을 때, 나는 '왜'를 상실했다. 나는 직업에 대해 다르게 생각하기 시작했다. 은행은 세월이 흐르면서 변했다. 나는 더 이상 은행에서 일하는 것을 좋아하지 않았고 변화가 필요했다. 하지만 아시는 바와 같이, 급여가 괜찮은 직장을 늦은 나이에 이직하기란 쉽지 않다.

어느 날 나는 생명 보험에 가입하려고 했는데, 건강 검진에서 고혈압이라는 이유로 보험 가입을 거절당했다. 그 소식을 전해 준 보험 대리인의 걱정스러운 표정을 보면서, 나는 생활 방식을 바꾸고 건강을 회복하지 않으면 죽을 수도 있다는 걸 깨달았다. 천수를 다하지 못하고 죽을지도 모른다는 두려움은 나의 새로운 '왜'가 됐다. 그리고 기온이 영하 20도 날씨에도 수영장에 가도록 동기 부여했다. 나는 아내와 함께 오래 살면서 최대한 인생을 즐기고 싶다. 아이들 곁에 있으면서 인생에서 좋은 출발을 할 수 있도록 도와주고 싶다. 나는 9가지 은퇴 원칙 각각에 강력한 '왜'를 개발했다. 나의 '왜'는 미래에 대한 비전, 그리고 스스로 정한 목표를 달성하기 위한 의사 결정과 행동을 이끌어 냈다.

꿈은 크게 꾸고
한 걸음은 작게 내딛어라

성공은 큰 비전을 갖고 작은 발걸음을 내딛는 것이다. 65세 이상이면 철인3종경기에서 절대 우승할 수 없지만, 매일 훈련하면 완주할 수는 있다. 성공은 할 일을 하고, 내일 다시 해야 할 일을 하는 데에서 온다. 내게 운동은 어렵지 않다. 다만 규칙적으로 하는 것이 힘들다. 체육관이나 수영장에 가고 싶지 않은 날도 있다.

나는 앞서 설명한 5단계 목표 설정 과정으로 나 자신에 대한 약속을 실천했다. 나는 나쁜 습관을 없애고 생활 습관을 일부 바꿨다. 이것은 몇 가지 좋은 개선으로 이어졌다. 숙면을 취할 수 있었고, 더 많은 에너지를 얻고, 적어도 내가 느끼기에는 더 글을 잘 쓸 수 있었다. 그리고 혈압이 20이나 낮아졌다. 내가 주간 스케줄을 좋아하는 이유는 매일 해야 할 일을 정확히 알게 해 주기 때문이다.

- 매일 새벽 4시 30분에 일어나서 일주일에 5일, 하루 2시간씩 집필 및 블로그 관리하기
- 일주일에 6일 매일 최소 2시간 운동하기

집필을 위해 일찍 일어나면, 가장 중요한 일을 먼저 해치울 수 있다. 그럼 남은 시간에는 흥미 있는 일, 나를 빛나게 하는 일들을 할 수 있게 된다. 나는 커뮤니티 센터 댄스 수업 동반 등록같이 아내와 행복하게 지낼 수 있는 일정을 짜는 데 골몰한다. 아내가 행복하면

나도 행복해진다는 걸 알 만큼 아직 나는 충분히 영리하다.

나는 은퇴해서 일주일에 다섯 번씩 골프를 치는 사람과의 점심 식사는 사양한다. 사실 여러 번 초대장을 받았지만, 한 번도 가 본 적이 없다. 나는 그곳에서 마음이 편하지 않을 것이라고 생각했다. 나는 그들처럼 은퇴하지 않았고, 그들과 좋은 관계를 맺기 어렵다고 생각했기 때문이다. 게다가 나는 하고 싶은 다른 재미있는 것들이 너무 많다. 나는 이전의 나를 보다 확장하는 목표를 즐긴다. 그리고 끊임없이 기준을 높이고자 한다. 불편하고 힘들지만 결국 목표를 달성했을 때 정말 기분이 좋다. 그것이 나의 이모작 은퇴를 신나게 만든다.

은퇴하고 야심 찬 목표를 세울 때 특히 정확하게 어떤 것을 어떻게 해야 하는지 확신이 서지 않는다면 새로운 일을 시작하는 게 생각보다 오래 걸린다는 것을 깨달아야 한다. 나의 경우는 은퇴 코칭 사업을 시작하는 것이 그랬다. 나는 비현실적인 목표에 특정한 날짜를 붙여서 불필요한 압박을 많이 받았다. 나중에 생각해 보니 굳이 그렇게 서두를 필요가 있었을까 싶다. 당장의 생계 문제도 없었는데 스스로 그런 부담을 가진 것은 큰 실수였다. 내 말을 믿어 보라. 스트레스를 많이 받지 않도록 인내심을 갖고 제대로 할 수 있도록 천천히 하라.

또 하나 유념해야 할 점은 모든 목표가 새로운 사업을 시작하거나 새로운 산에 오르는 것만큼 야심적일 필요는 없다는 것이다. 당신에게 혹은 나에게 중요한 목표는 보다 단순한 삶을 사는 것일 수도 있다. 나는 삶을 덜 복잡하게 하고, 중요하지 않은 것을 제거하고, 불

필요한 물건을 없애려고 했다. 우리 부부는 이 방 저 방을 돌아다니며 서랍과 옷장을 청소했다. 다시는 입지 않을 것 같은 유행이 지난 바지와 셔츠를 버렸다. 부끄럽게도 어떤 옷은 꼬리표가 그대로 붙어 있는 것을 발견했다. 그 위에 쌓여 있는 다른 옷들 때문에 발견할 수 없었다. 그 옷은 더 이상 몸에 맞지 않았다. 얼마나 바보 같은 짓인가. 힘들게 번 돈이 아까울 뿐이다.

지루하게
살지 마라

목표는 마감일이 있는 꿈이다.

-디아나 샤프 헌트

나는 인생의 더 많은 시간을 즐기며 보낼 수 있도록 일을 천천히 하고자 한다. 나는 이미 가진 것으로 즐기면서 더 많은 시간을 보내고 싶고, 오두막에서 더 많은 시간을 보내고, 부둣가에서 새소리를 들으며 좋은 책을 읽고 싶다. 나는 스트레스에 지친 예전의 내 모습을 더 이상 알지 못한다. 나는 과거의 나를 별로 좋아하지 않는다. 나는 이모작 은퇴를 다듬어서 더 좋은 것으로 만들고자 한다. 나는 큰 그림의 목표에 맞는 흥미롭고 의미 있는 활동들로 이모작 은퇴를 채우고자 하며, 더 많은 재미를 얻을 수 있는 방법을 끊임없이 찾고 있다. 내가 은퇴 후 배운 것 중 하나는 '절대'라는 말을 하지 말고, 항상 새로운 것에 개방적이 돼야 한다는 것이다.

나에게 '좋은 날'에는 다음에 열거된 것들 중 몇 가지가 포함된다. 물론 하루 안에 열거된 모든 것을 할 수는 없다. 그러다가는 죽는다. '좋은 날'에는 가장 우선순위가 높고 가장 좋아하는 활동 중 한두 가지가 포함된다.

4시 30분에 일어나서 책이나 블로그 기사 쓰기 / 커피를 마시며 신문을 읽고 TV로 아침 뉴스 보기 / 아침 식사 가볍게 하기 / 운동하기 / 이탈리아어 배우기 / 친구들과 점심 식사하기 / 은퇴 코칭하기 / 인스타그램이나 다른 앱·소프트웨어 사용법 배우기 / 낚시하기 / 모임 사람들과 어울리기 / 저녁 식사하기 / 아내와 산책하기 / 강연하기 / 취침 전에 다음 날 할 일들을 검토하고 일지 업데이트하기 등

나에게 '좋은 해'에는 좋은 날들이 서로 엮여 있는 것처럼 보인다. 여기에는 연례행사 또는 특별 행사가 될 수 있는 최고의 이벤트가 있다. 나는 특별 행사를 좋아한다. 왜냐하면 여러 가지가 서로 녹아 있는 새로운 경험을 좋아하기 때문이다. '좋은 해'에는 다음과 같은 것들이 있다.

조지호 낚시 여행하기(연례행사) / 이탈리아 여행하기(특별 행사) /

노스캐롤라이나 자전거 캠프 가기(특별 행사) / 멕시코에서 겨울 한 철 지내기(연례행사) / 멕시코 철인3종경기 참가하기(특별 행사) 등

이런 목록을 작성하는 것만으로도 기분이 좋아진다. 왜냐하면 시간을 통제하면서 행복해지는 일들을 하기 때문이다. 나는 일을 좋아하지만, 좋아하는 다른 것들을 할 수 있도록 일하는 시간은 일주일에 20시간으로 제한하려고 한다.

은퇴를 위한 목표인가
목표를 위한 은퇴인가

어느 날 지역 행사에서 노년 청중을 대상으로 강연한 적이 있다. 청중은 나와 맞는 부류가 아니었다. 그들은 자기 방식만을 고집하는 나이 많은 어르신들이었고, 꽤나 무디며 지루한 삶을 살고 있었다. 안정 지향 은퇴자들은 내 강연에 진정으로 공감하지는 않았지만, 기꺼이 앉아서 이야기를 듣고 있었다. 왜냐하면 달리 할 일이 없었기 때문이다. 그들의 행복도는 정체 수준이지만 괜찮았고 기꺼이 받아들였다.

강연이 끝난 후 상품권 추첨이 있었다. 나는 그들이 그렇게 흥분하는 것에 놀랐다. 상품권 추첨은 분명히 그들에게 그날의 하이라이트였다. 나는 두려웠다. 그렇게 사는 것은 나에게는 악몽이다. 내가 제일 두려워하는 것은 지루하고 평범한 노후를 사는 것이기 때문이다.

적지 않은 은퇴자들이 은퇴를 자신의 궁극적인 목표로 바라본다. 일단 은퇴하면 다른 어떤 것도 추구하지 않게 된다. 항상 그저 그런 삶이 되며 지루함이 시작되는 때다. 은퇴 이후 당신이 내내 꿈꿔 온 구체적인 목표를 만들고 달성하면 다른 대부분의 은퇴자에게는 결여된 방향성을 찾을 수 있다. 그리고 불확실성과 스트레스, 지루함을 없앨 수 있다. 그러므로 그냥 표류하면서 있는 그대로를 받아들이는 은퇴자들보다 더 생산적이고 더 성취감이 있을 것이다.

당신에게 주는 조언은 이렇다. 만족이란 없다. 지속적으로 확장하고 탐험하고 배우고 경험하라. 아주 긴 버킷 리스트를 만들고 가능한 한 오랫동안 그 리스트를 하나씩 지워 나가고, 달성하면 계속해서 새로운 버킷 리스트를 만들어라. 당신은 내가 그랬던 것처럼 자기 목표의 맞은편에 은퇴 천국, 즉 자신의 꿈의 이모작 은퇴가 있다는 것을 알게 될 것이다.

스스로 지옥을
만들지 마라

천국과 지옥은 바로 여기에 있다. 당신의 행동이 천국 혹은 지옥을 만
든다.

-조지 해리슨

제1장에서 말했듯이, 은퇴 초기 허니문 단계에서는 기분이 좋다.
반드시 가야 하는 곳도 없고, 마감일, 스트레스도 없고, 반드시 해야
하는 어떤 압박도 없다. 하지만 얼마 후 상당수 사람들에게 처음에
는 자유로 보였던 것이 새로운 형태의 지옥으로 나타난다.

이런 경험을 뼈저리게 느낄 수 있게 해 주는 것으로, 오래된 TV
시리즈물인 〈환상 특급(Twilight Zone)〉의 에피소드 '방문하기 좋

은 곳'이 있다. 주인공은 강도짓을 하다가 총에 맞아 의식을 잃는 좀 도둑 로키 발렌타인이다. 그는 깨어나서 자신이 죽었다는 것을 알게 된다. 그런데 어떤 착오가 발생하여 원래 있어야 했을 지옥이 아니라 천국에 있게 됐고, 미스터 핍이라는 이름의 수호천사를 배정받는다. 아름다운 여성, 화려한 옷, 비싼 펜트하우스, 그리고 원하는 만큼의 돈이 있었기 때문에 록키의 삶은 잠시 동안 아주 좋았다. 그는 카지노에 갈 때마다 어떤 게임을 하든 항상 이겼다. 질 수가 없었다. 하지만 결국 로키는 예측 가능한 삶에 싫증이 났다. 흥분은 사라졌고 재미도 없어졌다. 마침내 로키는 더 이상 참을 수 없어 수호천사 핍에게 다른 곳으로 보내 달라고 간청하며, 자신은 천국에 있을 자격이 없다고 말한다. 이때 수호천사 핍이 대답한다.

"왜 당신이 천국에 있다고 생각하지요? 여기는 천국이 아닙니다."

이 에피소드의 교훈은 지루하고 예측 가능하고 무의미한 삶에 갇혀 있기 때문에 로키가 미쳐 버린다는 것이다. 도전할 거리도, 노력할 필요도 없고 원하는 것은 모두 가질 수 있기 때문에 기대할 것도 없다. 이것은 마치 광고주들이 우리에게 계속 보여 주고 싶어 하는 은퇴 광고처럼 들린다. 우리는 은퇴를 그동안 열심히 일한 것에 대한 보상으로써, 모든 사람이 행복하게 사는 끝없는 여가 생활로 생각하도록 조건화돼 왔다. 하지만 〈환상 특급〉의 에피소드처럼 오직 여가만 있는 은퇴 생활, 예를 들어 하루 종일 해변에 앉아 마르가리타를 마시는 것은 지루함으로 끝나기 마련이고, 지루함은 살아 있는 지옥이 된다. 로키와 같은 느낌을 갖기 전에는 독서, TV 시청, 쇼핑, 여행, 친구 만나기 같은 괜찮은 일이 많았고, 다른 곳이었다면 이것들을 보다 즐길 수 있었을 것이다.

부자를 포함하여 많은 사람이 은퇴 지옥을 경험한다. 그들은 은퇴가 인생에서 가장 좋은 시간이 될 것이라는 말을 들었는데, 왜 그렇게 비참하고 성취감이 없는지 이해할 수 없다. 그래서 더 당황하고 좌절한다. 은퇴 후 행복해지려면 단지 누가 가장 오래 사느냐가 아니라 끊임없는 도전이 필요하다. 그것은 자신의 내재적 욕구와 진정한 사명을 충족할 수 있는 적절한 방법을 찾는 것이다. 그 방법을 찾기 전까지 은퇴는 그다지 즐겁지 않을 것이다.

통제할 수 없는 일은
고통이다

일부 사람들은 자신이 무엇을 해야 하는지에 대한 대답을 발견하기 전까지 은퇴 지옥에서 시간을 보낸다. 은퇴 지옥은 지옥처럼 지루하다. 같은 날이 무한정 반복되는 그곳에서 가장 중요한 대화는 날씨가 어떤지, 무엇을 먹을 것인지다. 소소한 잡담은 고통스럽고 피곤하며, 당신의 영혼뿐만 아니라 대화하는 사람의 영혼을 모두 죽이게 된다. 전형적으로 모두가 죽는 시나리오다.

은퇴 지옥이란 계획과 목표 설정을 믿지 않는 사람들, 나쁜 선택을 한 사람들, 전혀 선택하지 않는 사람들을 위한 곳이다. 그곳은 두려움으로 가득 차 있다. 악마는 무엇이 당신을 두렵게 하는지 안다. 어떻게 하면 당신의 얼굴에 두려움이 나타나고, 당신이 앞으로 나아가는 것을 방해할 수 있는지 알고 비웃는다. 당신이 걱정해야 할 것은 지루함과 두려움만이 아니다.

은퇴 지옥은 여러 가지 형태로 나타난다.

- 가족을 돌보기 위해 오랫동안 일한 후 이제 가족을 돌아볼 시간이 있는데, 가족들이 가까이하고 싶어 하지 않는다.
- 황혼 이혼한다.
- 당신이 좋아하지 않는 사람과 평생을 함께 살아야 한다.
- TV가 당신의 가장 좋은 유일한 친구다.
- 단지 돈이 필요해서 하기 싫은 시원찮은 일을 해야 한다.
- 고정된 수입으로 생활하며, 자신의 세계가 해마다 위축되고 있다는 느낌이 든다.
- 매일 밤 예전 직장, 그리고 회사가 당신을 어떻게 쫓아냈는지 악몽을 꾸고 앞으로 나아갈 수 없다.
- 너무 오래 생존하고, 퇴직금이 바닥날까 봐 걱정되어 잠을 잘 수 없다.
- 지병을 어떻게 치료해야 되는지 알지만, 병원비를 지불할 여력이 없다.
- 돈은 많지만 육체적으로 아침에 침대에서 일어나 돈을 쓰고 싶은 일을 할 수 없다.

- 향후 30년을 아침에 침대에서 일어날 이유도 없이 그저 TV를 보고 저승사자가 오기만을 기다리며 시간을 보낸다.
- 경제적 자립도 못하고 건강도 잃고 요양원에서 살아야 한다.
- 친구도 없고 아무런 의미도 없는 삶을 산다.

당신을 은퇴 지옥에 빠지게 하는 것은 잘못된 선택 혹은 계획의 부족만이 아니다. 예측할 수도 방어할 수도 없는 불의의 사고에 갑작스러운 타격을 입을 수 있다. 이것은 그냥 일어나는 일이다. 자신의 잘못이 아닌 이유로 은퇴 지옥에 빠지게 된다.

예상치 못한 사건의 예시는 다음과 같다.

- 삶에서 가장 중요한 사람(배우자 또는 파트너)이 예기치 않게 사망한다.
- 퇴직 후 얼마 지나지 않아 기업 연금에 문제가 있고, 연금을 50% 삭감할 계획이라는 사실을 알게 된다.
- 건강을 위해 많은 노력을 했지만, 말기 암에 걸리고 말았다.
- 팬데믹이나 다른 종류의 이유로 심각한 시장 침체 때문에 퇴직금이 증발하는 것을 지켜봐야 한다.

우리는 직장 생활을 하면서 행복을 미루지 말고 하루하루를 마음껏 즐겨야 한다. 세상에 무슨 일이 일어날지는 결코 알 수 없다.

끝까지
있는 힘껏 살아라

행복의 구성 요소는 세 가지다. 해야 할 일, 사랑하는 사람, 그리고 바라는 바다.

-고든 리빙스턴

특정 연령대의 사람들에게 코로나19 팬데믹은 일종의 은퇴 예행 연습이었다. 팬데믹은 그들에게 풀타임 근무를 중단했을 때 삶이 얼마나 달라지는지 느낄 수 있게 했다. 예전에는 책에서나 읽었던 것들이 갑자기 현실이 됐다. 상당수 사람들은 자신이 은퇴할 준비가 돼 있지 않다는 것을 알게 됐고, 전통적 방식의 은퇴가 자신들에게 적합하지 않다고 생각하기 시작했다. 그들은 여유 시간에 무엇을 해야 할지 몰랐다. 취미와 목적이 별로 없었고, 이런 결핍은 봉쇄 기간 동안 증폭됐다. 팬데믹은 그들에게 일과 후 삶을 위한 준비가 필요하다고 가르쳤다.

팬데믹은 우리를 두렵게 했다. 계획이 없을 때 '삶이 얼마나 공허하고 목적 없는 것일 수 있는가'라는 현실에 눈뜨게 했다. 우리는 이런 두려움을 은퇴 후 어떤 길을 선택하든 적절한 준비를 하도록 동기 부여하는 데 사용할 필요가 있다. 이 책을 읽고 나면, 우울한 현실에서 탈출하거나 아예 피하는 방법, 다시 건강하고 행복해지는 방법을 알게 될 것이다. 당신이 해야 할 일은 은퇴 반항아가 되어 할 일을 하는 것이다. 그러다 보면 당신은 어느 순간 자신이 있어야 할 곳, 보다 나은 장소에 있게 될 것이다. 자아 인식은 은퇴 지옥에서 벗어나는 길이다. 상당수 사람들은 불편한 자가 진단을 감당하지 못하지만, 하지 않으면 여전히 거기에 갇혀 있게 된다.

9가지 은퇴 원칙을 따르고, 운동하고, 올바른 식사를 하고, 목적을 찾음으로써 삶의 스트레스를 줄여야 한다. 사교적이 되고, 모임에 가입하고, 친구를 많이 사귀어라. 당신이 아끼고 당신을 아끼는 사람들과 많은 시간을 보내라. 모험가가 되어 탐험하고, 배우고, 흥미롭고 신나는 일들을 하면서 자신만의 안전지대에서 벗어나라. 은퇴 반항아가 됨으로써 마침내 오랜 세월 간직해 왔을지도 모르는 열정과 창의성을 분출할 기회를 갖게 될 것이다. 이제 당신이 할 일은 은퇴 지옥의 소파에 앉아 남은 인생을 투덜거리면서 살아가는 대신에 열정과 창의성을 선택하는 것이다.

세상에
오를 산은 많다

은퇴 천국은 현명한 은퇴자들이 삶을 마감하는 곳이다. 더 이상 숨기는 것이 없고 허위는 벗겨져서 남은 것은 진짜 당신뿐이다. 자기 내면의 어린아이와 다시 연결되어, 무엇이든 가능하며 항상 모험이 있는 특별한 장소로 간다. 은퇴 지옥과 달리 은퇴 천국에서는 자신이 하고 싶은 일을 할 수 있는 충분한 돈이 있고, 괜찮은 건강, 가족 및 친구와의 견고한 관계, 자신을 자극하고 매일 아침에 침대에서 벌떡 일어나게 하는 흥미와 재미를 주는 업무 등이 있다.

은퇴 천국은 행복과 자유가 전부다. 아름다운 해돋이, 손자의 웃음소리, 미끼를 물고 있는 물고기가 있다. 은퇴 천국은 현재를 살아가는 곳이며, 내일을 걱정하며 스트레스를 받지 않는 곳이다. 선택의 자유, 즉흥적이고 순간적인 충동에 따라 하고 싶은 일을 할 수 있는 시간의 자유, 여행의 자유, 열정을 따르고 예술에 몸을 담그는 자유가 있다. 가장 중요한 것은, 자신이 무엇을 하고, 어떻게 시간을 보내고, 누구와 함께 시간을 보낼지를 결정하고 행동하는 것이다. 은퇴 천국에서는 아무도 지루하거나 외롭지 않다. 그것은 진정한 축복이다.

은퇴와 노후의 행복이란 태도이자 행동이며 목적을 가진 활동이다. 자신의 하루를 흥미롭고 의미 있는 활동으로 가득 채우고 주기적으로 자신의 가치관과 일치시키는 것이다. 관대한 마음으로 지역 사회에 봉사할 수 있는 방법을 찾아 어려운 사람들을 돕는 것이고, 성장하고 진화하며, 노력하고, 새로운 것을 배우는 것이다. 그것은 자신에게 도전하고, 쉽지 않은 일을 시도하는 것이다. 자신에게 의무를 부과하고, 자신을 확장하며, 잠재력을 보다 더 실현할 수 있도록 하는 것이다.

행복은 바로 거기에 도달하기 위한 분투 속에 있다. 그것은 자신의 가치관을 시험받고 증명하는 것이다. 이는 운동 경기에 참가하거나, 예술을 수련하거나, 오로지 좋은 목적을 위해 자원봉사를 하는 모습일 수 있다. 은퇴 후 행복은 항상 오르고자 하는 다른 산을 찾는 것에 있다. 흥미롭고 재미있고 목적 있는 일을 하느라 바쁠 때는 은퇴 생활에 대해 실망할 겨를이 없다.

은퇴 천국의 역설은 결코 완전히 은퇴하는 것이 아니며, 그 과정을 끝까지 멈추지 않는다는 것이다. 은퇴 천국에서는 열망할 수 있는 것에 제한이 없고, 항상 무언가를 하느라 바쁘다. 하지만 그것은 즐겁고 재미있는 바쁨이다. 이제 당신은 할 일을 하는 사람으로부터 하고 싶은 일을 하는 사람으로 바뀌게 된다. 그리고 이것이 세상을 변화시킨다.

은퇴 천국은 이렇다.

- 당신이 따르는 유일한 스케줄은 자신의 스케줄이다.
- 당신이 원하는 어떤 종류의 옷이든 입을 수 있다.
- 업무 압박으로부터 벗어나 스트레스가 사라진다. 즉 업무 수행에 대한 압박감, 못된 상사, 마감, 항상 증가하는 판매 목표, 경쟁, 끝없는 지위와 권력, 부의 추구가 마침내 끝난다.

- 스트레스가 없어지고 숙면을 취한다. 피곤하면 원할 때 낮잠을 잘 수 있다.
- 가족과 더 많은 시간을 보낼 수 있고, 압박감이 사라졌기 때문에 가족 관계가 그 어느 때보다도 더 좋아진다. 예를 들어, 배우자와 산책하거나 자녀들과 음악 콘서트에 갈 수 있는 시간이 충분하다.
- 직업 윤리를 즐거움의 윤리로 대체한다. 은퇴 천국에서 일은 선택 사항이며 개인의 선호다.
- 인생에서 가장 좋은 몸 상태를 갖게 된다. 이제 운동할 시간이 있고 제대로 먹을 수 있기 때문에 풀타임으로 일할 때보다 한층 더 기분이 좋아질 것이다.
- 항상 또 다른 모험이 있다. 새로운 취미를 갖거나 기존의 취미를 한 단계 끌어올릴 수 있다. 학교로 돌아가서 관심 있는 강좌를 더 배울 수 있다. 학위를 마치거나 그림이나 기타를 배우고 연습하는 나날을 보낼 수 있다.
- 지속적으로 유의미하게 기여하며 자신이 중요한 사람이라는 것을 자각한다. 이것이 당신을 행복하게 만든다.
- 진정한 당신이 되어 미션을 완수하기 위해 해야 할 일을 한다.

마침내 원하는
삶을 살아라

우리는 자신이 번 것으로 생계를 꾸리고, 다른 사람에게 주는 것으로
삶을 만든다.

-윈스턴 처칠

이모작 은퇴는 자유와 꿈을 추구할 시간을 준다. 새로운 관심을 개
발하고 자신이 갖고 있었는지 몰랐던 기술을 찾을 수 있는 시간이
다. 현재 나의 주된 초점은 노후에 할 수 있는 최대치를 해 보는 것이
다. 이모작 인생에서 우리는 단지 은퇴하는 것이 아니다. 생계를 유
지하는 데 모든 에너지를 집중하지 않아도 되는 새로운 삶의 단계로
진입하는 것이다. 많은 사람이 은퇴 후에 다시 일터로 돌아가지만,

새로운 직업, 새로운 역할, 새로운 태도, 그리고 훨씬 더 많은 융통성을 갖게 된다. 핵심은 계속 성장하고 몰입하는 것이다.

오늘 나는 완벽하지는 않지만 기분이 좋다. 이것이 가장 중요하다. 소극적이지 않고 기대가 크기 때문에 지금 내 삶은 훨씬 좋다. 그래서 매일 아침 침대에서 일어나는 것이 흥분된다. 나를 믿어 보라. 내가 마지막으로 이렇게 느낀 것은 오랜만이다.

요즘 나는 출장을 다니며 노후에 대한 진실을 찾고 있다. 나는 세미나에 참석한 은퇴 반항아들과 이야기하는 것을 좋아한다. 그들의 성취감 있는 위대한 생활 방식을 배우고, 무엇을 할 수 있는지 알 수 있도록 대화하는 것을 좋아한다. 내게는 일하는 것이 생각, 대화, 연결, 그리고 창조를 의미하기 때문에 일을 그만둘 생각이 전혀 없다. 일하는 게 즐거움인데 그만둘 이유가 없다. 나는 다시 굉장하고 재미있는 곳으로 돌아온 것이다. 자신만의 안전지대를 벗어나서 개성 있게 살고, 탐험가가 되어 많은 새로운 모험을 하고 있다. 나는 아직도 배울 것이 많고, 이것이 은퇴 생활을 흥미롭고 재미있게 만든다.

나는 내가 무엇을 할 수 있는지 스스로에게 일깨우기 위해 정기적으로 테스트해 보는 것을 좋아한다. 이것은 내 인생의 대부분을 지배했던 두려움을 쫓는 게임이 됐다. 지금 나는 많은 사람 앞에서 강연을 하고 있다. 철인3종경기에 도전할 준비도 하고 있다. 그리고 상어 케이지 다이빙을 해서 백상어를 가까이에서 조우해 볼 계획도 있다. 무섭고 두려운 것은 이모작 은퇴에서는 할 만한 가치가 있는 것이다.

운동을 하고 건강한 식사를 하는 덕분에 숙면을 취하고 스트레스도 사라졌다. 아침에 일어나면서 하고 싶은 일을 하고, 그 일로 커다란 차이를 만들어 낼 수 있어서 흥분된 마음으로 하루를 시작한다. 오늘 나는 완전히 다른 사람, 활기차고 재미있는 남자, 예전의 내가 됐다. 이제 나는 이모작 은퇴의 모든 조각이 마침내 합쳐진 지점에 이르렀고, 마침내 내가 항상 원하던 삶을 살고 있다.

나는 내가 변화를 만들 수 있다고 믿는다. 생각해 보면 이것을 준비하는 데 40년의 세월을 보냈다. 나의 이모작 은퇴는 무엇인가를 얻는 것이 아니라 주는 것이다. 사람들을 돕는 것이 나의 커다란 가치고, 내가 하는 일을 통해 아주 큰 가치를 느낀다. 나는 사람들에게 날개를 다시 펴는 법을 가르치고, 영감과 희망을 주는 것을 좋아한다. 나는 그들이 은퇴 생활을 통해 더 많은 것을 요구하고, 더 많은 것을 상상하고, 더 많이 배우고, 상상했던 것보다 더 크게 되길 바란다. 나의 일은 내가 받은 것을 되돌려주는 것이라고 생각한다. 그것이 나의 목적이자 열정이 됐다. 나를 믿어 보라. 이모작 은퇴에서 다른 사람들을 도와준 것에 대해 감사의 인사를 받는 것만큼 달콤한 일은 없다. 좋은 일을 하는 것은 항상 기분을 좋게 만든다.

누구나 죽는다, 그러나 누구나 살아 있는 것은 아니다

노화의 영향을 되돌릴 수 있다는 것을 알고 나서, 나는 건강하고 풍요롭게 장수하는 삶을 살 수 있는 확률을 높이기 위한 9가지 은퇴 원칙을 따르고자 애썼다. 하지만 노후란 누가 장수하는지에 대한 경쟁이 아니라, 자신의 잠재력에 도달하고 가능한 한 최고의 노후 생활을 하는 것임을 스스로에게 일깨운다.

나는 은퇴해서 찌질하게 지내고 싶지 않고, 소중한 시간을 낭비하고 싶지 않다. 이것이 내가 은퇴에 대한 정련된 비전을 갖고 있는 이유다. 나는 다음 1년, 3년, 5년 동안 어디에 있고 싶은지 정확히 안다. 그곳으로 가는 데 도움이 되며 그 모든 과정을 즐겁게 할 수 있는 연간 목표를 세웠다. 이제 나는 그 일을 꾸준히 하기만 하면 된다.

나는 요양원에 있는 어머니에게 방문하면서 은퇴에 대한 중요한 교훈을 배웠다. 그녀가 소유했던 것은 모두 사라졌고, 남은 것은 사진 몇 장과 오랜 세월 동안 쌓아 온 기억뿐이었다. 우리는 많은 시간을 보냈다. 몇 년간 함께했던 모든 일과 오랫동안 발전시켜 온 특별한 관계에 대해 이야기하며 아주 즐거워했다.

어머니와 같은 처지에 있는 사람들은 자신이 정말 잘 살아왔는지, 자식들에게 최선을 다했는지, 자신이 정말 중요한 사람이었는지 반추하면서 많은 시간을 보낸다. 어머니가 그렇게 하는 것을 보면서 나는 지금을 잘 살아가야 한다는 것을 배웠다. 그래서 당신이 똑같은 질문을 받을 때 대답하면서 행복해지기를 바란다. 내가 그때가 되면 어머니처럼 자식과 손주들과 함께 회상하며 공유할 수 있는 좋은 추억을 많이 갖고 싶다. 나는 후회하고 '만약에'를 생각하며 누워 있고 싶지 않다. 그건 정말 지옥이다.

이 책을 읽은 후 여러분은 은퇴의 미래, 노후에 대해 다르게 생각하게 됐을 것이다. 은퇴를 궁극적인 목표, 즉 오랜 세월을 일한 후에 도달하는 마지막 단계로 생각하지 마라. 오히려 행복하고, 건강하고, 성취감을 주는 이모작 은퇴를 새롭게 시작하는 기회로 생각해야 한다. 더 이상 두려워하지 말고, 가고자 하며 취하고자 하는 삶이 무엇이며, 이를 위해 어떤 계획을 수립했는지 생각하며 흥분할 수 있어야 한다.

당신의 노후는 당신에게 달려 있다. 이제 당신은 멋진 노후를 만들기 위해 무엇을 해야 하는지 알고 있다. 하지만 책을 읽는 것만으로 상황을 개선할 수 없다. 단지 아는 것만으로는 충분하지 않다. 행동하지 않으면 그것은 일어나지 않는다. 스트레스는 해야 할 일을 알고 난 이후에 그것을 하지 않는 데서 온다. 여러분의 직감은 계속해서 여러분에게 행동을 취하라고 말할 것이고, 그렇게 할 때까지 스트레스는 사라지지 않을 것이다.

많은 사람이 체중 감량 방법을 알지만, 습관을 바꾸고 필요한 조치를 취하지 않기 때문에 실패한다. 그렇게 되는 것을 거부하라. 너무 늦기 전에 자신의 새로운 지식을 행동으로 옮겨라. 지식을 적용해야 원하는 은퇴 궤도에 오를 수 있다. 자신을 위해서 내일이 아니라 오늘 당장 시작하라. 향후 5년에서 10년 동안의 은퇴와 관련된 선택과 행동에 따라 노후를 후회하며 돌아볼 것인지, 만족스럽게 돌아볼 것인지 여부가 결정된다.

다시 건강해지는 데는 시간이 걸린다. 관계를 회복하는 데도 시간이 걸린다. 새로운 친구를 사귀는 것도 시간이 걸린다. 새로운 사업, 특히 한 번도 시도하지 않은 사업을 시작하는 데는 수년의 고된 노력이 필요하다. 하지만 행복, 성취감, 만족감 면에서 보상은 아주 크다. 결론은 이렇다. 더 빨리 시작할수록 원하는 은퇴 결과를 더 빨리 얻을 수 있다.

여전히 힘겹고 출발에 어려움을 겪고 있다면 좋은 은퇴 코치에게 도움을 요청하는 것이 현명하다. 그들은 당신에게 고민의 시간을 줄여 주고, 분노를 줄여 주며, 상황 악화를 방지하고, 어떻게 해야 하는지 알려 준다. 그들은 당신이 마음이 내키지 않을 때도 확실하게 계속해서 작은 발걸음을 내디딜 수 있도록 돕는다. 그렇게 함으로써 당신은 언젠가 그곳에 도착하게 될 것이다.

당신은 인생의 궤적을 바꿀 힘을 가졌다. 왜 평범한 은퇴에 만족하는가? 더 많은 것을 할 수 있음에도 다른 사람들을 따라가고자 하는가? 한곳에 머무르는 상태는 당신을 행복하게 하지 못한다. 결국 '만약에'라고 생각하며 남은 생을 보낼 수도 있다. 은퇴 단계에서는 더 이상 시간이나 돈의 부족을 탓할 수 없다. 왜 거기로 가서 울타리를 뛰어 넘어가지 못했는지에 대한 과거에 대한 변명은 아무런 소용이 없다.

이제 당신 차례다. 지루하고 안전한 노후를 보낼 수도 있고, 진정으로 주목할 만한 노후 생활을 할 수도 있다. 선택은 당신의 것이다. 꾸물거릴 시간이 없다.

Key Point

- 은퇴 반항아가 되는 것은 쉽지 않지만 그럴 만한 가치가 있다.
- 은퇴 반항아는 늙기 전에 은퇴당하는 기만을 거부한다.
- 많은 은퇴 반항아는 돈이 많지 않지만, 내가 만난 사람들 중 가장 즐겁고 행복한 사람들이다.
- 은퇴 반항아는 새로운 것을 배우는 시절이 좋다고 생각한다.
- 은퇴 반항아는 자신이 겪었던 위험을 결코 후회하지 않는다. 겪지 못한 위험을 후회할 뿐이다.
- 은퇴 반항아는 미래가 없을 수 있으므로, 미래가 없는 것처럼 살아간다.
- 은퇴 반항아는 다른 사람들을 도울 수 있는 너그러움에 기분이 좋고, 그들에게 커다란 감사함을 준다는 것을 알고 있다.
- 은퇴 반항아는 편안함과 여가가 괜찮은 일이라고 생각하지만, 행복해지기 위해서는 그것으로 충분하지 않다고 생각한다.
- 은퇴 반항아는 단지 생존하는 것은 사는 것이 아니며, 풍요로운 삶을 위해서는 계속 성장할 필요가 있다고 생각한다.
- 은퇴 반항아는 진실을 말하고, 말하는 바와 같이 살아간다.
- 은퇴 반항아는 자신들이 지금까지 해 왔던 것보다 훨씬 더 많은 것을 할 수 있다고 생각한다.
- 당신은 자기 인생 이야기의 감독이다. 더 나은 대본을 쓰기로 더 빨리 결정할수록 더 멋진 은퇴 생활을 할 수 있다.

- 은퇴의 질은 자신의 긍정적인 습관과 부정적인 습관의 차이에 있다.
- 성공하기 위해서는 현재 하고 있는 일에 대한 설득력 있는 '왜'가 필요하다.
- 체육관에 가는 것은 의지만으로 할 수 있지만, 그곳에 머물면서 운동하게 하는 것은 당신의 '왜'다.
- 무엇을 하느냐가 아니라, 왜 하느냐가 차이를 만든다.
- 도전하지 않는다면 변화하지 못한다.
- 편안함과 여유는 좋다. 그러나 만족스러운 은퇴 생활을 하기에는 충분하지 않다.
- 잘 설계된 은퇴 라이프 스타일은 창조적이다. 지속적으로 창의적이고 생산적이며 변화하고 진화한다.
- 아침에 일어나면서 자신이 여전히 중요한 무엇인가를 하고자 한다는 것을 알고 있다면, 은퇴는 좋은 일이다.
- 이모작 은퇴에서 성취감은 자신의 삶을 설계하는 것에서 나온다.
- 당신이 집중하고 개선할 수 있는 한 가지는 당신 자신이다.
- 목표를 세우는 것은 꿈을 이루는 가장 효과적인 방법이다.
- 이모작 은퇴의 궁극적인 목표는 자신을 가능한 한 최고의 버전으로 만드는 것이다.
- 긍정적인 일을 더 많이 계획하면, 부정적인 것이 들어올 여지가 줄어든다.

- 자신이 하고 싶은 일을 이미 성취한 다른 사람의 발자국을 따라가는 것은 성공에 이르는 지름길이 된다.
- 큰 목표를 세워서 성장을 계속하는 것은 어렵다. 그래서 그런 선택을 하는 은퇴자는 많지 않다. 하지만 멋진 은퇴 생활을 즐기고 싶다면, 그것은 일종의 입장료다.
- 은퇴가 최종 목표라고 생각하고 은퇴가 당신의 모든 문제를 해결할 것이라고 기대한다면 착각이다.
- 아직도 전성기는 당신 앞에 남아 있다.
- 당신은 자신을 희생자라고 여기며 노후를 보내고 싶지 않을 것이다.
- 어떤 행동을 하는가? 혹은 하지 않는가? 이것이 당신이 어디에 있으며, 어디에 서고 싶은지를 구분 짓는 유일한 것이다.
- 시도해 보지도 않고, 어떻게 무엇을 할 수 있는지 알 수 있는가?
- 지금 당장 개선한다면 다음에 오는 것은 훨씬 나아진다.
- 초보자가 되어 새로운 것을 시도해도 늦지 않다.
- 일은 해야만 이뤄진다. 멋진 이모작 은퇴를 즐기는 데 방해되는 유일한 것은 바로 당신이다.
- 당신은 괜찮은 은퇴 생활을 하게 될 것이다.
- 은퇴가 행복하지 않다면 비난받아야 될 유일한 사람은 당신이 매일 거울 앞에서 마주 보게 되는 바로 그 사람이다.
- 행복은 우리가 도달하는 장소가 아니라 진행 중인 과정이다.

Key Question

- 당신은 은퇴 반항아인가?
- 당신은 무엇이 되고 싶은가?
- 당신의 은퇴 반항아 역할 모델은 누구인가?
- 은퇴 반항아의 어떤 점이 매력적이라고 생각하는가?
- 당신은 어떻게 주변의 세상에 긍정적인 기여를 할 수 있는가?
- 당신은 자신이 될 수 있는 최고의 사람이 될 수 있도록 충분한 위험을 감수하고 꿈을 좇는가?
- 만약 당신이 자신의 장례식을 보게 되면, 사람들이 당신에 대해 뭐라고 말할 것 같은가?
- 당신은 그들이 당신에 대해 말하는 것을 좋아할 것 같은가?
- 당신은 사람들에게서 어떻게 기억되고 싶은가?
- 당신은 자신의 어떤 점이 좋은가?
- 당신의 어떤 점이 마음에 들지 않는가?
- 당신이 바꿔야 할 것은 무엇인가?
- 음주, 잘못된 식습관 등 자신의 어떤 자기 파괴적 행동, 스트레스 대처 방법이 자신이 가고자 하는 길에 방해가 되는가?
- 인생에서 한 가지 나쁜 습관을 바꿀 수 있다면 무엇인가?
- 나쁜 습관을 버리면 어떤 보상을 받을 것이라 생각하는가?
- 자신의 습관 중에서 자녀들이 따라 하는 것을 보고 싶지 않은 것은 무엇인가?

- 당신은 친구들과 어떤 나쁜 습관을 공유하는가?
- 어떤 부정적인 환경을 회피해야 하는가?
- 무엇이 스스로를 가장 부정적으로 느끼게 하는가?
- 다른 사람에게 하는 충고를 자신은 따르고 있는가?
- 당신은 타인에게 자신의 어떤 면을 숨기고자 하는가?
- 당신은 지키지 못하는 약속을 계속 스스로에게 하고 있는가?
- 남들에게서도 발견하게 되는 자신의 부정적인 것은 무엇인가?
- 그동안의 방식을 멈추고, 자신이 원하는 삶을 시작하고자 할 만큼의 강력한 '왜'를 갖고 있는가?
- 당신에게 성공적인 은퇴란 무엇을 의미하는가?
- 당신의 이상적인 은퇴는 어떤 모습인가?
- 5년 후, 10년 후의 당신의 은퇴 생활이 관계, 건강, 일, 목적, 그리고 성장이라는 면에서 어떤 모습이 되기를 원하는가?
- 당신에게 '좋은 날'은 어떤 모습인가? '좋은 해'는 어떤 모습인가?
- 당신은 자신의 시간, 에너지, 돈을 어디에 투자하고 싶은가?
- 당신은 최선을 다하고 있는가. 더 잘할 수 있는가?
- 당신은 무엇을 망설이는가?
- 무작정 덤벼들면 어떤 손해를 볼 것 같은가?
- 당신이 필요한 만큼의 돈을 갖고 있다면, 어떻게 다르게 살 것인가?
- 당신은 목표를 갖고 있는가?

- 당신의 목표 중 어떤 것이 당신의 욕구와 가치를 만족시키는가?
- 당신은 당신의 목표로부터 어떤 결과를 기대하는가?
- 목표를 달성하면 노후의 질이 어떻게 향상될 것 같은가?
- 목표를 달성하면 기분이 어떨 것 같은가?
- 목표를 달성하지 못하면 어떤 고통을 느끼고, 달성하면 어떤 기쁨을 경험할 것인가?
- 목표를 달성하는 것이 당신을 어떻게 바꿀 것인가?
- 당신의 버킷 리스트에는 어떤 목표가 있는가?
- 만약 당신이 이상적인 은퇴 생활을 하고 있다면, 당신은 매일, 매주, 매월, 매년 단위로 무엇을 하고 싶은가?
- 낯선 사람에게 자신의 은퇴에 대한 새로운 비전을 어떻게 설명할 수 있는가?
- 당신은 자신의 잠재적 가능성에 부합하는 은퇴 생활을 하고 있는가?
- 당신은 성장하고 있는가, 위축돼 있는가, 아니면 숨어 있는가?
- 당신은 당신이 좋아하는 일을 하고 있는가?
- 당신은 죽기 전에 성취하고 싶은 것이 무엇인가?

성공적인
은퇴 활착을
응원하며

•

노후를 둘러싼 환경은 빠르게 변하고 있다. 사람들은 더 오래 살 뿐만 아니라, 더 활동적이고 더 건강하다. 은퇴 이후에도 우리의 삶은 30년, 40년 이상 계속될 수 있다. 하지만 상당수 은퇴자 및 예비 은퇴자들에게 은퇴는 축복이 아니라 재앙으로 여겨진다. 실제로 많은 사람들이 은퇴 이후의 삶을 준비하는 데 어려움과 두려움을 겪고 있다. 수십 년간 일하며 은퇴만을 기다려 왔다는 점에서 이것은 일종의 이율배반이다. 역설적이게도 많은 사람이 '은퇴 없는 은퇴' 그리고 '경력 이후의 경력'을 간절하게 원한다. 퇴직을 앞두고 나도 그랬다. 질문을 시작해야 했다.

'나는 누구인가?'

'이제 무엇을 해야 하며 무엇을 할 수 있을까?'

'재정적으로, 심리적으로 큰 어려움을 겪게 되지는 않을까?'

하지만 막연했다. 은퇴와 관련한 키워드를 검색했고, 수많은 책을 읽었다. 하지만 대부분 재무적 측면에 초점을 맞추고 있었으며, 나의 절실한 질문에 대답을 주지 못했다. 그러던 차에 이 책을 만났다. 저자의 진솔한 이야기에 공감했고, 그의 은퇴 워크숍에 참석한 느낌이었다. 각 장의 말미에 있는 질문들로 스스로를 돌아보고 이모작 은퇴를 구체적으로 계획하는 계기가 됐다. 그리고 나의 경험을 다른 분들과 나눠 보고자 하는 생각으로 번역을 시작했다.

은퇴는 우리 인생의 마지막, 그리고 최대의 전환이라고 할 수 있다. '전환'을 나무를 옮겨 심는 것에 비유하기도 한다. 작은 묘목을 옮겨 심는 것보다 다 자란 나무를 옮겨 심는 것이 더 어렵고 더 위험하다. 그러나 은퇴 전환을 피할 수는 없다. 옮겨 심은 나무가 뿌리를 내려서 잘 사는 것을 활착(活着)이라고 한다. 이 책이 은퇴자와 예비 은퇴자인 독자 여러분에게도 성공적인 '은퇴 활착'에 도움이 됐으면 하는 것이 번역자로서의 작은 소망이다.

황혼기를 황금기로 바꾸는 새로운 원칙

노후의 재구성

1판 1쇄 2023년 7월 24일
1판 2쇄 2023년 8월 28일

지은이 마이크 드락·수잔 윌리엄스·롭 모리슨
옮긴이 김지동
펴낸이 유경민 노종한
책임편집 이현정
기획편집 유노북스 이현정 함초원 조혜진 **유노라이프** 박지혜 구혜진 **유노책주** 김세민 이지윤
기획마케팅 1팀 우현권 이상운 **2팀** 정세림 유현재 정혜윤 김승혜
디자인 남다희 홍진기
기획관리 차은영
펴낸곳 유노콘텐츠그룹 주식회사
법인등록번호 110111-8138128
주소 서울시 마포구 월드컵로20길 5, 4층
전화 02-323-7763 **팩스** 02-323-7764 **이메일** info@uknowbooks.com

ISBN 979-11-92300-72-6 (03190)